康养休闲旅游服务系列教材

专家指导委员会主任｜韩玉灵

总主编｜赵晓鸿

U0793616

休闲旅游餐饮服务

杨红波◎主　编

严益康　郭丹叶　王绚丽◎副主编

北京·旅游教育出版社

图书在版编目（CIP）数据

休闲旅游餐饮服务 / 杨红波主编. -- 北京 : 旅游教育出版社，2021.8
康养休闲旅游服务系列教材
ISBN 978-7-5637-4289-9

Ⅰ. ①休… Ⅱ. ①杨… Ⅲ. ①饮食业－旅游服务－教材 Ⅳ. ①F719.3

中国版本图书馆CIP数据核字(2021)第153930号

康养休闲旅游服务系列教材

休闲旅游餐饮服务

杨红波　主　编

严益康　郭丹叶　王绚丽　副主编

总策划	丁海秀
执行策划	蒯　鑫
责任编辑	何　玲
出版单位	旅游教育出版社
地　址	北京市朝阳区定福庄南里1号
邮　编	100024
发行电话	（010）65778403　65728372　65767462（传真）
本社网址	www.tepcb.com
E-mail	tepfx@163.com
排版单位	北京旅教文化传播有限公司
印刷单位	北京柏力行彩印有限公司
经销单位	新华书店
开　本	710毫米×1000毫米　1/16
印　张	19
字　数	288千字
版　次	2021年8月第1版
印　次	2021年8月第1次印刷
定　价	49.00元

（图书如有装订差错请与发行部联系）

系列教材专家指导委员会、编委会

专家指导委员会

主　　任： 韩玉灵

委　　员： 周春林　赵晓鸿　丁海秀　文广轩　董家彪　臧其林　魏　凯

编委会

总 主 编： 赵晓鸿

委　　员： 祝红文　吴越强　韩海军　夏丽娜　梁悦秋　杨红波　沙　莎　石媚山　杨　英　马友惠　谭宏鹰　翦　鑫　孙　超

《休闲旅游餐饮服务》编委会

主　　编： 杨红波

副 主 编： 严益康　郭丹叶　王绚丽

委　　员： 蒋　彪　关　明　熊　萍　刘梦媛　李青懋　王绚丽　保天美　员利光　杜小茜　冯俊宁　张雨皓　侯晨晨　夏绍昆

总 序

当今中国，旅游产业欣欣向荣，新兴旅游方式与新业态如雨后春笋般蓬勃发展。康养休闲旅游作为新兴旅游业态，其市场规模呈快速增长态势。康养旅游中的森林康养旅游、温泉康养旅游、中医药康养旅游、运动康养旅游、康养旅居等更加专业化，休闲旅游中的户外休闲旅游、文化休闲旅游、运动休闲旅游、康乐休闲旅游等层出不穷。

中国康养休闲旅游快速发展，产业规模逐年增长，且发展空间巨大，但人才培养严重滞后。为此，四川省旅游学校于2015年创设巴蜀武术养生学院，探索康养旅游专业方向的学历教育，开启了中国康养旅游职业教育的先河；2016年成功申报休闲体育服务与管理专业（康养旅游方向），并于2017年开始招生；2018年以巴蜀武术养生学院为基础，正式成立康养旅游系。2019年5月，由四川省旅游学校主持论证的康养休闲旅游服务专业正式纳入教育部新增专业目录。受教育部和全国旅游职业教育教学指导委员会委托，我们带领团队完成了康养休闲旅游服务专业教学标准和部分专业核心课程标准的研制工作；2020年又完成了全国旅游职业教育教学指导委员会立项的《康养休闲旅游实训基地的规划与建设》课题研究任务。

新专业需要新的教材体系做支撑，康养休闲旅游服务专业急需一套与之相适应的专业教材。根据前期积累的教育教学与专业建设经验，我们在旅游教育出版社的大力支持下，开始筹划全国首套康养休闲旅游服务系列教材的编写与出版工作。

2020年初，四川省旅游学校牵头组织了一个覆盖全国的多行业、多学科专家团队，开启了艰难的教材研究与编写工作。专家团队涵盖四川大学、四川农业大学等985、211重点高校，成都中医药大学、西南医科大学、成都体育学院等专业院校，云南旅游职业学院、青岛酒店管理职业技术学院、太原旅游职业学院、沈阳市旅游学校、武汉市旅游学校等众多旅游院校，共有40余所院校参与了教材研究与编写工作；此外，我们还邀请了10多家行业企业的专家参与此项工作，专家团队规模达 160 余人。在研究数据缺乏、案例稀少、没有更多可借鉴参考资料的情况下，历时一年多时间，相继完成了系列教材中首批教材的编写，于 2021 年 8 月后陆续出版。

本套教材既可作为中高职职业教育旅游类专业教学用书，也可作为职业本科旅游类专业教育的参考用书，同时可作为工具书供从事旅游服务与管理的企事业单位专业人员借鉴与参考。

作为全国第一套康养休闲旅游服务系列教材，肯定还存在很多缺陷与不足，恳请读者指正，我们将在再版过程中予以完善与修正。

总主编：

2021 年 8 月

目 录

前　言 …………………………………………………………………………………… 01

第一章　休闲旅游餐饮的发展 ………………………………………………………… 1

第一节　休闲旅游与餐饮服务 …………………………………………………… 3

第二节　休闲旅游餐饮的发展现状 ……………………………………………… 10

第三节　休闲旅游餐饮的发展趋势 ……………………………………………… 15

第二章　休闲旅游餐饮消费者画像 …………………………………………………… 25

第一节　休闲旅游餐饮消费者 …………………………………………………… 27

第二节　休闲旅游餐饮消费者的心理和需求 …………………………………… 36

第三章　休闲旅游餐饮服务人员素质和要求 ………………………………………… 47

第一节　休闲旅游餐饮服务人员素质 …………………………………………… 49

第二节　对客服务技巧 …………………………………………………………… 63

第四章　休闲旅游餐饮与服务美学 …………………………………………………… 77

第一节　休闲旅游餐饮美学 ……………………………………………………… 79

第二节　休闲旅游餐饮服务美学 ………………………………………………… 89

第五章　城市休闲旅游餐饮服务 ……………………………………………………… 101

第一节　零点餐厅服务 …………………………………………………………… 103

第二节　休闲餐厅服务 …………………………………………………………… 108

第三节　茶歇与下午茶 …… 109
第四节　地方特色餐饮服务 …… 116
第五节　民族特色餐饮服务 …… 127
第六节　社会餐吧、高速公路服务区、食街的餐饮服务 …… 134

第六章　乡村与户外休闲旅游餐饮服务 …… 149
第一节　休闲农业旅游餐饮服务 …… 151
第二节　户外休闲旅游餐饮服务 …… 157
第三节　乡村民宿餐饮服务 …… 165

第七章　其他类型休闲旅游餐饮服务 …… 173
第一节　私厨品牌定制服务 …… 175
第二节　私厨个性化定制服务 …… 179

第八章　休闲旅游饮品服务 …… 189
第一节　休闲旅游茶文化 …… 191
第二节　休闲旅游咖啡文化 …… 208
第三节　休闲旅游酒文化 …… 223
第四节　休闲旅游其他饮品文化 …… 243

第九章　休闲旅游餐饮文化的传播 …… 253
第一节　休闲美食旅游 …… 255
第二节　中华老字号休闲餐饮品牌的发展 …… 257
第三节　国外知名休闲餐饮品牌的发展 …… 260
第四节　寻找非遗旅游路线上的美食 …… 265

第十章　休闲旅游餐饮的守正与创新 …… 275
第一节　休闲旅游餐饮的守正 …… 277
第二节　休闲旅游餐饮的创新 …… 285

前言

随着旅游业的迅速迭代和消费升级的变化，人们对休闲旅游中各要素的精细化诉求日益增强。民以食为天，休闲旅游餐饮自然是提升人们休闲旅游体验感和幸福感的关键要点。

由于休闲旅游餐饮涉及面广、内容繁多、形式多样、场景变化幅度大，截至目前，对休闲旅游餐饮的准确界定仍然是一个难题。因此，本书一是对休闲旅游餐饮业态形式和范围进行了界定，即从内容上分为餐和饮两大部分；从业态的物理空间上，分为城市和乡村户外休闲餐饮两大类，进而细分为三大部分共十章内容。二是突出与传统酒店与餐饮服务教材的区别。本教材定位在服务，就不只是知识和文化的介绍，而是注重模块的内涵特点与其他餐饮类型的不同，通过对典型工作任务概括性和前沿性的总结，使学习者清晰把握整体结构，准确理解休闲餐饮服务的特点与要点。三是突出了与康养旅游餐饮服务的区别。康养旅游餐饮服务着重在健康养生餐饮知识、产品开发、针对性服务方案等方面，更偏向物质和健康方面；而休闲旅游餐饮服务更着重于业态识别（有利于学生就业和多元能力的开发）、服务形式、品质生活引领、互动体验及氛围营造等方面，更注重精神领域和文化层面。

从结构上讲，本教材可分为三大部分：第一部分为前三章，主要是基础知识，包括休闲旅游餐饮的发展、餐饮消费人群画像，以及休闲旅游餐饮服务人员素质和要求，意在使学习者能迅速了解行业情况，了解服务对象与需求，知晓服务的基本要求，为后面章节的具体学习奠定基础。第二部分包括第四章至第八章，为休闲旅游餐饮服务的实践，这部分内容以休闲旅游餐饮与服务美学为内容引领，介绍了城市休闲旅游餐饮、乡村与户外休闲旅游餐饮和其他类型（私厨）休闲旅游餐饮的具体服务要求，随后又针对旅游饮品服务进行了重点介绍，既有休闲旅游餐饮的经典性，又兼顾时尚性和多元化。第三部分包括第九章和第十章，可视为拓展提升内容，讲解了休闲旅游餐饮文化的传播和休闲旅游餐饮创新与发展，为掌握了基础、熟悉了实践的学习者拓展思路，更好地对接行业需求。

本教材在对接新兴业态的同时，也提倡守正创新，因此组建了校、企各占一半的编写团队，其中既有大中专院校的专业教师和餐饮职业教育专家，又有行业导师，以及在某方面技能强、素质高的企业精英。具体编写内容安排为：第一章严益康；第二章第一节熊萍，第二节刘梦媛；第三章李青懋；第四章杨红波；第五章第一、二节王绚丽，第三节保天美，第四、五节员利光，第六节李青懋；第六章郭丹叶、杜小茜；第七章保天美；第八章第一节冯俊宁，第二节张雨皓，第三、四节侯晨晨、夏绍昆；第九章关明；第十章蒋彪。全书由杨红波、严益康最终审定。特别向给予大力帮助和支持的四川省旅游学校赵晓鸿校长，以及旅游教育出版社的领导和编辑表示由衷的感谢！同时，也特别感谢云南省餐饮行指委专家的参与！在领导、专家的鞭策与帮助下，我们力争内容能达到专业、有趣、有用，引领行业发展，并争创十四五期间休闲旅游职业教育一流教材。

最后，因本书编写时间比较紧，同时受限于编者水平及行业尚处于发展初期的现状，书中的不足之处，恳请各界专家斧正！

杨红波

2021 年 5 月于春城

第一章

休闲旅游餐饮的发展

本章重点

本章包含休闲旅游与餐饮服务、休闲旅游餐饮的现状与发展趋势等内容，重点讲解休闲旅游与餐饮服务的基本含义及相互关系，对国内外休闲旅游餐饮现状及发展趋势进行比较介绍，互联网营销在休闲旅游餐饮应用中的作用、主要形式及特点。

学习要求

通过本章内容的学习，学习者能够了解相关概念的定义及关联性，了解休闲旅游发展的背景，掌握休闲旅游及餐饮服务的基本知识，了解国内外休闲旅游餐饮发展现状及趋势，了解互联网新营销模式在休闲旅游餐饮中的应用及影响，从而具备休闲旅游餐饮从业人员的职业认知。

本章思维导图

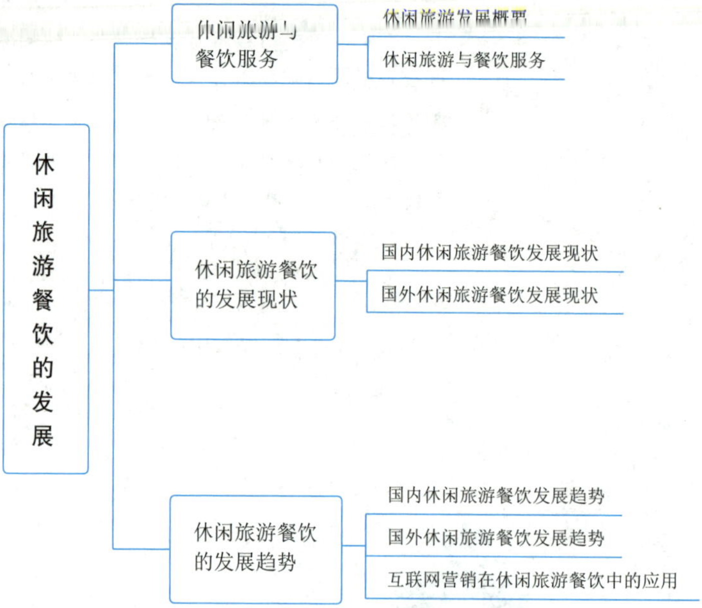

第一节 休闲旅游与餐饮服务

随着我国国民物质生活水平不断提高，人们对美好生活的向往和追求日益凸显，旅游业得以同步快速发展，新兴旅游方式和业态也不断涌现，以休闲为主要目的的休闲旅游逐渐为广大消费者所喜爱并逐步成为人们休闲生活的重要选择和生活常态，休闲旅游也因此被纳入我国国家发展战略体系。

一、休闲旅游发展概要

休闲和旅游从来都是形影不离，一说到休闲我们必然会联想到旅游，同样，一谈起旅游就会自然和休闲挂钩。随着人们收入和生活水平的不断提高，加上不断增加的闲暇时间的持续增多，休闲旅游已经成为人们生活中一种重要的休闲形式。

（一）休闲与休闲旅游

1. 休闲

休闲是人们为满足对闲适、愉悦、放松、优雅、幸福等身心良好状态的需要，在工作和其他劳作之外的时间里进行的主要以物质和服务消费为主的综合活动。

“休”在《说文解字》中解释为“息止也。从人依木”，即指歇息，停止的意思，字形采用“人、木”会意，表示人倚木。“闲”古同“娴”，有安闲、悠闲、闲逸、闲适等意思。休闲是歌颂古人自然的生活状态，是人们遵循规律、净化心灵的一种积极的生活方式和生存状态。从某种意义上讲，这两个字的思想文化含义，就是中国休闲思想的源头。

西方休闲理论认为：人类的自由和休闲紧密相连，休闲与美德、愉快、幸福密不可分。这一休闲思想理念，强力地影响着西方的生活方式并贯穿于人们生活的每一个领域。

2. 休闲旅游

休闲旅游是指以休闲为目的的一切非事务性旅游活动的总和，包括文化旅游、运动休闲旅游、康乐休闲旅游、乡村休闲旅游、城市休闲旅游等旅游活动方式。

随着人们对美好生活需求的日益增长，由休闲、度假和旅游密切结合而形成的休闲旅游已经成为现代旅游业的重要组成部分，也逐步成为现代文化产业结构链条里一个重要的环节。

（二）我国休闲旅游发展历程

根据国际经验，一个国家或地区在人均 GDP（国内生产总值）达到 3000 美元～5000 美元发展阶段以后，就将步入在居民生活方式、城市功能和产业结构等方面相继形成休闲化特点的一个发展时期，也就是所谓休闲时代。我国休闲旅游发展历程重要节点及表现如下：

表 1-1　我国休闲旅游发展主要节点及表现

序号	时间节点	重要政策或事件	休闲旅游特征
1	2001 年	《中华人民共和国国民经济和社会发展第十个五年计划纲要》	第一次将居民的闲暇问题写进国家发展纲要。
2	2007 年	温家宝做《政府工作报告》	提出培育“休闲”消费热点，休闲首次进入国民经济和社会发展年度工作部署中。
3	2008 年	1. 温家宝做《政府工作报告》 2. 我国人均 GDP 正式进入 3000 美元阶段 3. 国务院批准机构改革“三定”方案	1. 强调落实我国职工带薪休假制度。 2. 开启了国民休闲旅游时代。 3. 首次明确国家旅游局“引导休闲度假”职能。
4	2009 年	1. 温家宝做《政府工作报告》 2.《国务院关于加快发展旅游业的意见》 3. 中国旅游协会休闲度假分会正式成立	1. 强调“加快发展旅游休闲消费”，推动休闲旅游发展。 2. 提出要“制定国民旅游休闲纲要”和“将休闲作为加快发展旅游业”等重要内容。具有国家层面推动休闲旅游的里程碑意义。
5	2010 年	我国成为世界第二大经济体	我国的综合国力和人民群众的生活水平有了显著提升，休闲旅游需求不断提高。
6	2013 年	国务院修订《全国年节及纪念日放假办法》、国务院办公厅印发了《国民旅游休闲纲要（2013—2020 年）》	国民可自由支配时间增加，为休闲旅游发展提供了基础条件；提出休闲旅游发展目标，极大地促进了我国休闲旅游进一步发展和旅游业的转型升级。
7	2018 年	《乡村振兴战略规划（2018—2022 年）》	提出要“顺应城乡居民消费拓展升级趋势，结合各地资源禀赋，深入发掘农业农村的生态涵养、休闲观光、文化体验、健康养老等多种功能和多重价值”。
8	2019 年	我国人均 GDP 突破 1 万美元大关，加上我国国民公共假期已有 115 天，达到了中等发达国家水平	休闲旅游需求快速增长，我国休闲旅游进入大众化发展的新阶段。
9	2021 年	《中共中央 国务院关于全面推进乡村振兴加快农业农村现代化的意见》	指出要构建包括“开发休闲农业和乡村旅游精品线路，完善配套设施”的现代乡村产业体系。

随着我国经济的发展和人们生活水平的不断提高，国民假日结构的完善以及人们日益增长的休闲消费需求，休闲旅游已经成为我国人民精神生活的重要组成部分，我国休闲旅游发展迎来了发展的战略机遇。

（三）休闲旅游发展意义

1. 提高人们生活质量

休闲旅游注重旅游者的精神享受，强调人在某一个时段内所处的文化创造、文化欣赏、文化建构的身心存在状态。它通过人的行为、思想、情感创造文化氛围，传递文化信息，构筑文化意境，从而达到个体身心和意志的全面发展；它以休闲为主要目的，以陶冶情操、回归自然、复归人性，寻求人的真、善、美为旅游最高境界和终极目标。从某种意义上讲，休闲旅游是旅游者的一次自身生命活动，是提高人们生活质量的重要休闲方式，也将为“满足人民日益增长的美好生活需要”提供有力的支撑和保障。

2. 推动旅游业可持续发展

休闲旅游作为休闲时代大背景下的一种产物，能够拓展现代社会经济发展的范围，使那些优美的自然景观、浑厚的历史人文景观的内涵和外延得到进一步的挖掘和拓展。它不仅能够促进一批新兴城市的发展，而且也能够带动旅游产品的开发和延伸，形成同旅游业配套的食品工业、工艺品工业等产业链，从而促使“大旅游”新格局的形成。

如今，休闲已经深入到社会经济和生活的各个层面和各个领域，旅游越来越表现出休闲化发展趋势，休闲旅游在旅游中所占比例将越来越高，必将成为旅游演变的主要趋势，推动我国新时代旅游业进一步可持续发展。

3. 传承和弘扬传统文化

中华传统文化博大精深，其中孕育的休闲文明也是古来已久。从孔子的“礼仁之学”、老子的散淡无为，到如今的和平精神、以人为本；从早期的天道人道、天人合一到现时代的和谐社会、生态文明的构建，都体现了传统文化与休闲文明的相得益彰。休闲旅游不但适合现代社会的发展要求，同时也是对中国传统文化的重塑和弘扬，使人们能够不断地从中华传统文化中陶冶情操，吸取营养，促进我国文化产业高质量发展。

4. 激发内需潜力，促进社会经济发展

2020 年新冠肺炎疫情时期，全球经济下滑至低点，外部地缘政治也给我国带来了极大挑战，我国经济发展面临巨大困难。在这种大背景下，我国推动形成以国内大循环为主体、国内国际双循环相互促进的新发展格局，寻求建立一个拥有强大的国内市场并能够抵御外部风险的发展模式，可以更加自给自足和平衡协调发展。我国约 14 亿人口的巨大国内市场，经济社会发展的

韧性十足，从而为休闲旅游的加速发展提供了新的历史契机。休闲旅游产业毫无疑问将会在提高人们生活质量，促进我国的国民经济发展体现出其重要的经济、社会发展方面的价值。发展休闲旅游必将更好地激发内需潜力，为我国经济发展增添新的动力。

二、休闲旅游与餐饮服务

休闲旅游已经成为追求人们美好生活的必需，而休闲旅游餐饮正是餐饮业敏锐适应休闲旅游消费需求变化的一种重要体现。

（一）休闲旅游餐饮的概念

休闲旅游餐饮并没有一个被公认精确的定义。本书认为，休闲旅游餐饮是为了适应休闲旅游消费所需，以休闲旅游消费者的心理需求为主要出发点，体现餐饮、闲适、洽谈、欣赏、体验等各种休闲形式的主题餐饮模式。

需要指出的是，休闲旅游餐饮消费的目的是满足旅游者休闲需要进行的消费，其饮食活动是旅游者休闲理念的重要体现。因此，除此功能之外的餐饮消费行为都不能称为休闲旅游餐饮。比如：四川的“麻婆豆腐”，本地人因工作需要解决午餐的消费活动和外地来川旅游的消费者因对该饮食产品的风味、历史文化而产生的品尝、文化体验，二者对该餐饮的“旅游休闲”属性判断是不同的。

（二）休闲旅游餐饮的特点

马斯洛需求层次理论告诉我们，人的追求有五重境界。休闲旅游餐饮带给旅游消费者的利益点远非餐饮本身，而是落在消费者“休闲”这一自我实现的需求上。

1. 主题性

休闲旅游餐饮消费是为了满足旅游者休闲需要进行的消费，是以满足旅游者休闲心理需求为出发点，是消费者在休闲旅游过程中的一种具体体现形式，是休闲文化和餐饮文化有机的融合。

休闲旅游餐饮往往产品特色鲜明，以新颖独特、极富个性的主题来实现消费者休闲旅游理念和目的。产品在注重内在和外形质量的同时，在餐饮产品上更加注重文化内涵建设，在经营环境上更加注重主题打造，在餐饮服务上更加注重个性化需求，使消费者产生高品质的休闲餐饮体验，从而在享受这些服务的同时得到身心愉悦。如知名休闲餐饮品牌“仙踪林”的自然田园风格主题、姚明餐厅的篮球主题、老站餐厅的老上海主题、爱丽丝梦游仙境餐厅的童话主题等。

2. 多样性

从旅游的视角和经营业态角度来看，休闲旅游餐饮包括城市旅游休闲餐饮、乡村及户外休闲旅游餐饮以及其他类型休闲旅游餐饮等，其主要表现为零点餐厅、休闲主题餐厅、国际连锁餐饮、茶饮、餐吧、甜品店、地方特色餐饮、食街、民宿餐饮、私厨餐饮、定制餐饮、酒吧、咖啡等多种业态和内容，其经营概念不仅仅局限在环境的布局和美化及休闲设施，其经营业态和产品门类呈现出丰富的多样性特征。

3. 社交性

休闲旅游餐饮往往以浪漫的情调、鲜明的主题风格、突出的文化氛围等营造出消费者交流、沟通的宽松氛围和舒心的环境，满足人们深层次的心理需求，休闲旅游餐饮场所越来越受到人们的青睐。人们通过在良好氛围下的餐点、咖啡、茶艺、酒品等消费时的闲趣聚会、雅集，愉快地实现了情感的交流。那些滋味纯正的现切牛排、吮指难忘的手工寿司、各式休闲咖啡、茶饮等来自美式、日式、法式、台式、港式、中式的各色餐饮产品，在各种旅游休闲场所做着最直白的时尚呈现，自然成为都市年轻人大快朵颐的最佳场所就是最好的证明。

4. 文化性

休闲旅游餐饮浸润着所在地域各具特色的餐饮文化，是休闲文化和饮食文化在旅游行为中的成功融合，带给消费者以品鉴、学习、体验等美好的精神享受。消费者“吃饭”已经不是唯一的目的，享受餐饮店中休闲、典雅的主题氛围和感受当地独特的饮食文化、饮食习俗等，已经是一个至少与“吃饭”同等重要的目的。对于大部分休闲旅游餐饮场所来讲，其环境、格调、氛围、饮食文化、休闲文化在一定程度上往往比其经营的餐点、饮品本身更具有吸引力，凡是与顾客的每一个休闲接触点往往都做到极致，充分调动消费者从视觉到味觉到听觉到触觉的参与，最终使消费者在感觉上得到多重美妙的综合餐饮体验，具有极强的文化性。

（三）休闲旅游餐饮的兴起

1. 多样化需求催生了休闲旅游餐饮

如今的餐饮消费者，无论是本地消费者还是异地旅游消费者，早已从原来的求温饱阶段发展为求新、求异、求个性的餐饮消费新时代，消费者越来越重视餐饮消费过程中的产品特色、就餐氛围、就餐环境、异域餐饮文化体验等，产生了现代休闲时代餐饮消费新的动向、新的时尚、新的需求、新的导向。为迎合餐饮发展新的趋势，从而为餐饮企业创造更大的社会效益和经济效益，休闲旅游餐饮应运而生。

2. 市场竞争加快了休闲旅游餐饮的发展

20 世纪 80 年代，随着我国餐饮业的迅猛发展和市场竞争的不断加剧，餐饮行业大力进行经营方式的创新，出现了餐饮食街和明档明炉经营形式；20 世纪 90 年代，出现了将食材全部展示出来供消费者任意选用的餐饮“超市”；21 世纪初期开始，餐饮业社会化、专业化程度不断提高，外卖餐饮服务、开放式舞台厨房、专业配送逐渐出现，其中最为流行和迅猛发展的就是各类以时尚、个性、文化的餐饮产品，配套进行别具一格的个性化装饰和布置的主题餐厅。这些餐饮服务新的形式和用餐环境的与众不同使其和一般餐饮服务区分开来，既能有效地避开和一般餐饮服务的正面竞争，达到扬长补短的目的，又极大地完善了餐饮市场品种，彰显了自己的经营优势和个性化服务。

3. 国外休闲餐饮的涌现促进了休闲旅游餐饮业的成长

我国改革开放和庞大的休闲餐饮消费市场，引来大量的国外餐饮品牌进入我国。以 1987 年肯德基（KFC）在北京前门西大街开设第一家连锁店为标志，中国餐饮业成为发达国家对中国进行资本和品牌输入的主要渠道之一。不同饮食习惯和文化背景的外国人也会聚我国，为我国休闲旅游餐饮业的发展提供了巨大的发展空间。世界知名餐饮企业先进的管理经验、科学的运作模式和经营理念深深地融入我国休闲旅游餐饮行业，极大地促进了国内大量的连锁休闲、休闲茶歇、休闲冷餐会、休闲餐吧、城市休闲食街、民宿特色休闲餐饮、地方特色休闲餐饮、民族特色餐饮等休闲餐饮发展，并在突出我国地方特色、突出食材和烹饪方法、突出就餐环境等方面彰显中国休闲饮食文化，初步形成了中国特色的休闲旅游餐饮文化。

4. 休闲经济加速了休闲旅游餐饮的发展

从经济学的角度来看，饮食消费是游客在休闲旅游过程中进行的不可或缺的餐饮活动，饮食消费作为一种旅游者在目的地必须进行的刚性需求，也必然成为旅游者在休闲旅游目的地消费支出的重要组成部分。具有地域文化特性的休闲旅游餐饮在休闲产业迅猛发展的当下具有很大的潜能。

休闲旅游发展所涉及的产业和经济具有不可分割的链带效应，休闲旅游的多样化和个性化必然会促进各类休闲旅游产品的多样化和个性化的发展。作为传统旅游六大要素“食、住、行、游、购、娱”之首的“食”的休闲化发展更为如此，这也成为促进我国休闲旅游餐饮发展的重要驱动力。例如：广东区域旅游是我国旅游休闲化进入较早的地区，该地特有的主题公园、大海、沙滩、高尔夫、购物、温泉等休闲旅游产品，极大地联动了广东地方休闲美食、休闲吧馆的快速发展；成都打造“休闲之都”的战略实施，将川菜美食置于前位发展业态，形成了精品美食、休闲美食、火锅美食、社区美食、串串美食、九眼桥酒吧等众多业态形式和集中街区，极大地带动了四川休闲旅游餐饮的发展。

案例 1-1

“麻婆豆腐”休闲旅游餐饮属性的思考

快下班了，小周在办公椅上习惯性地伸了个懒腰，通常这个时候也是要好的几个同事为中午工作餐吃什么最发愁的时候。周围餐馆倒是不少，但时间久了，大家的选择自然变得麻木起来。

最后，还是年纪最大的老张开口了：“还是去麻婆豆腐！”于是，一行五人按照老规矩“AA 制”前往公司对面的麻婆豆腐店解决午餐问题。

进到店内坐毕，五人熟悉地点了麻婆豆腐、回锅肉、家常豆腐和青菜、汤等几个菜。菜很快就由服务员端上了餐桌，五人开始一边吃饭，一边谈论着办公室的话题。

这时，店内进来七八位说着一口标准东北口音的中年客人，服务员热情地引坐，斟茶，客人落座后奉上菜单开始点菜。

“服务员，在我们那里也吃过麻婆豆腐，但我们就想看看究竟是不是一样，给我们说说呗”“为什么叫麻婆呢？”“熊掌豆腐是咋做的呢？和麻婆豆腐有啥不同？”

客人们边点菜边七嘴八舌地向服务员问着好多问题，服务员耐心地一一向客人讲解着：

“麻婆豆腐是我们的当家菜，特色在于麻、辣、鲜、烫、香、酥、嫩、活，突出了川菜麻辣的特点。麻婆豆腐在清代由成都一家名为陈兴盛饭铺的小饭铺老板娘陈刘氏首创，因为陈刘氏脸上有麻点，人称陈麻婆，所以菜名被称为麻婆豆腐……”

点完菜，客人们在等待的过程中边看店内的明清风格装饰、家具、餐桌、餐具等，又叽叽喳喳谈论着上午去武侯祠的情形，谈论着四川妹子那川味普通话有些听不懂……直到菜品上桌，大家才稍微安静下来开始品尝体验。偶尔，全桌人因为某个同伴被辣得直吐舌头、被烫得大口喝冷饮而哈哈大笑……

一旁，吃完饭的小周和同事们结账离开餐厅，准备回去休息一下开始下午繁忙的工作。

【思考】

案例中的小周及同事、东北客人就餐目的及过程有什么区别？

【案例分析】

休闲旅游餐饮消费的目的是满足旅游者休闲需要进行的消费。因此，本案例中本地客人因工作需要解决午餐问题的餐饮行为不能称为休闲旅游餐饮，而外地来川旅游消费者对麻婆豆腐饮食风味、饮食文化而产生的餐饮体验符合旅游休闲属性判断。

第二节　休闲旅游餐饮的发展现状

随着我国社会经济的快速发展和休闲旅游的大众化演进，休闲旅游餐饮迎来进一步发展的大好机遇。充分认识国内外休闲旅游餐饮发展的现状，正视我国休闲旅游餐饮在发展中的问题，对于提升我国休闲旅游餐饮品质，更好地适应我国快速发展的休闲旅游业有着积极的意义。

一、国内休闲旅游餐饮发展现状

（一）国内休闲旅游餐饮总体状况

1. 消费市场初步形成

当前，人们对餐饮业的期望已不再是单纯地满足胃口的需要，而是一种集感官、精神上全方位的满足。休闲餐饮在国外一些发达国家早已流行，在我国，上海、北京、广州、江苏、浙江等经济相对发达地区休闲餐饮产生最早，上海和北京的茶餐厅、广州的粥城、杭州的茶楼持续走红就是很好的例证。随着我国已经进入休闲旅游大众发展的新时代，我国中等收入群体规模继续扩大，尤其是旅游资源优势较强的地区，其休闲餐饮逐步深入人们的休闲旅游活动，逐渐成了一种休闲流行和趋势。

2019 年全年我国国内生产总值（GDP）达到 99.0865 万亿元，居世界第二位，人均 GDP 站上 1 万美元的新台阶，我国作为世界第二大经济体地位更加巩固。我国约 14 亿的人口形成了国内强大的休闲旅游餐饮消费市场，休闲旅游餐饮已经成为我国第三产业的重要组成部分，在国民经济和社会发展中占有越来越重要的地位。

2. 经营类型日趋丰富

我国持续升温的休闲旅游市场带动了休闲旅游餐饮的快速发展，形成了日趋丰富的市场类型。各种不同档次、不同口味、不同经营风格的休闲旅游餐饮种类如中式休闲餐厅、西式休闲餐厅、咖啡屋、茶室及以供应软饮料、酒精类饮品及小吃为主的奶茶店、甜品店、酒吧等百花齐放。与正餐相比，这类餐厅往往具备舒适优雅的环境、轻松愉快的氛围以及个性化的服务，且营业时间较长，供应餐饮时间也更具灵活性，极大地满足了休闲旅游消费者的多样化、个性化消费需求，在城市化进程成熟地区尤为如此。

图 1–1　成都春熙路休闲旅游餐饮街

3. 发展态势逐步显现

休闲旅游餐饮代表着现代餐饮新的消费需求，近年来呈现出持续快速增长的态势。根据大众点评网发布的统计报告显示，近十余年来，我国上海、北京、广州、南京、杭州、西安、成都 7 大城市的休闲餐饮企业数量和消费者点评数量相对于传统餐饮企业增加最快，同时，在销售额增长和利润率方面，休闲旅游餐饮位列前列，成为最为赚钱的餐饮业态。

我国休闲旅游产业的蓬勃发展，直接促进了人们餐饮活动的功能拓展，饮食活动成为人们休闲旅游理念的重要载体，表现为追求休闲旅游的社会价值观和思想。休闲旅游餐饮逐步成为推动我国餐饮业和旅游业转型升级和持续向好发展的一支生力军。

4. 市场竞争表现激烈

全球经济一体化进程使中国成为西式休闲餐饮品牌世界范围内贡献最为丰厚的地区之一。发展较早且成熟的国外休闲餐饮，凭借其较强的品牌优势快速进入我国，其市场占有率急剧扩大。一些国际知名品牌朝本土化、纵深发展，尤其是随着我国各地中小城市的迅速崛起以及居民休闲消费水平的不断提高，西式休闲餐饮大有将其触角延伸至我国特别是县级市为代表的圈层市场的发展趋势。如必胜客、星巴克等著名品牌高度重视中国休闲旅游餐饮市场，甚至制定了将中国发展成为全球发展的根据地的战略。

与此同时，国内本土休闲餐饮品牌也在资本的介入下迅速扩张。一茶一坐、仙踪林、巴贝拉、迪欧咖啡等应运而生，从不同的方式演绎中国休闲旅游餐饮文化，并随着我国的经济发展和人们休闲消费需求的不断发展，与西式休闲餐饮在激烈的市场竞争中共享休闲餐饮市场。

（二）当前国内休闲旅游餐饮存在的主要问题

休闲旅游餐饮已成为我国重要的新兴餐饮业态，在发展过程中还存在许多问题需要研究并加以解决，才能使我国休闲旅游餐饮业不断向好发展。

1. 经济发展不平衡

一方面，一个地区的旅游资源状况、城市发展进程、生活等级质量水平等综合因素与休闲旅游餐饮的发展成正相关关系。从现状来看，北京、上海两大城市成为我国休闲旅游餐饮发展的第一圈层，杭州、南京、广州、厦门等城市成为我国休闲旅游餐饮发展的第二圈层，而成都、西安、沈阳等城市处于我国休闲旅游餐饮发展的第三圈层，加上其他处于第四圈层的地区，形成了一定的圈层等级差异，构成了一种次第发展的分布态势，不同地区休闲旅游餐饮发展差异较为明显。

另一方面，休闲旅游餐饮消费的前提是有足够的闲暇时间、可自由支配收入和休闲消费理念，在这方面同样也因地域经济发展的不均衡而存在较大差异，我国东部沿海地区的休闲旅游经济由于经济发展水平相对发达，加上居民休闲消费理念前卫而比西部欠发达地区发达。

2. 挖掘文化内涵深度不足

目前，我国休闲旅游餐饮产品种类繁多，传统餐饮在产品的设计上往往仍然偏向于较为传统的餐饮方式和经营理念，对休闲旅游的内涵还没有深度的研究和利用，对于更具休闲旅游餐饮的知识性、文化性、参与性的产品打造上明显存在较大的不足。

3. 与国外休闲旅游餐饮仍然存在较大差距

20 世纪 70 年代末，我国餐饮业在政策上被列为率先实行改革开放的行业之一。餐饮业以其政策的开放引导、发展前景看好、投资回报率较高等优势，不断地吸引众多资本形态的进入。1987 年肯德基（KFC）在北京开设的第一家连锁店开业，国人蜂拥而至的消费场景为当初餐饮业难忘的一大景观，大量的投资者开始认识到休闲餐饮巨大的社会需求，我国休闲旅游餐饮业开始成为外资投资热点并得以持续。国内休闲旅游餐饮行业与国外相比，在企业规模、管理人才、经营管理专业化、生产技术和市场竞争方法等方面都存在相当大的差距。我们必须通过一系列的创新对策运作和努力，逐步缩小与国外先进企业之间的差距，推动我国休闲旅游餐饮持续向好发展。

二、国外休闲旅游餐饮发展现状

国外休闲旅游餐饮同休闲产业一样有着较为长远的发展历史，尤其以美国、日本、英国、法国、意大利、德国等发达国家最具代表性。

1. 行业法规健全，协会作用突出

国外休闲产业法规健全，极大地支持、培育和引导了休闲产业发展。比如：法国在第二次世界大战后即率先实行每周 35 小时工作制；20 世纪 60 年代，西欧、北美绝大多数国家已经普遍实行了每周 5 天工作制和带薪休假制度，日本、韩国、新加坡等也先后实行了以上制度。这些法规和制度的实施，很大程度上为公民创造了良好的休闲大环境，保障了公民休闲权利。随着一些国家福利的逐步成熟化，休闲旅游餐饮在 20 世纪中后期在英、美等发达国家就已进入了发展的成熟阶段。

国外有关餐饮的行业协会很多，如餐饮协会、厨师协会、汉堡协会、服务协会、快餐协会等。这些协会企业化运作特点十分明确，具有较高的凝聚力和生命力，在加强餐饮企业间交流、提升行业发展等方面发挥着突出的作用。

2. 餐饮集团化和品牌经营优势明显

一直以来，大规模跨国餐饮企业是国际餐饮竞争的主体，而餐饮集团化和品牌经营是国外跨国休闲旅游餐饮企业主要的特征。他们通过集团化或连锁经营来不断降低经营成本，进而凭借成本优势形成全球价格竞争力，再通过餐饮企业产品同质化需求的全球性标准和同质化科技标准，进一步发展企业规模，而拥有本餐饮企业的全球生产、销售网络，使国外休闲旅游餐饮一直以来保持着较强的全球餐饮市场竞争能力，从而形成较强的行业垄断地位和实力，具有较高的市场占有率，有些企业甚至在全球市场占有率超过 40%。例如：百胜集团旗下拥有包括肯德基、必胜客、塔可钟（Taco Bell）、A&W

及 Long John Silver's（LJS）等五个世界著名餐饮品牌，在全球烹鸡类、比萨、墨西哥风味食品、热狗以及海鲜连锁餐饮领域堪称典范，具有极强的市场经营能力和抗击风险能力。

3. 企业管理制度先进

国外休闲旅游餐饮品牌企业具有包括组织流程、组织权责、组织制度、决策及管理程序等的先进管理制度。这些制度同时又具有较强的适应性和应变力，运作高效，体系完整，操作性强。比如：麦当劳、肯德基可以在全球做到其核心技术的移植，能够高度保持餐饮产品质量品质的一致性，可以做到根据当地特点更新口味，可以做到物流配送、形象标识、服务质量、培训学习等的全球统一，软硬技术都很先进和专业化。

4. 国民休闲旅游餐饮消费理念成熟

国外居民尤其是经济发达国家消费者餐饮消费理念成熟。随着经济的发展，国民喜爱偏向在家庭以外的地方用餐，居民休闲消费习惯和休闲消费理念的变化极大地推动了国外休闲旅游餐饮业的快速成长。

例如：美国 2015 年餐饮业收入占居民食品消费比例就已经高达 47%。而目前，包含休闲正餐（casual dining）在内的全面服务餐厅（full-service restaurants，简称 FSR）比有限服务餐厅（limited-service restaurants，简称 LSR）占比要高出 10 多个百分点，这和美国国民成熟的休闲餐饮消费习惯和消费理念的变化是分不开的。

案例 1-2

麦当劳中国：继续扩张在华餐厅数量

新冠肺炎疫情对餐饮业冲击严重，不少餐饮店相继倒闭结业，继续做生意的也“缩皮”度日。不过，麦当劳中国 CEO 张家茵近日表示，麦当劳中国不仅没有缩减门店计划，还将继续在华大幅扩张餐厅数量。

张家茵表示，2020 年麦当劳中国在华的开店计划没有变化，今年将至少新开 430 家餐厅，招聘 18 万名员工。

她表示：“麦当劳在中国到 2022 年达到 4500 家门店的愿景没有改变，有机会的话，我们还会加速。”

麦当劳还要更接地气。张家茵说，下一步，麦当劳新开餐厅大部分会在三线城市，麦当劳希望可以加快下沉的速度和布局。中国的大趋势就是消费增长，民众生活还会不断提高，“人民对美好生活的向往”这个愿望一直在，中国也有实力去实现这个愿望。

〔资料来源：麦当劳中国．继续扩张在华餐厅数量［EB/OL］.［2020-10-15］. http://cj.takungpao.com/news/text/2020/1015/202612.html.〕

【思考】

麦当劳中国为什么这么有底气在中国不断扩张门店？

【案例分析】

中国经济的长远增长前景、国内休闲旅游餐饮强大的消费市场和发展潜力是国外品牌餐饮布局中国的主要原因。从另一个角度分析，国外休闲餐饮强大的集团化和品牌经营优势明显，将给国内休闲旅游餐饮业带来巨大挑战。

第三节　休闲旅游餐饮的发展趋势

我国休闲旅游餐饮产业取得了快速的发展，但和西方发达国家相比还处在逐步成熟阶段，竞争力还需进一步提升。未来，我国休闲旅游餐饮将成为餐饮业重要增长点。

一、国内休闲旅游餐饮发展趋势

1. 品牌发展趋势

休闲旅游餐饮作为中国餐饮业后起之秀，市场呈现出充沛的活力和超高的人气，在经过多年的高速发展后，目前呈现出增量到存量的转变。休闲旅游餐饮企业为了提升市场上的地位，增强竞争优势，更加注重品牌化的经营，通过扩大自身知名度，提升市场形象，取得品牌化发展。2020 年新冠疫情的冲击，进一步加速了休闲旅游餐饮市场的重塑，相当一部分休闲餐饮企业，开始填补市场空白，加大布局密度和品牌建设步伐。例如：以创新服务为特色的海底捞，除了继续维护传统品牌火锅产品外，正加速进行米线、面条、水饺、冒菜等休闲旅游餐饮品牌的培育，该业务将成为其未来重点发力的方向之一。

2. 大众市场将是发展的主要空间

近年来，受我国宏观经济环境及政策影响，国内餐饮行业整体告别快速增长时代，部分高端餐饮企业的经营收益更是出现了“断崖式”下跌的情况。然而，与高端餐饮焦头烂额疲于应付相对比的是，主打大众市场的休闲餐饮却一枝独秀，行业发展十分喜人，复合年增长率一直保持着较高比例的增长。

外部资金融入情况是餐饮各业态发展状态和趋势的晴雨表。据国内新餐饮大数据研究与服务机构 NCBD（餐宝典）对 2019 年、2020 年获得融资投向的餐饮企业情况做出的统计显示，这两年如熊猫星厨、乐乐茶、煮葉、茶颜悦色、三顿半咖啡、熊猫不走蛋糕、奈雪の茶、巴奴等新型休闲餐饮是外部资本较为青睐的餐饮业态。从融资金额来看，2019 年最吸金的是咖啡，2020 年，茶饮成为获得最多资金融资的产业之一。这表明大众休闲旅游餐饮因其良好的发展态势受到外部资金的青睐，投资资金开始向优质休闲旅游大众餐饮企业聚拢的趋势明显。

表 1-2　2019 年餐饮融资投向（部分）

品牌	领域	金额（元）	轮次
乐乐茶	茶饮	2 亿	Pre-A
熊猫星厨	新型餐饮	5000 万美元	C 轮
煮葉	茶饮	数千万	A 轮
茶颜悦色	茶饮	数千万	Pre-A
博茂餐饮	小吃	数千万	A+ 轮
餐饮情报局	餐饮服务	1000 万	天使轮
陶陶居	中式正餐	未披露	战略投资
三顿半	咖啡	数千万	A+ 轮
锅圈	供应链	5000 万	A+ 轮
信良记	供应链	3 亿	B 轮
和府捞面	休闲快餐	2.15 亿	C+ 轮
连咖啡	咖啡	2.06 亿	B+ 轮

［备注：表中数据来源 NCBD（餐宝典）公开信息整理，只列举了金额较大的事件］

表 1–3　2020 年餐饮融资投向（部分）

品牌	领域	金额（元）	轮次
巴奴	火锅	1 亿	战略投资
斟茶记	茶饮	2000 万	天使轮
白家食品	方便食品	1.1 亿	A 轮
沃欧咖啡	咖啡	3500 万	天使轮
文和友	综合餐饮	1 亿	战略投资
吃货大陆	餐饮服务	1000 万	天使轮
乡村基	快餐	1 亿	A 轮
莲菜网	供应链	1.55 亿	B+ 轮
奈雪の茶	茶饮	1 亿美元	B 轮
很久以前	烧烤	1 亿	B 轮
琼粥一品	快餐	1000 万	天使轮
大师比萨	比萨	1000 万	天使轮
犟骨头	快餐	1000 万	A 轮

［备注：表格数据来源 NCBD（餐宝典）公开信息整理，只列举了金额较大的事件，数据截止到 2020 年 7 月 31 日］

3. 夜间休闲旅游餐饮将成为新形态

图 1–2　四川黄龙溪乡村夜间休闲餐饮

2019 年，国务院办公厅印发《关于进一步激发文化和旅游消费潜力的意见》，提出大力发展夜间文旅经济，计划到 2022 年建设 200 个以上国家级夜间文旅消费集聚区。《休闲绿皮书：2019—2020 年中国休闲发展报告》指出：夜间旅游成为旅游休闲新形态，有利于挖掘休闲消费潜力。在休闲旅游过程中，夜间经济是能够对餐饮、购物、文化演艺发挥综合推动作用的重要载体。比如：陕西西安打造的“大唐不夜城”、四川省眉山市打造的“水街”和成都市2021年春节期间推出的“夜游锦江”以及全国各地因地制宜的“深夜食堂”等就备受消费者喜爱，已成为夜间休闲旅游餐饮的网红打卡点和消费新坐标。

4. 网红经济更加影响消费行为和产业发展模式

网红经济以其集聚变现、精准营销、时效性强的特征深刻影响着人们的休闲旅游消费行为与产业发展模式，为休闲旅游餐饮产业发展带来机遇与挑战。网红经济缩短了人们对休闲旅游餐饮的认知距离，激发休闲旅游餐饮消费的需求。互联网突破时间和空间，将休闲旅游餐饮信息开放共享，短视频、直播等传播形式迎合了消费者利用碎片化时间找寻休闲旅游餐饮信息的习惯，特别是年轻消费群体，他们通过网络“种草”，激发休闲旅游餐饮消费激情，一些“网红串串”“网红奶茶店”“网红火锅”“网红烧烤”等，正是通过这一新经济模式，快速有效地将休闲旅游餐饮展现并售卖给网络终端的消费者。网红经济将持续促进产业发展要素流动，成为休闲旅游餐饮产业发展新引擎。

5. 智慧餐饮理念将进一步深化

随着 5G 时代的到来和“互联网 +”技术的渗透，休闲旅游餐饮业的科技理念将会进一步深化。在移动互联深入应用的情况下，经营过程中采用智能化减少人工成本，依靠标准化降低风险的模式将会引领休闲旅游餐饮行业的创新发展。智能炒菜机、机器人送餐、全自助无人服务餐厅等智能化经营方式将会越来越多地出现在休闲旅游餐饮服务中。这种餐厅在饮食制作与服务诸多环节减少了人与人之间的接触，用餐方式更符合目前的形势需求，也代表着休闲旅游餐饮业智慧化发展的趋势。

二、国外休闲旅游餐饮发展趋势

美国餐饮业是全世界规模最大的餐饮业，以麦当劳、星巴克为代表的美国餐饮企业在全世界超过 100 个国家开设有分店。日本在“二战”后引进了美国外食的拓展方式，在接待礼仪、连锁经营等方面有了长足的发展。至今，美、日两国仍是餐饮业推陈出新的代表。

1. 快捷休闲餐饮成为新的增长门类

随着人们健康意识的提高和休闲消费观念的成熟，国外尤其是以美国为代表的餐饮业产生了一类餐饮模式——快捷休闲餐厅（fast-casual restaurants），是近年来最受欢迎和增长最快的餐饮品类之一。快捷休闲餐饮是快餐与休闲正餐的结合体，它既有快餐标准高、速度快、服务成本低的优势，又有与休闲正餐一样更多样化的饮食和服务选择，并且更加注重食材的新鲜、生态，深受消费者喜爱。其代表品牌是 Chipotle Mexican Grill（CMG，主营墨西哥卷）、Panera Bread（PNRA，主营面包和咖啡）、Noodles & Company（NDLS，主营各系列面条）等，其特点是均有更好的就餐环境、健康的食材、多元化的饮食和相对较高的价格，但消费者也只能享受有限制的休闲餐饮服务。以 Chipotle Mexican Grill 为代表的快捷休闲餐厅还率先提供了休闲餐饮产品在口味、辅料甚至主料的定制化服务。这类餐厅近年来呈现出高速发展的态势，同时逐渐有海外扩张趋势，是国外城市休闲餐饮新的增长门类。

2. 更加看好以中国为代表的发展中国家市场

受 2020 年新冠疫情影响，国外跨国餐饮因门店分布广泛而成为疫情的重灾区。据百胜中国财报显示，2020 年第二季度，其净利润同比下降 26%，其中肯德基的销售额下降 6%，必胜客的销售额下降 12%；咖啡连锁企业星巴克 2020 财年第三季度综合收益显示，其净营收同比下降 38%，净亏损 6.78 亿美元；主打牛肉饭的日本连锁休闲餐厅吉野家由于疫情封锁，国内上千家门店停业或缩短营业时间，导致 2020 年 3 月到 5 月累计亏损已达 40 亿日元，全财年预计将亏损 90 亿日元（约合人民币 6 亿元），吉野家控股也宣布将关闭国内外 150 家门店；日本放送协会（NHK）报道称，截至 2020 年 8 月，日本有 406 家餐饮公司因疫情而倒闭。

随着我国国内疫情率先得以控制，国外休闲旅游餐饮将更加看好中国这一巨大的餐饮消费市场。比如：2020 年 8 月，被誉为“神级汉堡”的来自美国网红汉堡品牌 shake shack 北京三里屯的首家门店正式营业，生意火爆，该品牌 CEO 在《每日经济新闻》的专访中表示：“我们期待着中国目前在疫情防控方面取得的效果一直保持下去，这也是我们看好中国市场的重要原因。”

3. 互联网时代下新餐饮蓬勃发展

新餐饮将成为国外休闲旅游餐饮行业创新的主要驱动力。全球第一家零距无人餐厅 Eatsa（健康轻食餐厅）2015 年在美国硅谷开业，引起休闲餐饮业和消费者的高度关注。随着休闲餐饮新技术的全面导入，以及消费市场在互联网时代下新的变化，具有互联网时代特征的新餐饮已经在逐步形成。以智能餐厅、单一品类的新式休闲旅游餐饮与新零售相结合，催生休闲旅游餐饮跨界新的合作经营模式。与此同时，伴随互联网在全球的高速发展，在线外卖市场继续保持高速增长，外卖品类将不断多元化。互联网时代下新餐饮蓬勃发展将是国外休闲旅游餐饮业数字化转型的必然，将为休闲餐饮市场展现更多元的新的增长点。

三、互联网营销在休闲旅游餐饮中的应用

伴随电子商务在我国的崛起，休闲旅游餐饮营销的方式随之发生了巨大的改变，出现了许多创新的营销方式，互联网营销正是在这样的背景下产生，并在休闲旅游餐饮产业发展中发挥着越来越重要的作用。

（一）互联网营销在休闲旅游餐饮中的产生

21 世纪，人类迅速进入数字化时代，互联网改变了工业化社会传统的、物化的营销模式。互联网的应用对于传统的市场营销最具革命性的影响就在于缩短了生产与消费之间的距离，减少了商品在流通中经历的诸多环节，消费者可以直接操纵鼠标在网上完成购买行为。互联网与经济的紧密结合，推动了市场营销进入崭新的网络营销阶段。就休闲旅游餐饮产业而言，随着消费者休闲旅游个性消费理念的回归、休闲需求的提升、休闲消费主动性的增强等消费观的变化，互联网营销在旅游休闲餐饮中应运产生并得到迅速发展。

（二）互联网营销在休闲旅游餐饮中的作用

1. 促使休闲旅游餐饮传统营销的变革

在全球互联网技术不断发展和广泛应用的推动之下，互联网营销已经成为休闲旅游餐饮企业之间、企业和休闲旅游消费者之间进行信息沟通和交易活动的重要形式，发展势头极为强劲。这种势头对休闲旅游餐饮企业的经营理念和营销方式构成了强大的冲击，休闲旅游餐饮企业营销观念开始由以自我为中心转向以顾客为中心，餐饮营销的方式也在不断地发展，其营销方式的新奇性、互动性、方便性备受消费者喜爱。网络营销正在一定范围内、一定程度上取代传统的餐饮营销方式，逐步成为现代休闲旅游餐饮企业营销变革的又一趋势。

2. 形成休闲旅游餐饮市场的差异化竞争

随着我国休闲旅游餐饮产业的快速发展，市场竞争日趋激烈。休闲旅游餐饮企业要在激烈的竞争市场中立足并得到良性发展，最关键就在于企业经营的差异化。而休闲旅游餐饮经营的差异化主要来源于休闲餐饮产品、休闲餐饮文化、休闲餐饮服务和休闲餐饮营销的差异化。相比之下，互联网营销是连接企业和消费者之间的纽带，更易于创新，是休闲旅游餐饮企业在企业品牌、特色饮食、公关营销、企业形象、特色服务等方面产生差异化竞争优势的重要营销手段和渠道，它所具备的一对一营销能力，恰好符合休闲旅游

餐饮产品个性化定制营销、多元化服务营销与直复营销的未来趋势。

3. 精准管理客户关系

网上大量的客户用餐信息以及良好的互动性为客户关系管理提供了可行性。互联网营销是休闲旅游餐饮企业和消费者之间实现平等交流的营销方式，由于其不受时空、距离和陌生与否的限制，以及直观形象、形式多样、互动性强的特点和一对一营销能力深受消费者喜爱。休闲旅游餐饮企业也可以根据消费者的消费情况，建立消费者数据库进行数据分析和挖掘，对目标客户进行画像，有效地进行客户管理，从而实现休闲旅游餐饮产品与服务的精准营销，并有利于培养消费者对企业的忠诚度。

（三）互联网营销在休闲旅游餐饮中的特点

1. 跨时空特点

互联网营销在休闲旅游餐饮中具有超出时间约束和空间限制来进行餐饮服务信息交换的特点，可以使得企业和消费者之间脱离时空的限制达成交易，休闲旅游餐饮企业能有更多的时间和更多的空间进行营销，每天 24 小时随时随地提供全球的休闲旅游餐饮营销服务。

2. 交互式特点

互联网络一般被设计成可以传输如文字、声音、图片、直播、短视频等多种媒体的信息，使得休闲旅游餐饮企业和消费者之间的信息交换直观形象、形式多样。互联网络展示休闲旅游餐饮产品与服务信息，提供有关信息的查询，可以和休闲消费者做充分的互动双向交流，还可以收集市场情报、产品测试、消费者满意度调查等，是休闲旅游餐饮企业进行服务产品设计、产品信息提供和服务的最佳工具。

3. 人性化特点

互联网营销是休闲旅游餐饮企业和消费者之间一对一的平等交流，是由消费者主导的非强迫性和理性的营销，是一种成本较低和极具人性化的营销方式。它避免了传统营销中由推销员主导的推销对消费者产生的干扰，并通过休闲餐饮产品和服务信息提供与消费者实现交互式交谈，实现和消费者良好的沟通。

4. 高效率特点

电脑、手机等设备和工具可以存储大量的信息供企业收集和消费者查询，具有内容丰富和及时高效的特点。一方面，互联网可传送的休闲旅游餐饮信息数量与精确度远远超过其他营销媒体，旅游休闲餐饮企业也能灵活地根据市场变化情况及时更新餐饮服务产品或调整价格，及时有效地适应市场变化，及时了解并满足顾客的需求；另一方面，休闲旅游餐饮企业可以根据消费者的消费情况，建立消费者数据库，进行数据分析和挖掘，建立属于自己的私域流量，有效地进行客户管理，从而实现休闲旅游餐饮产品与服务的精准营销。

本章小结

1. 知识点

休闲、休闲旅游、休闲旅游餐饮的概念，休闲旅游发展历程和意义，国内外休闲旅游餐饮现状与发展趋势，互联网营销在休闲旅游餐饮中的作用及特点。

2. 核心技能

我国休闲旅游发展的背景，国内外休闲旅游餐饮发展现状及趋势，互联网新营销的应用。

3. 职业素养

休闲旅游餐饮服务人员职业认知能力，具备进一步进行专业知识学习的理论基础。

思考与练习

一、单项选择题

参考答案

1. 最能体现休闲活动本质的是（　　）。

A. 闲暇　　B. 活动　　C. 状态　　D. 休憩

2. 休闲的本质含义是指（　　）。

A. 人们在工作和劳作之外所从事的一切活动

B. 人们为追求享乐而进行的一切活动

C. 人们进行的与工作和其他劳作无关的生命活动

D. 人们为满足含有内在自由的身心或人性状态而从事的活动

3. 休闲旅游的主要目的是（　　）。

A. 休闲　　B. 观光　　C. 养生　　D. 娱乐

4. 我国休闲旅游餐饮出现专业配送是在（　　）。

A. 20 世纪 70 年代　　B. 20 世纪 80 年代

C. 20 世纪 90 年代　　D. 21 世纪初期

5. 被公认为西方休闲思想先驱的是（　　）。

A. 柏拉图　　B. 亚里士多德
C. 苏格拉底　　D. 德谟克利特

二、多项选择题

1. 休闲旅游餐饮的主要体现有（　　）。
A. 饮食活动　　B. 欣赏　　C. 体验　　D. 休闲
2. 休闲旅游餐饮的主要特点有（　　）。
A. 突出主体性　　B. 业态和产品多样性
C. 社交性　　D. 文化性
3. 美国主要的商业餐饮企业一般分为（　　）。
A. 全面服务餐厅　　B. 有限服务餐厅
C. 酒吧　　D. 快捷休闲餐厅
4. 快捷休闲餐饮是快餐和休闲正餐的结合体，具有（　　）特点。
A. 标准高　　B. 速度快　　C. 成本低　　D. 生态

三、简答题

1. 登录一次餐饮企业独立网站和第三方餐饮平台网站，思考它们有什么区别？

2. 尝试一次去装饰精美、格调高雅的咖啡馆消费，力求获得某种深层次体验，并认真思考消费过程的各个方面带来的感受。

四、案例分析题

2021 年春节餐饮消费迎来“开门红”

2021 年春节黄金周期间，广大餐饮企业在做好疫情防控的基础上，优化丰富菜品、创新服务方式，保障群众“就地过年”，餐饮消费迎来“开门红”。

经营情况明显好转。据有关协会和外卖平台调查，全国 87% 的餐饮企业春节期间正常营业，餐饮交易额同比增长 261%。浙江省商务厅监测的重点餐饮企业收入、客流量分别同比增长 520%、413%。河南省小吃和民俗经济超过正常年份，景区小吃街异常火爆，个别小吃店收入比平日上涨 15~30 倍。

外卖订单持续火爆。据餐饮外卖平台数据显示，今年春节期间全国餐饮外卖交易额同比增长 154%。天津市线上礼盒、年夜饭线上预销售成为亮点，大厨入户年夜饭订单量超过 500 份，较往年同期增长 20% 以上。北京市餐饮外卖平台联合商户推出各式菜肴，发起“京味年夜饭甄选餐厅”“老馆子闹元宵推荐菜”“老字号春节半成品大礼包”推介活动，开展“春节不打烊”活动，让市民居家尝遍美食。

〔资料来源：商务部 . 2021 年春节餐饮消费迎来“开门红”［EB/OL］. ［2021-02-20］.http://www.mofcom.gov.cn/article/ae/ai/202102/20210203039694.shtml.〕

【思考】

餐饮消费者消费习惯变化有哪些？传统餐饮营销和互联网营销有哪些区别？试分析互联网营销对促进我国休闲旅游餐饮发展的重要作用。

【案例分析】

互联网营销具有跨越时间和空间进行营销的特点，随着互联网的广泛应用，互联网营销已经成为休闲旅游餐饮企业之间、企业和休闲旅游消费者之间进行信息沟通和交易活动的重要形式。

参考文献

［1］王婉飞 . 休闲管理［M］. 杭州：浙江大学出版社，2015：002–005.

［2］楼家军 . 休闲学概论［M］. 上海：华东师范大学出版社，2016：56–57.

［3］张维亚，汤澍 . 休闲学概论［M］. 大连：东北财经大学出版社，2019：120–123.

［4］吴文新，张雅静 . 休闲学导论［M］. 北京：北京大学出版社，2013：152–153.

［5］刘军丽 . 我国城市休闲餐饮的发展现状［J］. 扬州大学烹饪学报，2011（4）：61–64.

［6］周慧，范香花 . 休闲餐饮消费需求行为特征的实证研究［J］. 江苏商论，2012.5：029.

［7］谭怡 . 休闲餐饮业的现状及营销对策探讨［J］. 绿色科技，2013.6：027.

［8］杨铭铎，刘希宋 . 从中西餐饮企业的差距比较探索中国餐饮企业创新体系的构建［J］. 哈尔滨商业大学学报：社会科学版，2006.3：0028.

［9］周慧 . 在打造“区域消费中心”战略背景下的长沙市休闲餐饮业发展研究［J］. 商业经济，2011.5：049.

第二章

休闲旅游餐饮消费者画像

本章重点

本章包含休闲旅游餐饮消费者类型和休闲旅游餐饮消费者心理，重点讲解各年龄段、不同消费水平休闲旅游餐饮消费者的消费需求特点、主要消费产品类别、消费体验关注重点，以及不同性格爱好消费者的主要消费表现等知识，比较分析休闲旅游餐饮消费者在消费审美与体验要求方面的不同心理特点。

学习要求

通过本章内容的学习，学习者掌握休闲旅游餐饮消费者类型的分类方法，掌握不同的年龄结构、消费水平、性格爱好等类型旅游餐饮消费者的基本消费特征，掌握对不同类型休闲旅游餐饮消费者消费需求、审美需求、体验需求等分析技能，从而具备一定的消费行为、消费心理、影响因素的分析能力。

本章思维导图

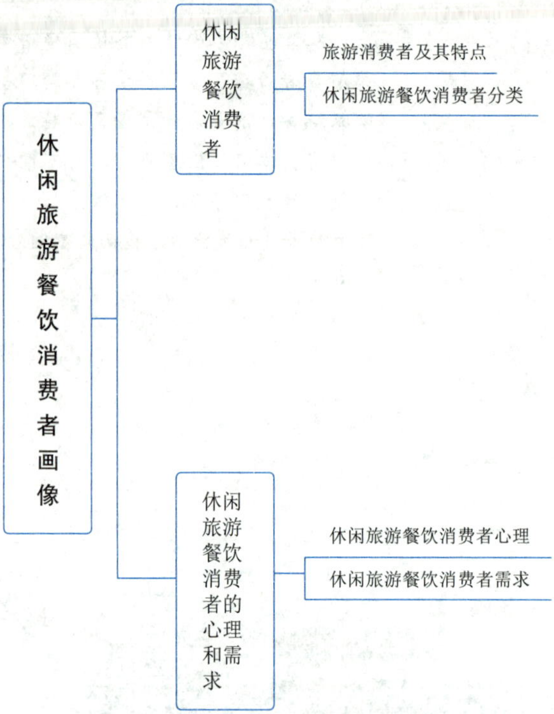

第一节 休闲旅游餐饮消费者

休闲旅游餐饮是休闲旅游消费的重要内容，它同休闲旅游消费者密切相关。消费者因年龄结构、消费水平、性格爱好等因素不同，对休闲旅游餐饮产品和服务的选择也呈现出不同的需求特征。

一、旅游消费者及其特点

旅游消费行为的决策是一个复杂的过程。旅游消费动机是直接推动一个人进行旅游活动的内部动因，是旅游消费行为形成的基础。了解、分析和研究旅游消费者及其消费特点，对于做好休闲旅游餐饮产品设计、产品服务及营销决策具有重要意义。

（一）消费者及旅游消费者

1. 消费者

国际标准化组织（ISO）认为，消费者是以个人消费为目的而购买使用商品和服务的个体社会成员。我国《消费者权益保护法》第二条将“为生活消费需要购买、使用商品或者接受服务”的行为界定为消费者的消费行为。根据这一规定，所谓消费者，是指为满足生活需要而购买、使用商品或接受服务的个体社会成员。

2. 旅游消费者

旅游消费者是基于个人的生活消费需要而接受旅游服务的消费者。旅游消费属于生活消费，是满足人们高品质生活需求的消费，包括人在旅游过程中所获得的物质产品、精神产品以及旅游服务。因此，旅游消费者具有消费者的属性，又具有旅游者的个性。

旅游消费者的产生首先要具有支付能力，其次是具有闲暇时间，此外还受到科技发展水平、政府鼓励政策等社会因素，以及身体状况、家庭状况等个人因素的影响和制约。

3. 旅游消费者特点

（1）需求综合性。旅游消费满足旅游者生存、享乐、发展等多层次的需要，旅游消费者具有如文化性、享乐性、保健性、宗教性等的多种综合性需求。消费的旅游产品是由旅游资源、旅游设施、旅游服务等多种要素构成的，旅游活动融食、住、行、游、购、娱为一体，旅游消费贯穿于整个旅游活动的过程，具有综合性特征。

（2）出行异地性。旅游服务是不可转移的。旅游活动是旅游消费者离开常住地到异地进行的活动，由此而发生的旅游消费必然是在异地进行。因此，旅游消费者必须离开常住地，离开熟悉的基本生活环境，克服空间距离，才能实现旅游消费。

（3）消费伸缩性。旅游消费是人们为实现更高层次的需要而进行的高级消费形式，因而没有数量限制，旅游消费者是无限性消费；消费者对于满足其生存需要的消费弹性较小，而对满足享受、发展需要的消费弹性较大；同时，旅游消费是季节性消费，需求集中在某些月份或季节，旅游消费者出行受到可支配时间的较大约束。

（4）层次多样性。旅游消费者存在年龄结构、文化程度、消费水平、消费理念、性格爱好、可支配时间等不同特征，这些因素直接导致了其对旅游消费行为的取向，对旅游产品和服务的选择呈现出不同层次的多元化消费需求特征。

（5）传播主动性。旅游消费者往往喜欢将消费过程中获得的综合体验通过朋友、亲戚进行相互交流，将自己对旅游产品的消费感受传播开来，并通过互联网络以文字、声音、图片、直播、短视频等多种媒体的信息传输，使得旅游消费者之间的信息交换直观形象，对周围与其相关的人产生较大影响，从而形成对外逐步递增的口头宣传效应。

（二）休闲旅游餐饮消费者特点

休闲旅游者在旅游过程中具有多种购买行为，如购买门票游览、购买酒店住宿、购买机票出行、购买餐饮享用等，当休闲旅游者在进行餐饮消费时，被统称为休闲旅游餐饮消费者。随着社会休闲旅游经济不断发展，休闲旅游餐饮消费者的需求也不断被激发和推进，呈现出五彩缤纷的态势。休闲旅游餐饮消费者具有如下共同的特点：

1. 目的明确性

一般来说，休闲旅游餐饮消费者的目的都非常明确，随机性和冲动性都比较少。对于异域美食消费动机的始发机能促使休闲旅游者产生餐饮消费行为，这种选择机能促使消费者会有目的地寻找其喜欢的休闲餐饮消费场所。

2. 消费直接性

餐饮消费和其他商品消费不同，休闲旅游餐饮消费者必须本人亲自到场体验，同时，餐饮产品是由有形实物和无形劳务结合而成，顾客对餐饮产品的消费和餐饮产品的生产是同步的，餐饮产品具有一次性特征，而消费的直接性特点更要求休闲旅游餐饮企业只有不断提高服务质量，才能使顾客满意。

3. 选择多层次性

休闲旅游餐饮消费者由于在民族习俗、收入水平、文化程度、审美情趣、宗教信仰、性别年龄、消费目的、性格气质、能力素质等方面存在着差异，呈现出消费需求的多层次性和个性化特征。休闲旅游餐饮企业必须要认真研究消费者这一特点，才能满足休闲旅游餐饮消费者现代多元化的消费需求。

4. 评价主观性

休闲旅游餐饮服务工作很难有一个固定的、统一的标准。由于休闲旅游餐饮消费者需求是多种多样的，人们都习惯于以自己的主观经验和期望去衡量、评价服务质量的优劣高低，尤其重视个人的心理感受，具有强烈的主观意识。餐饮企业应充分利用休闲旅游餐饮消费者这一特点，努力给顾客留下美好的印象和良好的心理感受，才会有常客、回头客经常光顾。

5. 需求可诱导性

休闲旅游餐饮消费者需求的产生、发展和变化，同现实的生活环境、消费环境有着密切的联系。消费观念的更新、社会时尚的变化、社会交际的启迪、工作环境的改变、文化艺术的熏陶、广告宣传的诱导、消费现场的刺激、服务态度的感召等，都会不同程度地使顾客的兴趣发生转移，并不断产生新的消费需要。

二、休闲旅游餐饮消费者分类

区别于一般商品的消费，休闲旅游餐饮消费由于消费者年龄结构、消费水平、性格爱好、文化程度、消费理念等个体差异，消费群体呈现出多层次特征，这也导致了休闲旅游餐饮消费多元化的发展。要满足休闲旅游餐饮消费者更高的精神需求，首先就要准确掌握休闲旅游餐饮服务这一重要内容。

（一）按年龄结构分类

随着休闲旅游的不断兴起，休闲旅游餐饮消费者的年龄结构越来越呈现出多样性特征，休闲旅游餐饮消费者意识和习惯的不同，导致休闲旅游餐饮消费也产生明显的需求差异，进而决定了休闲旅游餐饮供给的主要方向和主要内容。

1. 少年儿童

（1）年龄段。按照国际《儿童权利公约》，少年儿童是指 18 岁以下的人群。我国卫生部规定临床以出生至 14 周岁作为儿科的研究对象就诊范围，所以本书所说的儿童段指 0~14 岁，少年段指 15~17 岁。根据国家统计局 2021

年5月公布的全国第七次人口普查统计数据：目前0~14岁人口为25 338万人，占我国总人口比例约为17.95%。

（2）消费特点。少年儿童群体绝对数值大，是一个宏大的休闲旅游餐饮消费者群体。在我国，少年儿童往往是家庭的核心，是“小太阳”“小皇帝”，家庭中相当大一部分休闲旅游餐饮消费支出都在他们身上。在我国全面进入大众休闲消费时代的背景下，家长对子女的关爱超过以往任何时期，孩子的消费基本决定了一个家庭的消费方向，家长希望并且已有能力让孩子通过休闲旅游见多识广或放松紧张的学习生活。因此，少年儿童具有较强的带动作用。消费形式上以周末、节假日、寒暑假为主要时间段，单个或多个家庭同游，2~10人小组团消费，具有随意性强、出游频率高、口碑效应强、从众心理强、性价比要求高等消费特点。

（3）消费的主要产品类别。儿童段（0~14岁）：主要以父母主导消费，注重饮食的安全和科学安排，讲求饮食的合理搭配和营养要求。消费的主要产品类别有纯奶及奶制品、蛋糕、冰激凌、海鲜、有机蔬菜、汉堡、比萨、炸鸡等清淡营养饮食及国外快餐品牌。

少年段（15~17岁）：该年龄段人群一般为高中学生，具有一定的个性化消费需求和父母主导、自我意识消费的特征，追求刺激的口味和新颖时尚的餐饮产品，一般以简约烹制方法为主的休闲轻食快餐为首要选择，引申出此群体积极阳光的生活态度和生活方式。消费的产品类别主要有奶茶、甜品、冰激凌、炸鸡、汉堡、比萨、寿司、关东煮、烧烤等时尚中西式休闲餐饮，产品客单价一般在10~50元。

2. 青年

（1）年龄段。青年指18~40岁这个年龄段。一般分为青年人口年龄前段（18~28岁）和青年人口年龄后段（29~40岁）两个阶段。

（2）消费特点。青年群体对于新生事物接受能力强，消费观念较为成熟，喜欢迎合品牌、时尚、新鲜、个性化的餐饮消费潮流，具有追求休闲餐饮新颖时尚、个性化的特点，注重感情和直觉。冲动性消费色彩浓烈，其消费行为和其他休闲旅游餐饮消费群体有着显著的不同点。青年休闲旅游餐饮消费群体人口众多，休闲旅游餐饮消费潜力大，消费形式多样，对整个休闲旅游餐饮市场具有重要的位置和特殊的影响力，在我国休闲旅游餐饮消费群体中占据着主要的市场。

（3）消费的主要产品类别。青年人口年龄前段（18~28岁）：群体以大学生和职场新人为主，其资产不够雄厚，收入也相对不稳定，餐饮消费关注自己喜好，喜欢品牌和比较新颖、潮流、刺激等与众不同的品质休闲餐饮消费方式，容易冲动消费，以此来体现个性，张扬自我。消费的产品类别主要有茶饮、咖啡、酒吧、西餐、比萨、日韩料理、东南亚菜、火锅、麻辣烫、烧烤等时尚中西式休闲餐饮，产品客单价一般在50~150元。

青年人口年龄后段（29~40岁）：群体以面临结婚、买房、生育、抚养及赡养等人生重要阶段的人群为主。这类群体一般拥有相对稳定的工作、上班时间和收入，消费动机相对理性，注重休闲旅游餐饮舒适、便利和品牌，是休闲旅游餐饮市场的中坚力量。消费的产品类别主要有茶饮、咖啡、中餐、火锅、轻餐饮、麻辣烫、烧烤等中西式休闲餐饮，产品客单价一般在50~200元。

3. 中年

（1）年龄段。中年指41~59岁这个年龄段。一般分为壮实期段（41~50岁）和稳健期段（51~60岁）两个阶段。

（2）消费特点。中年群体大多拥有家庭、子女，处于人生和职业生涯的黄金期。随着资产的积累和生活经验的丰富，休闲旅游成为一种解压方式和必需品。但这个年龄段的人群的不同时段在休闲旅游餐饮消费上表现出不同的特点：壮实期段人群其子女的成长和教育处于首位，加上工作压力和父母年事已高，消费更偏向于实用性和便利性，因此消费喜好从实际出发，属于慎重消费和理智消费；而稳健期段人群子女大都已经独立，可支配收入较高，消费更注重精神生活及自我满足，侧重舒适的享受。

（3）消费的主要产品类别。壮实期段（41~50岁）：这类群体常常会将大部分的收入投资到孩子身上，往往根据孩子逐渐拥有的独立意识和思维来选择消费产品，自身的休闲餐饮消费仍是以简单、便捷为主。消费的产品类别主要有快餐、茶饮、咖啡、中餐、火锅等中西式休闲餐饮，产品客单价一般在50~150元。

稳健期段（51~60岁）：这类群体消费经验丰富，有个性的判断和分析能力，讲究休闲旅游餐饮消费时间、地点、品牌、环境、价位等，偏向于能够体现生活品质、生活质量的餐饮产品。消费的产品类别主要有茶饮、红酒、咖啡、西餐、中餐、火锅等中西式休闲餐饮，产品客单价一般在100~400元。

4. 老年

（1）年龄段。老年时期指61岁以后。根据国家统计局2021年5月公布的全国第七次人口普查统计数据：目前60岁及以上人口为26 402万人，占我国18.70%（其中，65岁及以上人口为19 064万人，占13.50%）。与2010年相比，60岁及以上人口的比重上升5.44个百分点，我国人口老龄化程度进一步加深。

（2）消费特点。老年群体往往具有较为充足的可支配收入和时间，随着老年人消费观念开始转变，越来越多的老年人逐渐接受了休闲旅游消费的思想和理念，这为老年休闲旅游餐饮市场的兴起奠定了良好的基础。这类群体休闲旅游餐饮消费一般注重饮食安全与健康，讲究饮食养生，要求实用、性价比高、不浪费。较为喜欢服务性好、优惠活动多的休闲旅游餐饮产品，也具有较强的从众消费特点。

（3）消费的主要产品类别。老年群体由于年龄的原因，身体机能逐步衰退，肠胃消化功能也有所减弱，喜欢选择营养价值很高、增强体质，提高人体免疫力的餐饮产品。消费的产品类别主要有早茶、茶饮、粥品、羹菜、有机果蔬、糕点、中西面点、炖品、奶制品等中西式休闲餐饮，口味讲究清淡爽口。产品客单价一般在 50~150 元。

（二）按消费水平分类

消费者对休闲旅游餐饮项目价格的承受能力，直接引导消费者休闲旅游餐饮消费行为的取向。消费水平的多层次性导致休闲旅游餐饮消费体现出多元化的发展。消费水平的层级性差异使各个阶层在休闲旅游餐饮消费方面体现出多元化的特征。

1. 低档消费

（1）消费特点。消费者对休闲旅游餐饮价格的承受能力相对较低，具有精打细算的节俭和求廉心理。消费注重价格，讲究实惠，力求用最少的花费达到最大的效用，因而他们的休闲旅游餐饮花费不高，消费的个性化新颖休闲旅游餐饮项目和产品所占比例甚微。菜品种类多、分量足，上菜及时的餐厅更受青睐，回头客也会比较多。据公开资料显示，此类消费 2019 年占整体消费的比例在 39% 左右。

（2）消费需求。一般人均 50 元 / 餐 / 人以下。消费者对质量不过分苛求，要求达到“物有所值”即可。低档消费者较为关注价廉物美的消费体验，接受休闲旅游餐饮服务时能卫生、方便、快捷是主要消费需求，是提供速食、套餐、快餐、风味小吃等餐饮店主要的目标顾客群。

2. 中档消费

（1）消费特点。中档消费者是休闲旅游餐饮消费居中者，对于休闲旅游餐饮消费的价格幅度有了更大的接受和容忍能力。消费者往往受到过较多的教育，有较高的知识修养，个性表现比较稳定，在消费过程中通常体现出较强的理性。他们往往消费有主见，不受外界影响，具有理智性和计划性的消费特点。其消费质量和档次有所提高，消费频率上升，休闲消费支出增长较快，据公开资料显示，此类消费 2019 年占整体消费的比例在 42% 左右，是目前休闲旅游餐饮最大的消费群体。

（2）消费需求。一般人均 50~100 元 / 餐 / 人。消费者对休闲旅游餐饮产品有较为强烈的需求，但对休闲设施和休闲服务的档次不刻意追求，休闲餐饮消费类型呈现多样化。消费者心理已经相当成熟，经验丰富，休闲旅游餐饮需求的理智性胜于冲动性，往往经过分析、比较以后做出休闲旅游餐饮消费决定，尽量使自己的休闲旅游餐饮消费行为合理、正确、可行，很少有冲动、随意休闲旅游餐饮消费的行为。他们有自己的判断能力、分析能力和评判能力，是否消费看自己主观的需要，随俗求稳。

3. 高档消费

（1）消费特点。高档消费者一般收入水平较高，消费频率较高，支付消费行为的约束弱化，消费支出较高，是休闲旅游餐饮消费领跑者。消费者主动性休闲旅游餐饮消费理念成熟，为了自己的快乐而进行情感需求的个性化享受性休闲餐饮消费，消费时的个性化体现变得越来越重要，消费者在消费时往往偏向于那些能够体现生活品质、生活质量的产品。据公开资料显示，此类消费 2019 年占整体消费的比例在 19% 左右，消费人群以男性为主，其占比约 73%。

（2）消费需求。一般人均 100 元 / 餐 / 人以上。消费者经济实力强，追求休闲生活的高质量，崇尚高档和个性化的休闲旅游餐饮环境和氛围、产品和服务，对价格不太关心，追求享受型消费以显示自己的地位或经济实力，往往是高档酒店、高价菜肴和高档服务的忠实客户群体。为满足高档享受型消费者需求，休闲旅游餐饮项目不仅要提供高水平的设备和高质量的餐饮产品，还要提供全面优质的服务。

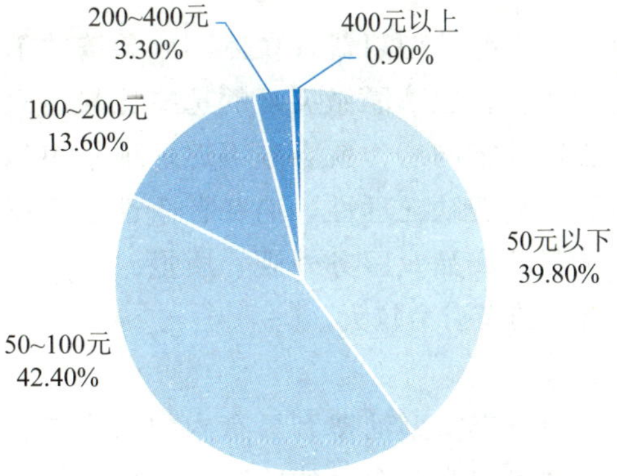

图 2-1　不同人均消费饭店数量分布图

（三）按性格爱好分类

休闲旅游餐饮消费者的性格特点决定着其消费行为的态度和行为方式。研究其性格特征及其表现，可以因人而异地进行不同的服务、产品和营销策略的设计。

1. 理智谨慎型

（1）心理特征。理智谨慎型消费者较为理性，注重思考，对事物的发展始终保持一种理性的判断，而且是非观念清晰。理智型性格的人大都能有效地控制自己的感情，不容易激动，注重个人内在修养的发展。消费者能在消费过程中保持清醒的头脑，对休闲旅游餐饮消费行为的选择比较慎重，看重舒适与方便，较为理智与忠诚。

（2）消费表现。理智谨慎型消费者往往习惯于在反复考虑、认真分析、谨慎选择的基础上才产生旅游休闲餐饮消费行为。此类消费者一般比较慎重、有主见，不轻易受到休闲旅游餐饮广告宣传、产品外观以及其他人消费行为的影响，而是对产品质量、性能、价格和服务等认真分析和比较，决策速度慢、时间长，购买行为的实现也比较难，但决定购买后也比较果断。

2. 外向冲动型

（1）心理特征。外向冲动型消费者喜欢社会交往，乐于成为朋友圈的中心，其兴趣多指向于外界，对外界刺激反应明显，遇事能迅速做出决定。此类消费者往往思想开朗，情绪易冲动，喜欢刺激和冒险，敢作敢为，但其行动往往缺乏精密的思考。外向冲动型消费者人格指向于外界的物质和社会环境，并以此为参照点，决定着这类人群对外界事物所有的态度、价值和兴趣。

（2）消费表现。外向冲动型消费者在休闲旅游餐饮消费过程中，较少认真考虑产品的性能和质量，也不愿做反复的选择比较，只要接受了外界刺激物的刺激，引起了心理的指向后，就会毫不迟疑地做出消费决定，紧跟时代潮流、购买欲望强烈、消费缺乏理性。消费者个性心理反应迅速，情绪容易冲动，易受休闲旅游餐饮产品及服务外观、质量、广告宣传和营业推广的影响，新产品，新时尚对其吸引力较大。

3. 情感丰富型

（1）心理特征。情感丰富型消费者具有内向、忧伤、敏感的性格，并具有艺术气质。此类消费者忠实于自身的感受，常常被各种的情绪性经验所吸引，很容易陷入自己的情绪，表现出与众不同的心理特征。无论在任何领域，他们的生命反映出对重要性和意义的追求，热衷于美的事物和充满激情的生活，并且有很丰富的想象力和极强的创造力。

（2）消费表现。情感丰富型消费者在休闲旅游餐饮消费行为上容易受感情影响，也容易受广告宣传及其他促销手段的诱导。喜欢通过精美饮食获得味蕾上的满足，通过排队消费和朋友圈打卡获得精神上的满足，对饮食品质、就餐氛围、服务质量有较高的要求，具有兴奋性比较强、情感体验深刻、想象力丰富、审美感较强等显著的消费表现。

4. 追求享受型

（1）心理特征。追求享受型消费者才思敏锐，心态开放，一般不会随波逐流，属于主导性思考者。此类人群拥有自己独特的洞察力、解释系统和创新思维，追求舒适、自由、享受的目标，不愿意被任何的形式束缚，喜欢新奇的环境、充满刺激的事物和体验。

（2）消费表现。追求享受型消费者在休闲旅游餐饮消费过程中讲究环境装饰、就餐氛围、服务和菜品品质，以身心放松为基本目的。同时，他们对休闲旅游餐饮消费带来的熟悉感、亲切感非常在意，对其认同的消费产品具有持久的兴趣和稳定的忠诚度，会成为休闲旅游餐饮产品消费稳定的回头客群体，重复消费是此类群体具有的一个显著特点。此类消费者有对时尚前沿的休闲旅游餐饮敏感的消费表现，乐于接受潮流的发展，基于社交、尊重和自我实现的需求强烈。

‹‹‹ 案例 2-1 ›››

新消费群体正在崛起

《中国餐饮报告 2019》报告中，值得关注的是新消费群体的崛起。

根据美团点评线上数据，4.2 万亿餐饮市场中，90 世代（90 后 +95 后）占比 51.4%，远远超过 90 世代在总人口的占比。女性仍然是餐饮消费主力，占比 59.7%。同时，由于新一代年轻消费者成长在互联网环境中，他们养成了明确的互联网消费习惯。他们不仅对餐饮有着更丰富、更多元的需求，同时也乐衷于通过互联网寻找消费目标，这也将反推餐厅经营者们主动拥抱数字化变革。最典型的例子就是海底捞。海底捞在年轻人群体中最受欢迎，甚至做到了千亿的市值，为什么呢？因为门店服务好、产品好、体验好，顾客愿意在餐厅多待一些时间。新消费群体并不是很在意海底捞略高的价格，而更在意消费体验感。

〔资料来源：搜狐网 .《中国餐饮报告 2019》——懂数据轻松做餐饮［EB/OL］.［2019-04-26］.https://www.sohu.com/a/310466429_120129267.〕

【思考】

哪些因素促使你对休闲旅游餐饮进行选择？

【案例分析】

年轻群体的消费意愿比老一辈要强，随着年青一代成长起来，他们必将成为餐饮行业的消费助力军，分析、挖掘他们的消费能力和消费特点，对于做好休闲旅游餐饮服务具有重要意义。

第二节　休闲旅游餐饮消费者的心理和需求

餐饮消费心理是餐饮消费中存在的特定的消费心理趋势，消费心理驱使消费者进行着餐饮选择。旅游从业者了解休闲旅游餐饮消费者的心理状态是提供优质服务的前提保障，也能有效地避免冲突事件的发生。

一、休闲旅游餐饮消费者心理

休闲旅游者在旅游过程中具有多种购买行为，如购买门票游览、购买酒店住宿、购买机票出行、购买餐饮享用等，当旅游者在进行餐饮消费时，被统称为休闲旅游餐饮消费者。

（一）识别休闲旅游餐饮消费者

1. 消费者心理概念

消费者心理是指消费者发生的一切心理活动，以及由此推动的行为动作，包括消费者观察商品、搜集商品信息、选择商品品牌、决策购买、使用商品形成心理感受和心理体验、向生产经营单位提供信息反馈等。

2. 休闲旅游餐饮消费者心理的概念

休闲旅游餐饮消费者的心理是指消费者在休闲旅游过程中进行的餐饮消费行为活动时存在的特定的消费心理趋势，消费心理驱使消费者进行着餐饮选择。

（二）休闲旅游餐饮消费者画像图

1. 概念

消费者画像图即消费者信息标签化，就是企业通过收集与分析消费者的社会属性、生活习惯、消费行为等主要信息的数据之后，完美地抽象出一个消费者的商业全貌。

2. 分析维度

消费者画像一般包含以下元素：地域、年龄、性别、文化、职业、收入、生活习惯、消费习惯等。

3. 制定目的

消费者画像的制定目的就在于实现差异化分组，商家无法对每一个用户进行分析，但可以对具有相同属性的用户进行分组，通过线上线下用户行为数据分析，形成数据分析体系，制定出营销推广策略。商家通过不断完善和分析消费者画像，了解消费者需求，为消费者提供个性化的服务，从而不断优化品牌及商品，提高访问率、留存率以及销量，实现精准营销。

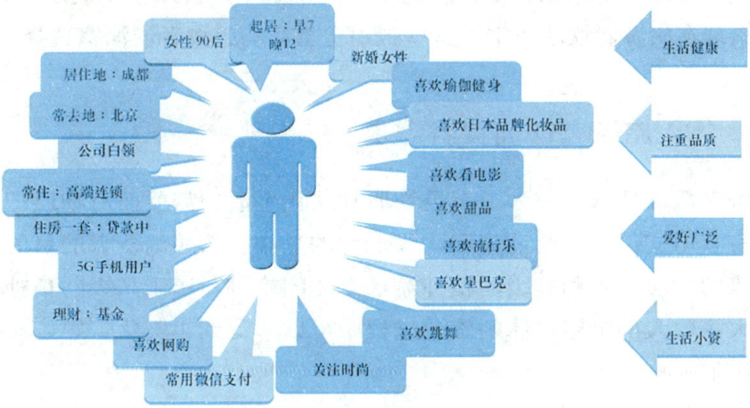

图 2-2　消费者画像维度分析图

（三）休闲旅游餐饮消费者心理表现

休闲旅游是一种更高层次的休闲活动，与传统旅游相比较，消费者更注重在整个旅程中的休闲放松与深度体验，休闲旅游餐饮消费者对旅游地的餐饮产品和餐饮服务有更高的要求。

1. 高消费高要求

文化和旅游部数据显示，2018 年我国人均出游已达 4 次，国内旅游人数超过 55 亿人次，是 1994 年的 11 倍，年均增长 10.3%；国内旅游收入超过 5 万亿元，是 1994 年的 50 倍，年

拓展阅读 2-1

均增长 17.7%。随着人们经济收入不断地提高和当今信息网络水平的发展，休闲旅游消费者在异地进行餐饮消费时会有更多的考虑因素，如用餐的地理位置、距离范围、时间成本和知名度等，再加上用网络信息手段进行选择，所以他们的消费更加趋向于理性化。

2. 餐饮消费偏向于聚会型

休闲旅游者通常会选择在空闲时间与家人或者朋友结伴出行，在与家人、朋友一起用餐时，不仅可以享用到更多的不同种类的美食，还可以进行心灵交流与情感释放，所以在进行餐饮消费时会更偏向于选择聚会型的餐点消费。

3. 餐饮消费的多样性

休闲旅游者类型的多样性决定了在进行餐饮选择时的多样性，休闲旅游餐饮消费不仅仅是满足消费者的生理需求，消费者需要体验到不同于居住地的餐饮体验。

4. 餐饮市场的规范程度

休闲旅游者认为休闲旅游就是放松身心、享受生活的过程，所以旅游者特别注重当地的旅游市场规范化。近年来时常有“天价账单”或是“敲竹杠”等现象出现在旅游餐饮新闻中，这些报道也会影响旅游者的消费选择。

二、休闲旅游餐饮消费者需求

消费者需求是指人们为了满足物质和文化生活的需要而对物质产品和服务的具有货币支付能力的欲望和购买能力的总和。按照消费者的目的性可以分为初级的物质需求和高级的精神需求。休闲旅游者属于高级的精神追求消费者，大多数人都希望在休闲旅游过程中可以享受到集文化、娱乐和互动为一体的休闲旅游产品。

（一）休闲旅游餐饮消费者的物质需求

消费者对于餐饮的物质需求就是饮食美学的追求，饮食美是融色彩、造型、滋味以及食用性为一体的独具一格的艺术美。随着旅游业的发展，旅游消费者对于餐饮消费的要求也越来越高。

1. 追求菜品色泽美

古人云：色恶不食。高级的餐饮色彩搭配会让消费者在享用食物时赏心悦目。色彩美感与食欲密切相关，如桃色、红色、黄色、茶色能引起人们的食欲，被称为食欲色；而绿色、蓝色容易使人食欲大减。餐饮色彩的味觉产生是一种高级的心理活动，餐厅在配菜时需要考虑到这些因素，满足消费者的色彩视觉需求。

2. 追求菜品味道美

食物的味美是饮食艺术的核心。味包括食物给人的口味和口感两个方面。味的种类虽多，但总体分为基本味和复合味两种。不同的食物味道给人带来不同的味蕾体验，直接影响消费者的情绪状态。如盐可刺激肾，有助于增强人的意志力；吃甜食可使不安或激动的情绪平静下来，也可满足贪婪心理；辣味是人体的兴奋剂，可刺激人体的感觉，可抵消悲观情绪，使忧郁的情绪得到缓解；酸味可促进消化，但进食过量会使人产生失望的情绪。了解味道与情绪的关系，就是在厨师与餐饮消费者之间搭建一座无形的沟通桥梁。

3. 追求菜品形态美

饮食美既注重"天生丽质"，也主张"浓妆淡抹"，更追求"巧夺天工"。饮食给人的第一印象是视觉感受，然后才是触觉感受和味觉感受。因此饮食外形的好坏直接影响到餐饮消费者的情绪。

4. 追求菜品容器美

如果把美食比作一台戏的主角，那食器就是贯穿其中不可或缺的绿叶，不比红花的娇艳欲滴，却也得恪尽职守与之相称。考古发现最能体现饮食美的要数饮食器具。我国的美器历史久远，既有金碧辉煌的金银器，也有端庄优雅的瓷器，还有巧夺天工的漆木器，更有敦厚庄重的青铜器，记录着我国的饮食文化沉淀。"美食美器"指的是煎炒宜盘，汤羹宜碗，参错其间，方觉生色，这是对美食和美器之间的关系最好的总结。

（二）休闲旅游餐饮消费者的心理需求

美食"打卡"习惯已成为多数旅游者进行餐饮消费的动机，但也正是因为信息网络的飞速发展，餐厅的网络点评也成为消费者进行选择的影响因素之一。休闲旅游者的消费观相较于以往变得更加理性了，旅游者更加希望在休闲旅游胜地拥有物美价廉、物超所值的餐饮体验。这其实也是所有消费者类型中一种典型的"贪"的心理，也就是一种"少花钱多办事"的心理动机，其核心就是"价廉物美"。休闲旅游消费者的消费水平和收入成正比，餐厅在定价时，应该充分考虑目标消费群体和景区旅游主题的消费水平，在保证餐厅正常盈利运营的前提下，尊重消费者的心理规律，呈现物超所值的餐饮菜品。

案例 2-2

海底捞火锅服务太暖心

火锅可以说是一年四季都备受人们喜欢的菜品，尤其在天冷的时候，吃火锅让人身体温暖、心情舒畅；虽然在夏季享用火锅使人大汗淋漓，但是感觉特别过瘾。

海底捞火锅享誉全球，截至2020年6月30日，全球总共有935家海底捞的分店。一家火锅店之所以如此有名气，一方面是因为海底捞的菜品的确美味，另一方面也是因为他们的服务真的特别贴心。因为海底捞生意兴隆，经常需要排队等待用餐，但无须担心浪费时间或是饥肠辘辘，因为当你在海底捞排队时，不仅可以提前享用免费的小吃和水果，还可以免费做美甲、擦皮鞋等。

海底捞的服务不仅如此。如果一个人去吃火锅，未免有些孤单，面对这样的问题海底捞也是想出了各种各样的服务技巧，服务员会在对面给你放上一只熊，让温暖的小熊维尼陪你吃火锅，是不是感到非常暖心呢。

海底捞火锅的服务是无微不至的。曾经有一位顾客在去吃海底捞的时候，总共消费了250元钱，在我们中国都知道，250元钱并不是一个吉利的数字，因此会让人感觉尴尬。为了能够消除顾客的这种顾虑，如果账单刚好是250元，海底捞会主动优惠顾客1块钱变成249元钱。不得不说这样的服务真的是太贴心了，难怪海底捞的火锅生意会如此的火爆，因为他们的服务可以说是无微不至的。

〔资料来源：搜狐网．海底捞火锅服务到底有多好，看了这些就知道，无微不至，太暖心［EB/OL］．［2020-09-07］. https://www.sohu.com/a/416859630_120677183.〕

【思考】

请分析海底捞火锅生意火爆，常年排队，为什么还有那么多消费者愿意选择？

【案例分析】

餐饮消费者的消费心理都表现出追求价廉物美、求新求异、求美趋时、求名攀比等心理倾向，海底捞餐饮企业关注到餐饮企业市场营销与餐饮消费心理之间的双向互动关系，创造出符合当下餐饮消费者心理特点和需求的餐饮企业营销策略，这是吸引消费者进行选择的重要原因。

（三）休闲旅游餐饮消费者的生理健康需求

1. 生理需求

休闲旅游者选择餐饮企业提供的餐饮产品和服务首先是满足自己生理的需要，既可以美食饱腹，也可以缓解疲劳，这也是旅游者到旅游目的地的必要需求。民以食为天，只有满足了旅游者的生理需求，才能够保证旅游者拥有充沛的精力去享受旅程。

2. 卫生安全需求

旅游者在异地用餐，餐饮的健康安全是绝不容忽视的问题，比如安全整洁的用餐环境、新鲜健康的食品、规范专业的服务、干净卫生的餐具等都是旅游者对餐饮消费的卫生安全需求表现。如浙江嘉兴太阳城酒店针对贵宾提供“管家式”服务，根据贵宾的个人习惯推荐相应的餐点，并按照贵宾的要求私人定制烹饪方法，保证食材的绝对安全卫生，为消费者提供最贴心的餐饮服务。

3. 营养健康需求

现代人长期生活在嘈杂的大都市，生活节奏快、工作压力大，大部分人处于亚健康状态，都渴望通过休闲旅游获得身心的放松，恢复体能后再重回都市生活。因此，在休闲旅游餐饮消费时更加注重追求绿色、有机、无添加的纯天然食品，然后通过营养科学的烹饪手法制作成健康的菜品，比如儿童与老年人注重低糖、低脂、清淡的膳食需求，女性可能更注重美容瘦身功效的膳食需求等。餐厅同时会通过服务人员的介绍讲解和室内装饰画报等形式宣传食品营养安全的知识来满足消费者的餐饮健康消费需求。

案例 2-3

“世界长寿之乡”广西巴马健康养生游持续火爆

巴马长寿之乡：位于广西壮族自治区西北部的巴马瑶族自治县，是世界五大长寿之乡中百岁老人分布率最高的地区，被誉为“世界长寿之乡·中国人瑞圣地”。巴马是中国第一个被认定为“世界长寿之乡”的县份，截至2019年统计，在巴马，每10万人中有百岁老人32位，百岁寿星比例位居世界五大长寿乡之首，健康养生旅游持续火爆。当地人在长寿饮食的基础之上利用当地原生态原料和浓厚的长寿养生氛围、创新粤菜和川菜的烹饪手法，烹制美味的长寿绿色食品，满足旅游者感受当地养生餐饮的需求。巴马县旅游发展委最新数据显示，2019年春节期间，该县共接待游客27.45万人次，同比增长 5.57%，实现社会旅游总消费 1.04 亿元人民币，同比增长 13.67%。

〔资料来源：中国新闻网 .“世界长寿之乡”广西巴马健康养生游持续火爆［EB/OL］.［2019-02-12］. https://baijiahao.baidu.com/s?id=1625258927217848571.〕

【思考】

为什么巴马乡一定要推出养生餐饮呢？

【案例分析】

“民以食为天”，巴马乡人民开发探源当地特色的“长寿文化”，加快推动长寿养生旅游产业发展，当地的餐饮企业更是推出了热门的“养生饮食”，让“长寿”的主题文化内容更加丰富，也将巴马乡打造成为世人惊叹的天然神奇休闲旅游养生度假基地。

（四）休闲旅游餐饮消费者的体验需求

1. 寻求新奇体验

对于部分休闲旅游者来说，到达旅游目的地的消费动机之一就是探寻当地的特色风味美食，感受不同的饮食风格，体验新鲜的味蕾刺激，比如西双版纳的孔雀宴、内蒙古的烤全羊、新疆的大盘鸡和海南的椰子饭等。

2. 寻求参与体验

“以游客为中心”的旅游产品设计理念已经在旅游行业风靡，条件成熟的餐饮企业鼓动消费者参与膳食制作过程，与厨师开展互动学习，交流烹饪心得，饱餐之后使餐饮消费者不仅能获得美食的需求，还能获得丰富的餐饮文化知识。当代大部分休闲旅游者愿意亲自参与到旅游餐饮消费之中，获得生理和心理的满足和体验。比如“田间仙女”李子柒，从播种、施肥、采摘到烹饪全过程亲力亲为，将美食的制作回归到最原始的方式方法。来自大都市的旅游者都期望这种自己采摘、自己烹饪、自己摆盘回归大自然的体验式的餐饮消费方式，也成为一种当下流行的亲子旅行互动体验活动。

3. 寻求社交体验

休闲旅游者在进行餐饮消费时需要与自己同行的朋友或者家人进行沟通交流，也就是休闲旅游者的餐饮社交需求。餐厅在进行装饰设计时应考虑座位之间的距离，服务员在安排位置时应考虑旅行者的人员构成，厨师在进行菜品的设计时应考虑其话题度。

休闲旅游者的社交需求还包括网络社交，有一句流行语“朋友圈先吃”，充分体现部分餐饮消费者在进行用餐时喜欢在网络社交平台进行图片和文字的分享，希望得到更多朋友的关注、点赞和评论，这也是一种餐饮社交方式。如果餐厅能够制造足够的话题度，消费者更愿意去分享，这也成为餐厅的一种广告宣传手段。

（五）休闲旅游餐饮消费者的文化需求

1. 餐饮美食的文化传承

文化兴则企业强，文化先行战略已经成为当代餐饮业竞争的重要因素之一。我国的餐饮文化历史悠久，是关于人们吃喝行为的文化现象，贯穿于人类发展的整个发展历程，不同的时代、不同的地域、不同的民族都有不同的餐饮特色。休闲旅游者在进行餐饮消费时通过食物这个载体享受饮食文化。例如在日本，游客喜欢观看茶道表演，不是一场单纯的表演，演员在舞台上展示各种茶叶冲泡的技艺以及生活化艺术性的冲饮过程，使游客如身临其境般在精心设计营造的环境中得到一种享受和情感的升华，感受茶道表演传递出的茶道精神。

2. 餐饮美食的风土人情

风土人情是一个地方特有的自然环境和风俗、礼节、习惯的总称，是地方特色餐饮和民族特色餐饮中的生命力。旅游地的风土人情体现在餐饮服务的细节之中，能让地方特色餐饮与旅游餐饮消费者之间产生互动、产生交流。比如福建省的永定土楼，是我国著名的5A级景区，也是世界上独一无二的客家民居建筑，一座土楼就是一个艺术殿堂，又如同一个“大家族，小社会”。当地的特色餐饮就是到楼主家里做客，品尝最地道的客家菜，如梅菜扣肉、姜酒土鸡（土鸭）汤、笋干烧肉、酿豆腐、撒尿牛丸等，这都是客家人的拿手好菜。除此以外，还有当地的特色小吃姜糖和柿饼也是家家户户都会手工制作，具有当地的特色风味，体现客家人的匠心传承。

3. 餐饮美食的名人故事

我国有着悠久历史的餐饮文化，在历史长河中留下来许多著名的老字号企业和传世的经典菜品佳肴。旅游消费者更希望在旅途中能够感受到传统地道的餐饮体验，通过餐饮设计感受到文化内涵。例如著名的“东坡肉”就是一道富有文化内涵的名人菜品，餐饮企业根据餐品的历史文化渊源与现代饮食特点相结合，设计具有文化特色和别具一格的就餐方式，营造有特色的文化氛围，让餐饮消费者品尝肥而不腻的“东坡肉”，品味大词人苏东坡的诗词，细听菜品的文化内涵，满足消费者对餐饮文化的诉求。

本章小结

1. 知识点

休闲旅游消费者、消费心理的概念，不同年龄、不同消费水平和性格爱好的休闲旅游餐饮消费特点，休闲旅游餐饮消费者心理特征及需求。

2. 核心技能

休闲旅游餐饮消费者分类方法及消费特点，消费者心理特点及消费需求表现。

3. 职业素养

对不同类型休闲旅游餐饮消费者的消费需求、审美需求、体验需求等的分析技能；对休闲旅游餐饮消费行为、消费心理、影响因素的分析能力。

思考与练习

一、单项选择题

1. 按照消费者需求的消费目的分类，休闲旅游属于（　　）。

A. 初级的物质需求消费者

B. 高级的物质需求消费者

C. 初级的精神需求消费者

D. 高级的精神需求消费者

参考答案

2. 根据色彩美感与食欲的关系，以下哪种颜色能增进人的食欲？（　　）

A. 绿色　　B. 红色　　C. 蓝色　　D. 黑色

3. 休闲旅游餐饮消费者在进行餐饮消费时的首要需求是（　　）。

A. 物质需求　　B. 心理需求

C. 生理健康需求　　D. 体验需求

4. 一个国家老年人人口比例超过总人口比例的（　　）即为老年型国家。

A. 7%　　B. 8%　　C. 9%　　D. 10%

二、多项选择题

1. 消费者画像的分析纬度包括（　　）。

A. 姓名　　B. 收入　　C. 性别　　D. 职业

2. 休闲旅游消费者心理表现为（　　）。

A. 高消费高要求　　B. 餐饮消费偏向聚会型

C. 餐饮消费的多样性　　D. 餐饮市场的规范程度

3. 低档消费者基本特征是（　　）。

A. 消费者收入水平较低，人均 50 元 / 餐 / 人以下，休闲类型单一

B. 绝大部分休闲花费集中于大众化休闲消费，个性化新颖休闲项目和产品所占比例甚微，甚至空白

C. 休闲消费主要以低档项目为主

D. 休闲消费频率低、支出少

4. 休闲旅游餐饮消费者类型按性格爱好可分为（　　）。

A. 理智谨慎型　　B. 外向冲动型

C. 情感丰富型　　D. 内向收敛型

三、能力拓展题

1. 请选择身边两位熟悉的亲人或者朋友，对他们进行各个纬度的分析，尝试描绘为他们画一个完整的消费者画像，并尝试为他们推荐适合的餐饮。

2. 进行一项休闲餐饮消费者的社交体验调查。

3. 认真查阅、收集、整理自己的一周朋友圈、微博、QQ 空间等社交平台，统计参与休闲旅游的消费者，收集他们的网络社交内容，对餐饮消费社交体验的内容进行整理，分析餐饮需求社交体验的地位和作用。

四、思考题

1. 如果你陪同爷爷、奶奶去旅游度假，你会选择哪些旅游胜地呢？在当地就餐更偏向于选择哪些餐饮美食呢？说出你选择的原因。

2. 你和朋友一起相约吃火锅时，你们会选择一家生意火爆要排队的火锅店就餐，还是会选择一家生意冷清却不需要排队的店呢？说出你选择的原因。

五、案例分析题

旅游者出现食物中毒现象

导游小洪带领一个团队乘飞机来到某个海滨城市，到达后马上被接到餐馆用晚餐，餐后客人们直接赶赴所下榻的饭店。小洪分完房间，把分房名单拿到后，就向客人告别并进房休息了。后半夜总台服务人员用电话把小洪叫醒，告诉他有几个旅游者突然感到腹痛，有的还伴有腹泻、呕吐等症状。小

洪赶紧起床前去查看，他分析可能是客人当晚食用了不新鲜海鲜而导致食物中毒。小洪马上打电话给地接社和地陪。在地接社的安排下，客人被送往医院。由于抢救及时，没有产生更严重的后果。不过大部分客人已元气大伤，后面的行程安排只得取消。

【案例分析】

食物中毒事故属于旅游安全事故，如果处理不当，不但给旅游者本身造成重大伤害，而且会给旅行社带来严重的经济和名誉损失。本案例中的食物中毒事故，虽没有造成严重后果，但也给旅游者带来了一定的肉体伤害和精神伤害，使旅游活动不能继续进行下去，给旅行社也带来了经济损失。本案例中的导游人员在客人用餐时没有采取预防措施，检查餐厅卫生情况，没有对旅游者进行及时提醒，对事故负有一定的责任。

参考文献

［1］江泽玮．旅游城市网红餐饮的媒介景观建构：基于中国西南两所旅游城市的田野调查［J］．媒体观察，2021（1）：71–73.

［2］李锐．旅游者餐饮消费心理与服务策略探究［J］．四川烹饪高等专科学校学报，2010.06：32–33.

［3］司胲锐．休闲旅游消费者心理浅析［J］．营销界，2020：28–29.

［4］张超凤，刘浏．旅游城市餐饮业市场的消费需求变化趋势及应对策略研究［J］．经济研究导刊，2017（24）：169–170．

［5］罗利华．休闲旅游消费者心理分析［J］．旅游发现，2020（02）：34–36.

［6］郑玉玲．基于游客满意度的餐饮体验研究［D］．南宁：广西大学，2012.06：64–72.

第三章

休闲旅游餐饮服务人员素质和要求

本章重点

本章包含休闲旅游餐饮服务人员的基本素质、休闲旅游餐饮服务礼仪和基本行为规范、对客服务技巧典型服务案例等内容，重点对基本素质以及服务技巧进行讲解。

学习要求

通过本章的学习，学习者能够熟悉休闲旅游餐饮服务人员的基本素质、基本行为规范、服务礼仪和对客服务技巧，具备休闲旅游餐饮服务人员应具有的核心素养和服务意识，具有符合行业规范的自我提升能力。

本章思维导图

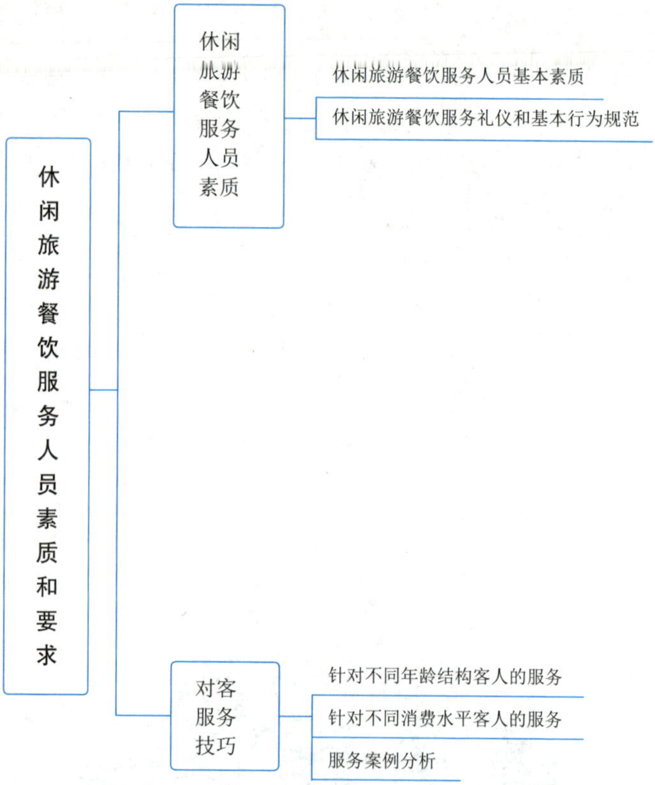

第一节 休闲旅游餐饮服务人员素质

休闲旅游餐饮服务的场所从高星级酒店、国际连锁品牌餐饮、私人会所、度假村餐饮、购物中心餐饮到乡村特色农家餐厅、社区名特饮食店，服务的人群多样，客人需求也随之各异。但无论是服务何种人群，在何种场合从事休闲旅游餐饮服务，无论是管理人员还是一线对客服务人员，都应该遵循一些为大众所共享、共识的一些基本素质。

一、休闲旅游餐饮服务人员基本素质

（一）礼貌友善，谦逊好学

（1）工作时保持正确的仪表仪容，行为举止要规范，掌握正确的服务用语。

（2）以微笑服务迎送客人，为客人引位、拉椅，给客人留下良好的印象。

（3）当客人来的时候，主动上前致以问候。

（4）总是向客人展示一种友善的态度。

（5）问候用语“您好”，征求用语“请”，致歉用语“对不起”，致谢用语“谢谢”，尊称用语“您”，道别用语“再见”。

（6）客人离开餐厅的时候，主动送客，并说礼貌用语与客人道别。

案例 3-1

难忘的生日

赵先生一行人走进餐厅，服务员热情主动地向赵先生问候：“先生，您好，欢迎光临，请问您这边一共几位？”赵先生开心地说道：“今天是我儿子的生日，我们一家人打算一起庆祝一下，请你给我们一个包房的位置，我们一共 8 人。”服务员在得知基本情况后，礼貌地将赵先生及他家人引领到 6 号包房，并开始为他们点菜。在这期间，服务员一直耐心地询问客人的一些特殊要求，赵先生表示希望餐厅能够在他们用餐快结束时，帮他把蛋糕推进来并唱生日歌，给他儿子一个惊喜。餐厅服务员小张一一记下他的要求并通知了餐厅的各相关部门做好准备。时间一到，小张和其他三个服务员推着蛋糕，点着蜡烛，唱着生日歌进到了 6 号包房，并为赵先生儿子送上了先前准备好

的玩具：“小朋友，祝你生日快乐，这是你爸爸为你准备的蛋糕和礼物，希望你身体健康、平安顺遂！”至此，赵先生一家为儿子庆生结束，赵先生在餐厅留言板下写下了一段话：“感谢餐厅服务员的热情与友好，尽管我们要求比较多，但是他们都做到了，我很开心，我的儿子度过了一个快乐的生日。谢谢你们！”

【思考】

是什么原因让赵先生会写下这样一段话呢？

【案例分析】

于客人而言，服务员的礼貌友善，会带给客人如沐春风之感，让客人倍感舒服，会让客人感受到被重视、被尊重以及我是受欢迎的。从赵先生一行人进入餐厅开始，服务员就主动热情地向赵先生问候。这一刻，餐厅就留下了好的第一印象。

于餐厅而言，礼貌友善是行业服务人员所需具备的一项重要基本素质，常言道“文明和礼貌是我们共处的金钥匙”，无论在日常对客服务中，还是在与同事沟通合作中做到礼貌友善是很重要的。

除此之外，保持谦逊好学的态度、不自满、肯接受批评愿意倾听他人的意见，也是一名休闲旅游餐饮服务人员的重要素质之一。

【思考】

如果你是餐厅服务员，你在为赵先生一家服务时还能做到哪些？

思考答案 3-1

（1）	
（2）	
（3）	
（4）	

（二）服务之心，平等待人

（1）对宾客礼貌、热情、亲切、友好，一视同仁。

（2）能够密切关注并尽量满足宾客的需求。

（3）尊重宾客的信仰与风俗习惯，不损害民族尊严。

（4）对宾客提出的问题应予耐心解释，不推诿和应付。

（5）能够对老、弱、病、残宾客优先、体贴服务。

（6）忌蔑视语，忌否定语，忌顶撞语，忌烦躁语。

（7）与客人交流时讲究语言艺术，婉转热情、文雅简练、表达明确，音量适中。

案例 3-2

不公平的对待

一家餐厅大堂，王女士很气愤地向餐厅经理诉说着她遇到的不公平对待："我才进你们餐厅，服务员一点都不主动，什么都要我自己去问去拿，这也就算了。因为隔壁桌的人点的套餐比我们点的贵，所以就可以对我们没好脸色吗？我们就不是客人了？消费得便宜就不配得到好服务了？"

【思考】

服务员犯了什么错，会让王女士那么气愤呢？

【案例分析】

无论客人的消费水平、穿着打扮以及谈吐如何，都不应成为我们区别对待客人的理由。客人选择进入餐厅消费，都希望得到好的服务体验与公平的对待。

作为餐厅服务员，在对客服务过程中应随时持有一颗服务之心，主动为客人提供服务并学会预测客人的服务需求。并用平等的眼光看待进入餐厅的每一位客人，提供平等的服务，杜绝以貌取人、以消费待人的现象，这是餐厅赢得回头客的根本所在。

【思考】

如果你是为王女士服务的服务员，你应该怎样为王女士提供服务才能避免王女士的投诉呢？在这过程中，要注意什么？

思考答案 3-2

(1)	
(2)	
(3)	
(4)	

（三）同理关爱，助人为乐

（1）不计较宾客不美的语言，不计较宾客急躁的态度，不计较宾客无理的要求。

（2）学会多说一句话，多一句关心，多一句感谢，多一个体贴的提醒，多一个善意的眼神。

（3）不仅满足客人常规的基本的需求，还需进一步了解客人的潜在需求，让客人享有更优质，更便捷的服务。

（4）尽量想客人所想，感客人所感，站在客人的角度思考。

（5）主动协助客人，帮助同事。

案例 3-3

疲惫的一天

下午7点，梁先生和妻子拖着沉重的行李和疲惫的身躯出现在了餐厅，他们赶了一天的路，衣服也被雨水微微打湿。不难看出，他们满脸充满了不满与烦躁。前台服务员小李看到这一幕，赶紧上前接过夫妻二人的行李："先生，女士，我帮你们提行李吧？您看，把行李放在前台这儿，一会你们用完餐，再过来取，这样可以吗？"梁先生皱着的眉头稍稍舒展道："好的，谢谢你！"随后，厅面服务员小张将梁先生二人带到位置上坐下，并为二人倒上了两杯热姜茶："你们快喝点热姜茶，暖暖身子吧，赶了一天的路，一定很累了，你们看看菜单，我帮你们点菜。"听到这样的话，夫妻二人眉头舒展开来，梁先生的妻子说道："到你们这里吃饭，真是我们今天做得最正确的决定，谢谢你们。"

【思考】

小李和小张为梁先生夫妇做了哪些事？为什么会让他们受到触动？

【案例分析】

客人每天都会经历不同的事情，有不同的感受和想法。尤其在忙碌了一天准备吃饭时，他们往往会渴望得到理解与关怀。无论在任何情况下，服务员都应具备一定的同理心和助人精神，能站在客人的角度为客服务，在客人需要帮助时能搭把手。不仅如此，在平时工作与同事相处时也应如此。

对于餐厅而言，服务人员具有同理心并且乐于助人，在一定程度上可以提高服务质量，并营造良好的工作氛围。

【思考】

餐厅来了一位坐着轮椅的残疾客人，你会怎样为他提供服务呢？

思考答案 3-3

(1)	
(2)	
(3)	
(4)	

（四）取长补短，团队意识

（1）团结协作、友善服务，营造积极向上的工作氛围。

（2）做到“三轻四勤”，即“走路轻，说话轻，操作轻”、“嘴勤，眼勤，腿勤，手勤”。

（3）对客人的询问有问必答，使用礼貌语言，态度和蔼，回答要准确迅速。

案例 3-4

我们是一个 TEAM

一天，餐厅准备进行万圣节主题活动，不到 6 点，已经坐满了客人。为了让活动顺利进行，餐厅经理将所有厅面服务人员进行了分工：Lisa 负责 A 区客人、Coco 负责 B 区客人、Jack 负责对接上菜、Marry 负责与演员的对接，基本分工后，他们回到各自岗位开始做准备。随着活动的开始，餐厅越来越忙，这时，A 区的所有服务人员都在忙着帮客人服务，一桌客人眼神四处搜寻，似乎需要些什么。Coco 看到这一幕，赶忙上前主动说道：“您好，有什么能帮到您的吗？”“我们想把蔬菜沙拉换成三文鱼沙拉，可以吗？因为还没有上菜，不知道来不来得及。”Coco 在询问厨房后，帮助客人换了菜。这时 Lisa 忙上前说道：“谢谢你，Coco，你真是帮了我的大忙，我们这边客人要求比较多，让我们有点手忙脚乱。”Coco 微微一笑：“说什么呢，我们是一个 Team，应该的，别客气。”

【思考】

要是 Coco 认为 A 区客人跟她没关系，没有及时上前为客人服务，这将会发生什么？

【案例分析】

在客人眼中，服务人员没有任何差别，只要你是餐厅的员工，只要客人有需求时，都会向你寻求帮助。他们关注的是需求和问题得到合理的解决。所以，作为服务员我们要有团队意识，学会合作，在关键时刻及时为同事补台。

对于餐厅而言，员工的团队意识可以有效提升工作效率。在日常服务中，给予客人良好的服务体验，有利于餐厅的发展与经营。同时，服务员也要学会取长补短，清楚地认识自己的短板与长处，能够向他人学习，具备与他人合作的精神与意识。

【思考】

如果你是餐厅经理，正在餐厅巡视时遇到上述客人，你会怎么做呢？为什么？

思考答案 3-4

（1）	
（2）	
（3）	
（4）	

（五）荣辱与共，品牌呵护

（1）在为客人点菜时应提供正确的产品及服务信息，并询问是否有特殊需要。

（2）清楚准确地记录客人所点的菜品，并在点单结束后向客人确认菜单。

（3）迅速下单，并注意下单内容的准确无误，及时将菜单递交给酒水以及后厨等相应部门。

（4）服务员进行服务过程中要注意自己的姿势与礼貌用语：“您请稍等！稍后为您上菜。”

（5）上菜过程中注意要从适当位置进行上菜。（避开老人和小孩）

（6）上汤类或容易泼洒类菜品时注意提醒客人小心，上完每道菜注意和客人报菜名。

案例 3-5

多出的一道菜

某天，一家连锁餐饮店内。这家餐厅因其个性化服务而闻名，许多顾客因它名声在外都愿意选择这家餐厅用餐。而这天正好是端午佳节，10 号包房内一个大家庭共 12 位客人正准备结账，新来的服务员小唐是这间包房的服务员，她正在拿账单给客人。就在这时，客人杨女士看着账单怀疑地问道：“这道牛肉丸，我们不是只点了一份吗？为什么会收了两份的钱？”小唐也感到奇怪，当时她为客人点菜时，明明只点了一份。她连忙说道：“女士，不好意思，您稍等会，我去帮您问下我们上菜的同事。”不一会，上菜员小张就过来了，神色慌张地指着桌上还没吃完的两个盘子说道：“喏，这不是上了两份吗？你们都吃完了。如果不是你们点的，怎么会上到这里呢？”杨女士气愤地说：“我当时明明只点了一份，你们上菜的时候不跟我说，点完菜了也没有跟我核对菜单，我们一家忙着吃饭怎么会知道？反正我只点了一份，叫你们经理来，问他怎么解决。”不到一分钟，餐厅经理走进包房简单询问了事情的经过，又核对了客人的菜单，赶紧解释：“女士，十分抱歉，是我们上菜员将隔壁包房的菜上到这边来了，您看，这道菜当我们送您的，您看这样行吗？”杨女士轻轻一瞥：“人人都说你们家服务好，很有特点，很贴心，居然还会犯这种低级错误，就这样吧，快结账我们要走了！”

【思考】

上述案例中的小张犯了什么错误？小唐的处理有没有什么问题呢？

【案例分析】

从客人的角度来看，客人在整个用餐过程中已经将点菜、上菜、制作菜品完全放心地交给了餐厅来完成。在客人用餐过程中，客人并不清楚菜品的具体情况。作为点单员在客人点完菜品后应和客人核对菜单，每上完一道菜，也应提示客人每道菜品的菜名。作为服务员，我们应该将自己当作餐厅的主人引领客人，为客人提供细致周到的服务。

服务员和餐厅是一个利益共同体。当餐厅的利益受到损害时，服务员的利益必然也会受到损害，反之，也是如此。从上述案例中不难看出，服务员小张将菜品上错，却没大胆承认自己的错误，还尝试推卸责任，企图将责任推给客人或者自己的同事小唐。这样的行为导致的直接后果就是，客人不再信任服务员，也不再信任餐厅，更不会再信任品牌的效应。所以，作为一名服务人员应随时具备与品牌、与餐厅荣辱与共的意识，一同呵护品牌的成长。

【思考】

如果你是这个案例中的服务员，你要怎样为客人提供服务才能让客人满意并保护好餐厅品牌的名声呢？

思考答案 3-5

（1）	
（2）	
（3）	
（4）	
……	

（六）产品质量　营销意识

作为一名餐饮服务人员，应熟悉餐厅的产品、价格、渠道、促销活动以及服务等所有信息，将自己作为营销人员，把握好每一个对客服务环节，通过语言、动作、职业形象等向客人推荐餐厅的产品与服务，扩大餐厅的影响力，树立餐厅企业形象。

（1）在合适的推销时机进行餐饮产品的推销，如客人点菜时、客人结账时、客人主动提出需求时。

（2）熟悉餐厅每项餐饮产品的特点、特色价格等产品特性。

（3）熟知餐饮产品营销的基本步骤：

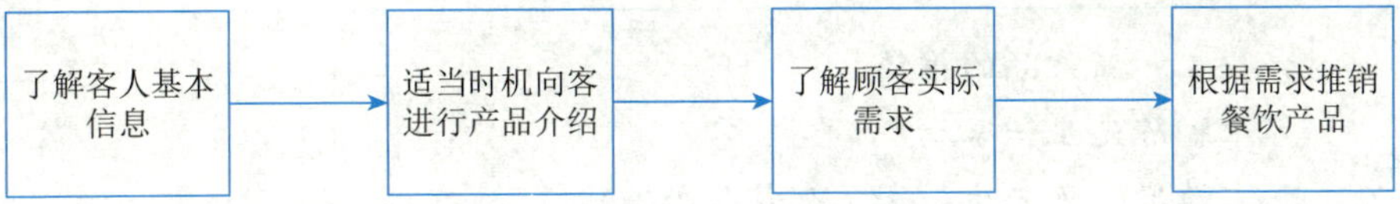

图 3-1 餐饮产品营销步骤

（4）掌握礼貌的服务用语和营销语言技巧，如："先生，这是我们餐厅最受欢迎的菜品之一，它受欢迎是因为它的口味……，我相信您一定会满意的"。

休闲餐饮服务人员的三种基本营销技能如表 3-1 所示。

表 3-1 休闲旅游餐饮服务人员的三种基本营销技能

营销技能	具体说明
好吃推荐外带	平时对客服务过程中，经常会遇到一些客人需要外带餐食。作为一名服务员，应能够向客人推荐一些外带方便且口味较优质的食物，例如寿司、比萨、蛋糕等易于保存且方便外带的食物。
新菜品的推销	一家餐饮企业想要在行业中持续发展、获得长久竞争力，菜品的不断更新是根本。作为一名服务员需要在餐厅推出新菜品之际，能够运用合适的推销技巧针对不同的客户进行新菜品的推销。
主题餐饮的推销	根据不同的节日、活动或文化进行餐厅主题餐饮活动的安排，是当代很多餐饮企业会选择的一种营销方式。作为一名服务员，应能够根据不同的主题（如主题的背景文化、主题对应的客户群体等）将餐厅的餐饮产品进行推销。

实训 3-1

小组进行角色扮演

任务一：好吃推荐外带

客人：李女士

基本情况：一位年轻的母亲，明天想要带孩子和孩子的伙伴登山踏青，并在中途进行野餐

客人需求：明天一早过来取，食物方便轻巧易于保存，清淡有营养

任务要求：根据客人需要向其推荐外带食物，考虑食物的存放时间、味道

任务二：新菜品的推销

客人：陈先生一家

基本情况：陈先生一家，有老人和小孩

客人需求：小朋友和老人家喜欢偏甜的口味，陈先生及妻子喜好偏辣的口味

任务要求：根据客人需要向其推荐餐厅最近新上的菜品（蓝莓山药泥、野生菌煲、油焖大虾、尖椒鸡）

任务三：主题餐饮的推销

客人：一对情侣

基本情况：年轻情侣，准备庆祝情人节

客人需求：想要找一家餐厅进行庆祝两人在一起的第一个情人节，意义非凡

任务要求：向两位客人推销情人节的主题餐饮，有情侣套餐，且情人节当天，情侣只要完成活动（天生一对：进行你想我猜活动），获胜的情侣可以获得当天餐食打 8 折的优惠

通过角色扮演，分析过程，看一看还缺什么？

角色名称：			
阶段	扮演内容	关键环节	优缺点
1			
2			
3			
4			
……			

（七）传承优秀，文化提升

一名合格的休闲餐饮服务人员要有传承企业优秀文化，进行企业文化提升的意识。随着市场经济体制的不断完善，一些在市场上完全成熟的企业想要在市场中不断成长获得更好的竞争力，就需要突出企业文化内涵建设，在

经营过程中营造浓郁的文化氛围，不仅让消费者能获得物质享受，也能获得精神享受。今后企业想要获得长久发展和自己的鲜明特色，向消费者出售包括产品与服务在内的企业形象就尤为重要，这就需要各企业建立一个完整的企业形象识别系统。

案例 3-6

明星品牌跌落神坛，品牌形象力挽狂澜

明星品牌跌落神坛

海底捞一直都是消费者眼中的中国饮食行业领先品牌。“无公害，一次性”的选料和底料原则，也一直都是海底捞长久经营的品牌理念。在 2017 年 8 月 25 日上午 10 时被曝出太阳宫店事件之前，海底捞的网络品牌形象以正面为主，占据了 74.75% 的高比例，相对应的品牌负面形象仅有 9.22%，另有 16.03% 的中性评价。然而食安事件不仅让海底捞在网络的关注度暴涨，连企业品牌形象也急转直下，负面占据了 49.15%，而正面却陡然降至 11.07%。这种舆情情感的骤变源于网民的心理落差，源于这一近乎被“神话”的餐饮企业出现食安隐患的品牌形象坍塌。

然而，对海底捞一边倒的负面评价所持续的时间却出乎意料地短暂。在 8 月 25 日海底捞连发两次声明后，舆论的导向开始迅速发生变化。8 月 26 日，针对海底捞的负面信息占比降至 25.93%，正面信息占比则大幅提升至 33.92%。而 8 月 27 日新公告发出后，比例的变化更为惊人，原本占据大部分的中间评价都出现了下降，占比为 33.55%，正面评价以 46.95% 的占比重新占据主位，而负面评价仅剩下 19.05%。针对这样的结果，业内也认为，海底捞受到的冲击并不大。中国社科院中国社科评价院主任荆林波认为，消费者理解海底捞说明海底捞的品牌地位较高，但背后是消费者对食品安全的包容度较高。另外，海底捞正面的品牌形象、高品质的服务掩盖了食品安全的瑕疵。

品牌形象力挽狂澜

四川海底捞餐饮股份有限公司成立于 1994 年，是一家以经营川味火锅为主，融汇各地火锅特色为一体的大型跨省直营餐饮品牌火锅店。海底捞经营的品牌理念是始终坚持“无公害，一次性”的选料和底料原则，严把原料关、配料关。19 年来历经市场和顾客的检验，成功地打造出信誉度高、颇具四川火锅特色的 火锅品牌，并曾先后在四川、陕西、河南等省荣获“先进企业”“消费者满意单位”“名优火锅”等十几项称号和荣誉，创新的特色服务赢

得了“五星级”火锅店的美名。2008—2012 年连续 5 年荣获中国大众点评网“最受欢迎 10 佳火锅店”。同时连续 5 年获“中国餐饮百强企业”荣誉称号。2011 年 5 月 27 日“海底捞”商标荣获“中国驰名商标”。

正是因为有了这么多荣誉的积累，才成就了海底捞火锅店如今积极正面的品牌形象，也吸引了无数热衷火锅文化的忠实消费者。所以在遭逢如此严重的食安问题时，海底捞快速、有承担力的公关声明才能迅速挽回消费者还有舆论的信赖之声。

然而，海底捞这次的公关固然是一个很成功的经典案例，但这一切都建立在海底捞自身一直以来所拥有的积极、正面的品牌形象上。若没有正面的品牌形象和由品牌形象所吸引的大量忠实粉丝，单有优秀的公关稿是绝对不足以在短时间内引导舆论走向的。

【案例分析】

说起海底捞，大家不免会提起海底捞的服务与企业文化：服务员积极性很高、服务很有人性化、在整个服务过程中全程友好互动沟通，所有人员服务的标准化以及海底捞各门店提供的美甲及餐后零食伴手礼等增值服务。该品牌的企业文化已烙印进每个员工的内心，使得服务员在每次对客服务中通过服务行为和理念营造了该品牌浓郁的企业文化和良好品牌形象。

〔资料来源：搜狐网 . 海底捞以正面品牌形象冲淡食安问题的负面影响?［EB/OL］.［2017-08-29］. https://www.sohu.com/a/168028316_665633.〕

二、休闲旅游餐饮服务礼仪和基本行为规范

餐饮服务人员在岗位中的仪容仪表、礼节礼貌、言行举止、操作流程、职业操守必须符合服务质量规范和岗位职责的要求。

（一）仪容仪表

（1）头发：干净整洁。男员工留短发，长度标准为前不遮眉，后不盖领，侧不过耳，不可做光头发型。女员工头发前不遮眼，长度过肩时需要用统一的发饰将头发盘起。整体要求时刻保持头发干净、整洁、不油腻，不烫染怪异发型。

（2）面部：男员工保持面部洁净清爽，每天剃须，鼻毛不外露。女员工保持面部清爽，着职业淡妆。

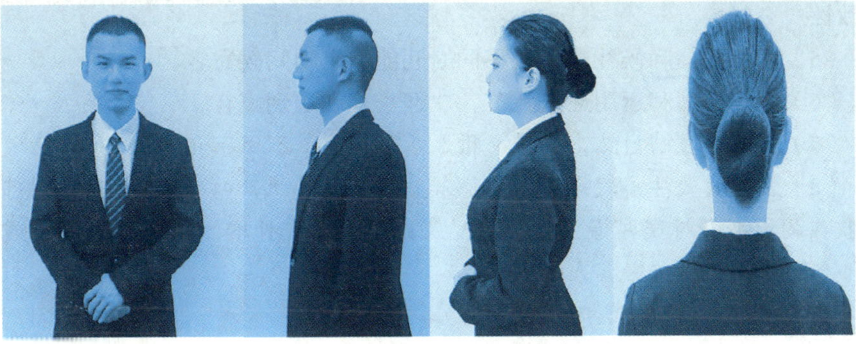

图 3-2 仪容仪表

（3）指甲：男员工指甲需修剪整齐，不得留长指甲。女员工指甲需修剪整齐，不得留长指甲，允许涂抹无色指甲油。

（4）制服：应按规定着装，制服必须整洁、合体、熨烫平整，不得有污垢、折皱、开线、掉扣，无线头露出。不准卷衣袖、裤腿。保证定期换洗，非工作需要外衣口袋内不放任何无关的物品。除佩戴公司名牌和服务徽章外，不可私自在制服上增加其他饰品。

（5）鞋袜：需穿着统一工鞋。男士穿深色短袜，保持干净，无破损，经常更换。女员工着裙装时，需穿透明深色或肉色长袜且无破损。

（6）名牌：洁净明亮无污渍，佩戴于左胸前。

（7）配饰：根据公司要求佩戴饰品，但手上不宜佩戴过于夸张的饰品，可佩戴简单的戒指和手表。

（8）个人卫生：保持耳朵干净，身体不可有异味，不可使用味道过重的香水；双手洁净，指甲应修剪整齐，不可涂擦有色指甲油。

（9）口气：上岗前不饮酒，不吃异味食品；餐后即漱口，牙齿上无残留食物和口红印。

（二）服务仪态

（1）站姿（立）自然平稳，身体正直。

（2）坐姿端庄。

（3）走动姿势端正，行进速度适中，两眼平视，身体平稳，遇有宾客迎面走来，主动侧身让路。迎宾客时在前，送宾客时在后，陪宾客时在侧，上楼梯时在后，下楼梯时在前。需要转弯时，先向宾客掌示方向，需要超越宾客时要小声礼貌致歉、微笑通过。不可在餐厅对客区域与同事手拉手走在一起。

（4）在岗时情绪饱满，见到宾客时保持自然微笑，表达热情积极的职业形象，与宾客交流时保持目光自然接触。注意面部表情、目光、肢体语言的一致性。

（5）熟练掌握问候礼节，在不同时间能够主动问候宾客。

（6）熟练掌握和运用迎送礼节，欢迎宾客和送别宾客。

（7）服务中表情自然，举止文雅，落落大方，不卑不亢。

（8）工作时要注意轻声细语、微笑自然。禁止大声呼唤，禁止嬉笑打闹、哼歌吹调。不可对宾客指手画脚、品头论足。严禁扎堆闲聊、玩弄手机或做其他与工作无关、怠慢客人的事。

（三）服务用语

（1）工作中使用普通话交流，声音清晰、用词简练准确、语调柔和。

（2）学会多说一句话，多一句关心，多一句感谢，多一个体贴的提醒，多一个善意的眼神。

（3）熟练掌握称呼礼节，根据客人姓名、性别、职务准确称呼宾客。

（4）熟练掌握应答礼节，准确、亲切、灵活回答宾客问题。

（5）与客人交流时讲究语言艺术，婉转热情、文雅简练、表达明确，音量适中。说话要使用尊称，态度平和，表情、举止端庄大方。

（6）做到“三轻四勤”，即“走路轻，说话轻，操作轻”“嘴勤，眼勤，腿勤，手勤”。

（7）做到“客来有迎声，客问有答声，工作失误道歉声，受到帮助致谢声，客人走时送客声”。

（8）问候用语“您好”，征求用语“请”，致歉用语“对不起”，致谢用语“谢谢”，尊称用语“您”，道别用语“再见”。

（9）不讲粗话、脏话、讽刺话，不讲与服务无关、令人有歧义的话。

（10）忌蔑视语，忌否定语，忌顶撞语，忌烦躁语。

（11）不计较宾客不美的语言，不计较宾客急躁的态度，不计较宾客无理的要求。

（四）行为规范

（1）上下班时须严格按指定的员工通道出入工作区域。

（2）工作时严禁聊天、串岗及擅离工作岗位，未经许可不能擅自调班，正确使用电脑操作密码，体现各自的岗位责任。

（3）工作中爱护公物、工具和设备等。

（4）严格遵守员工手册、安全守则及部门其他规定。

（5）在工作区域不可吸烟。

（五）职业素质规范

（1）遵守国家法律、法规；遵循社会公德，创建健康、文明的服务环境。

（2）平等待客，以礼待人：尊重每一位宾客，不因宾客职位的高低、收入多少及信仰习惯等因素使客人受到不公正的接待、礼仪及服务；对老、弱、病、残宾客优先、体贴服务。

（3）不仅满足客人常规的基本需求，还需进一步了解客人的潜在需求，让客人享有更优质、更便捷的服务，同时保护宾客合法权益。

（4）公平守信、忠于职守、洁身自好，抵制不正当要求及诱惑，对于客人的所有信息必须遵循职业道德，为客人提供保护隐私的服务。

（5）团结协作、友善服务，营造积极向上的工作氛围。

【思考】

作为新生代的你，你认为休闲旅游餐饮服务人员应该怎样在体现个性化服务形象的同时，又能符合以上规范？

第二节 对客服务技巧

随着我国经济的高速发展，不同人群对服务有着不同的诉求与期望。休闲旅游餐饮服务的对象涵盖了各类人群，他们来自不同的职业、家庭，不同的社会背景以及经济消费能力，身为一名休闲餐饮服务人员应能熟悉客户分类，注重标准化服务的同时，注意因地制宜、因人而异的服务。

一、针对不同年龄结构客人的服务

在休闲旅游餐饮服务过程中，根据客人的年龄划分为老年客人、中年客人、青年客人以及少年儿童客人四种主要顾客类型。按年龄结构分，有助于针对不同年龄段客人的特征以及具体需求提供精准标准的服务，从而提升客人的满意度以及餐厅服务质量。

（一）对老年客人的服务技巧

表 3–2 对老年客人的服务技巧

	健康无障碍型	有障碍型	有陪护型
服务需求特征	需要有温度、体贴、亲切的服务，追求经济适用	能够有效帮助其解决各项问题，期望在安静的位置就餐、不被打扰、灯光氛围舒适温暖	注重隐私

续表

	健康无障碍型	有障碍型	有陪护型
服务技巧与规范	(1) 客人到店后，亲切主动问候：如“爷爷奶奶（叔叔阿姨），您好，欢迎光临”。使用爷爷奶奶等称谓，有助于拉近与老年客人的距离。 (2) 点菜时，注意询问客人有无饮食忌口（如糖尿病、高血压等忌口食物），向客人推荐性价比较高且有一定营养价值的菜品。 (3) 语音语速适中，表达清晰，一字一句阐述到位。有耐心，保持微笑，眼神与顾客交流到位。 (4) 为客服务过程中，姿态微弯，体现出尊重与亲近。	(1) 遇到行动不便或有残疾的老年客人，将座位安排在靠近门或安静的角落，残疾老年客人安排入座时注意尽量将其残疾部位遮挡住，注意将多余的餐位加位撤去。 (2) 随时关注其需求与动态，以便第一时间提供帮助与服务。 (3) 注意维护好该类客人周围环境，尽量不要打扰到客人。 (4) 服务过程中，眼神只关注客人面部三角区域，不随便乱瞟客人行动不便或残疾部位。 (5) 服务用语亲切和蔼，使用敬语，让客人感到受尊重、受欢迎。	(1) 尽量将客人安排在风景优美的安静角落入座。 (2) 与陪护人员沟通客人需求，不轻易主动打扰客人。 (3) 将客人的餐食习惯、忌口逐一清楚记录，及时与各部门沟通协调。 (4) 主要以 1~3 名服务人员为主对该桌客人进行服务，避免过多服务人员参与服务。 (5) 服务过程中，应面面俱到，全面关注客人需求。 (6) 一视同仁，为陪护人和老人提供细致周到的服务。

（二）对中年客人的服务技巧

表 3–3　对中年客人的服务技巧

	普通型	商务型	文化型
服务需求特征	期望得到不同的体验、关注菜品的口味，看重性价比，追求经济适用	关注服务品质、追求放松与愉悦、喜欢安静，不愿被打扰、个人领域意识较强	想要体验不一样的文化，有文化诉求，追求个性化服务、圈层服务
服务技巧与规范	(1) 当客人进入餐厅时主动亲切问候客人。 (2) 这类客人外出用餐时基本上都是和同行的朋友，应将他们安排在餐厅僻静的角落，以免打扰其他客人用餐。 (3) 点菜时，应向这类客人主要介绍餐厅比较受欢迎的菜品。 (4) 注意提供周到暖心的服务。	(1) 注意将客人安排在包厢或环境较好的、风景不错且安静的位置入座。 (2) 对客服务过程中做到有礼有节。 (3) 注重服务细节，主动迎送客人。 (4) 在知道客人姓氏的情况下，尽量用姓氏称呼客人，如张先生、王女士。 (5) 客人用餐过程中，除了正常服务流程外，不打扰客人。	(1) 将客人安排在环境幽雅别致的包房或隔间入座，或者将客人安排至能够直接看到餐厅表演或感受文化氛围的位置。 (2) 向客人提供细致周到的服务，如在客人入座后，提供小毛巾擦手，使用恰当敬语。 (3) 点菜员要熟悉菜单上菜肴的制作方法、烹调时间、菜品背景等知识，并能适时向客人进行建设性销售。 (4) 能够主动向客人介绍餐厅的环境以及背景文化等（尤其是主题餐厅）。

（三）对青年客人的服务技巧

1. 青年客人服务需求的特征

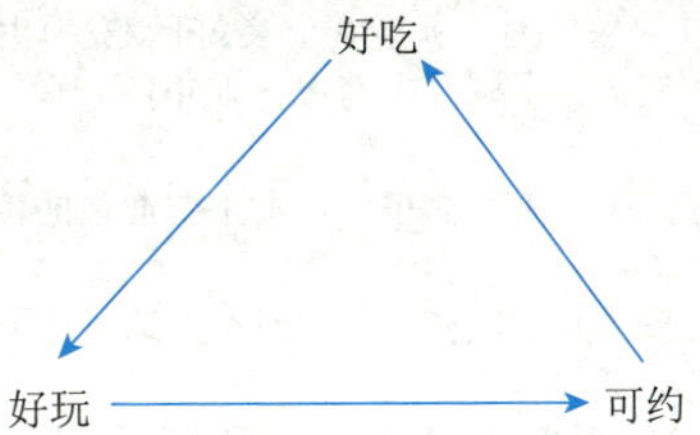

图 3-3　青年客人追求的“黄金铁三角”

对于当代青年人来说，上述“黄金铁三角”规律是他们所追求的，餐厅的菜品好不好吃，有没有什么新奇体验以及新玩意，是否有让他们记忆深刻的新奇点。有没有值得他可以分享的东西，都成为他们关注的主要方向。而对于服务来说，他们更看重服务的平等性，喜欢朋友式的服务。

2. 服务技巧与规范

（1）应尽量营造轻松的服务氛围。

（2）点菜时，介绍餐厅比较有特色的菜品，但应注意适当推销，不宜过度。

（3）使用敬语要恰当合适，注意保持亲切的微笑。

（4）服务员要将自己当作餐厅的主人，像招待朋友般服务客人。

（5）在服务过程中，通过观察客人的言谈，寻找可以对话的时机，与客人进行相关话题的简单探讨（注意话不宜多，点到为止），拉近与客人间的距离。

（6）要展示热情好客的服务态度，主动服务。

（7）在客人用餐过程中，注意服务的度，当客人有需要时再出现。

（四）对儿童、青少年的服务技巧

表 3-4　对儿童、青少年客人的服务技巧

	儿童段	青少年段
服务需求特征	期望得到亲切、友好的服务，他们只关注自己感兴趣的事情，期望能够得到陪伴。	

续表

	儿童段	青少年段
服务技巧与规范	(1) 当小朋友刚进入餐厅时，就应建立良好的第一印象，可以与小朋友简单交流，了解基本情况，如年龄、喜好的菜品等。 (2) 尽量将该类客人引至餐厅靠里、远离主要通道的位置入座。 (3) 主动为小朋友提供儿童座椅，点菜时推荐适合小朋友的菜品。 (4) 为小朋友服务时，要把自己当作和他们同龄的人。 (5) 服务用语和蔼亲切，语音语调温柔大方。 (6) 餐厅可为小朋友准备一些卡通小玩具赠送给小朋友（例如：麦当劳、肯德基）。 (7) 上菜时，有烫汤等菜品时，需要亲切地提示小朋友，必要时，可帮助他们盛汤夹菜。	(1) 主动向青少年客人问候，询问用餐人数等基本信息。 (2) 根据青少年客人的需求和餐厅的状况，将他们安排到他们喜欢的位置入座。 (3) 点菜时，尽量以朋友的身份向他们推荐菜品。 (4) 服务过程中，多关注他们的需求，主动提供服务。

案例 3-7

小朋友的好伙伴

某餐厅一直深受小朋友喜欢。当地的居民一到周末或孩子的生日都喜欢到这家餐厅用餐。他们之所以选择这家餐厅，是因为该餐厅针对儿童提供的几项特色服务：

（1）餐厅里面有一个儿童游乐区，到餐厅用餐的小朋友可以在餐厅工作人员的看护下到儿童游乐区游玩。

（2）餐厅下午茶时间段，邀请了专门的幼教老师，为到餐厅用下午茶的小朋友提供说故事的服务。

（3）餐厅有一个吉祥物“云乐”，每次用餐时段，“云乐”都会出来和小朋友互动，给在餐厅用餐的小朋友发放餐厅的小玩具。

（4）每次有小朋友过生日时，餐厅会为小朋友赠送一个生日蛋糕，并且由服务人员和“云乐”一起为小朋友庆祝生日。

【思考】

为什么这家餐厅会受到小朋友的欢迎？你还有什么更好的提升技巧？

二、针对不同消费水平客人的服务

在休闲旅游餐饮服务过程中，按消费水平分类，可以将客人分为低端、中端、高端（含 VIP）几种类型，以便提供更加有针对性的服务。

（一）不同消费水平客人的需求对比

掌握不同消费水平客人的需求，才能更好地根据客人的需要提供合适的服务。无论处于任一消费水平的客人，我们都应一视同仁，根据客人不同的需要提供差异化的服务，提升客人的满意度。

表 3–5　不同消费水平客人的需求

消费水平	关键词	需求
低端	方便、快捷、物美价廉、物超所值	处于该消费水平的客人，他们往往都追求方便、快捷、物美价廉以及物超所值的餐饮产品。（例如：以自助形式经营的餐饮机构，种类丰富、价格低廉是该类餐厅的特点）
中端	干净、卫生、互动服务、准确快捷	处于该消费水平的客人，期望用餐环境以及菜品的干净、卫生，享受到准确快捷的、互动式的服务。
高端	预约服务、个性化定制（蛋糕、特殊烹饪以及菜肴）、会员、营销意识	处于该消费水平的客人，对服务提出了更高的要求，他们希望他们享受到的服务以及产品是独特的、有个性的。
VIP	私密性空间、定制化服务和产品、私厨服务（上门定制）、高品质、服务素质高、多元文化、包容性	处于该消费水平的客人，追求产品和服务的高品质，注重私密性的空间，希望得到定制化的服务及产品，要求服务人员有较高的素质，想要体验到多元的文化。

（二）低端消费水平客人的需求与服务

处于该消费水平的客人更加关注的是餐饮产品的物美价廉，为该类客人提供服务时，在满足基本服务的基础上，更需关注餐饮产品的质量。具体表现在：

1. 就餐前

（1）主动向客人问候，将客人引领到合适的位置入座（如离取餐台较近的位置）。

（2）简单向客人介绍菜品，如是自助餐的话，向客人介绍清楚取用规则和用餐时间。

（3）注意记录客人用餐人数。

2. 就餐中

（1）主动收拾客人桌上的空餐盘、餐具。

（2）及时整理菜品，保持整洁、美观以及丰盛感。

（3）如是桌餐形式，关注每桌菜品的数量，及时通知厨房加快出菜速度。

3. 结账前后

（1）向客人表示感谢，欢迎下次光临。

（2）及时整理离店客人的餐台，以便下一桌客人就餐。

（三）中端消费水平客人的需求与服务

处于该消费水平的客人，逐渐关注服务的质量，看重用餐过程中的服务体验，希望得到互动式的服务并得到服务员的关注。具体表现在：

1. 就餐前

（1）向客人主动问好："您好，欢迎光临，请问您几位"，展示热情积极的服务态度。

（2）先到餐厅的客人将其安排到靠窗或靠近门口区域的位置入座，方便让门外或窗外的客人看见，吸引客人。

（3）情侣尽量安排在安静的角落，不易被打扰。

（4）晚到餐厅的客人，安排在靠近厨房的位置，以便快速上菜。

（5）餐厅客满时，安排客人在等候区休息等候，并为客人准备好零食或茶点。一有空位立即让客人入座。客人等候时，可将菜单递给客人，并向客人介绍本店的优惠以及特色菜品。如客人不愿等候，可向客人推荐餐厅周边的相关地点或娱乐活动，留下客人电话，到时提前告知客人到店就餐。

（6）客人入座后，主动为客人斟倒茶水。

2. 就餐中

（1）关注客人就餐情况，巡视客人台面。

（2）及时为客人添加酒水饮料。

（3）及时撤去桌上空盘，整理台面，保持台面美观、干净和整洁。

3. 结账前后

（1）客人示意结账后，询问客人的结账方式（网银或现金），按照规范帮客人结账。

（2）如若客人需要将菜品打包，及时向客人提供打包的餐盒和食品袋。

（3）客人准备离店时，热情送客并道再见。

（四）高端消费水平客人的需求与服务

处于该消费水平的客人，看重餐厅提供的服务，并希望得到好的服务体验，更注重就餐环境的私密性，想要得到个性化服务。具体表现在：

1. 就餐前

（1）服务员应在餐厅门口主动迎接客人，面带微笑，主动问候客人："先生/女士，晚上好（根据时间段）。”

（2）主动询问客人的预约手机号和桌号等基本信息，将客人引领至预先订好的位置入座。

（3）客人入座后，主动为客人斟倒茶水，并通知点菜员帮助客人点菜。

（4）点菜时，点菜员应主动询问客人的喜好，根据客人的喜好向客人推荐合适的菜品和酒水饮料。如果客人是餐厅会员，则向客人介绍当天会员特色菜以及优惠活动。如果不是会员，则可询问客人是否需要办理会员，根据具体情况做出相应介绍或推销。

2. 就餐中

（1）随时关注客人的用餐情况，预测客人的需求，服务在客人开口之前。

（2）根据客人用餐情况，及时帮客人添加酒水。

（3）每上一道菜时，应向客人主动报菜名。如果有餐厅特色的菜品，或食用方法特殊的菜品，应主动向客人简单介绍原料、背景、方法等。

（4）客人停筷后，主动询问客人是否需要水果或者甜品，对于还没吃完的菜肴，主动询问客人是否需要打包，并按照正常的标准和流程帮客人将菜肴打包。

3. 结账前后

（1）将账单送至客人面前，主动询问客人结账方式并请客人核对账单确认无误。

（2）客人起身时，主动提醒客人带好随身物品，并将客人送至门口，向客人表示感谢，并邀请客人下次光临餐厅。

（3）主动询问客人是否开车，主动给客人停车卡。（视具体情况而定，如餐厅有自己的停车场，则无须询问）

（五）VIP 客人的需求与服务

处于该消费水平的客人，期望就餐环境的私密性，渴望得到定制化的服务和产品，看重服务员的高素质。具体表现在：

1. 就餐前

（1）提前了解就餐客人的人数、预订情况、客人姓氏、特殊要求、菜品需要。

（2）客人到店后，主动迎接客人并问候：“杨先生/女士（注意使用姓氏称呼客人），欢迎光临。”

（3）客人入座后，主动为客人倒茶水，并送上洁手的小毛巾（冬暖夏凉）。

（4）询问客人是否可以点菜，经过客人同意后，针对客人的要求提供菜品建议，根据客人人数，及时提醒客人点菜的数量。也可根据客人的具体情况，推荐餐厅的定制化套餐。

2. 就餐中

（1）服务过程中，注意安静地服务，所有服务尽量在不打扰客人的情况下完成。

（2）客人席间离座、入座，主动上前帮助客人拉椅。

（3）学会察言观色，从客人的语言、动作中了解客人的需求和状态，不仅要观察客人的声音、动作，也应关注客人的心理状态、仪态等信息，从而预测客人需求。

（4）服务员应熟练掌握各项相关服务技能和知识，能够随机应变，适时为客人提供服务。

3. 结账前后

见高端消费水平的服务。

三、服务案例分析

案例 3-8

永生难忘的结婚纪念日

4 月的一天，某餐厅接到了一位宾客唐先生的电话，下个月 5 号就是他和妻子结婚 10 周年的纪念日了，他想给妻子一个惊喜，希望餐厅可以帮忙布置下。一转眼，这一天就到了。下午 6 点，唐太太和唐先生走进餐厅，服务员小张热情地问候道："唐先生，唐太太，晚上好，欢迎你们来到我们餐厅，请跟我来，你们的位置在这边。"夫妇二人跟随着小张向餐厅里面走去，不一会到了餐厅连接着后面花园包房的甬道，唐太太惊喜地发现，甬道的两边花墙上玫瑰花围成了一个一个爱心的轮廓，里面放着的是她和丈夫从恋爱到结婚有关于他们爱情和生活点点滴滴的一系列照片。每张照片下方都有不同餐厅服务员写下的一句简短的祝福："祝你们白头偕老；你们很幸福，我很羡慕；希望你们一直这样幸福……"

看到这，唐太太已经热泪盈眶，脸上夹杂着幸福和感动，再向里走，就到了包房门口，打开门，里面的餐桌上放着一个装着戒指的小盒子，旁边是一束玫瑰，唐先生大步走向前，拿起盒子和玫瑰花，单膝下跪："雯雯，你愿意再陪我走过接下来的所有 10 年吗？"唐太太点点头，将唐先生扶了起来，双双坐到了餐桌前。

当唐先生与太太二人用餐结束后，餐厅经理带着服务员小张为二人送上了餐厅特别制作的小蛋糕和两个钥匙扣，表示对二人的祝福。只见蛋糕上有二人的结婚纪念日子和餐厅 LOGO，钥匙扣则是用二人的照片制作的。唐先生激动地说道："真是太感谢你们了，你们真的太贴心了，以后我们每年结婚纪念日都要来你们餐厅。"

【思考】

什么是个性化定制服务？

思考答案 3-6

【案例分析】

在上述案例中，个性化定制服务体现得淋漓尽致，通过对结婚纪念日的一系列策划，紧紧抓住了客人的心。在充分了解客人的基本需求之后，每一个服务环节都紧紧相扣。

服务员，不仅能准确认出客人的身份，并且能在关键环节做出合适的措施，帮助唐先生达成了自己的心理预期。餐厅还很体贴地为客人赠送了特别定制的蛋糕和钥匙扣，在让客人满意的基础上为客人创造了惊喜，将客人的心牢牢抓住，也为餐厅赢得了忠诚的客人。

案例 3-9

一杯水的教训

一天傍晚，一位客人陈先生带着他的朋友来到餐厅，准备商谈一些工作上的事项。当这两位客人走餐厅时，环顾四周发现服务员都在忙着照顾其他客人，两位客人只能自行进入餐厅找位置入座。过了几分钟后，服务员才慢慢地走过来问道："您好，请问你们可以点菜了吗？"陈先生和朋友简单交流后，发现二人都还不饿，陈先生轻轻说道："请先给我们两杯水吧，我们先谈下事情，等会再点菜。"服务员在听到后没有立即响应客人的需求，而是用生硬的口吻向客人答道："不好意思，不在本店用餐的客人，我们不提供水。"陈先生尴尬地和朋友对视一眼之后，两人起身，愤然离去。第二天，餐厅才得知这位客人是餐厅的 VIP 客人，他们将这一情况向餐厅高层反映后，引起了餐厅的重视。在经过商议后，餐厅高层对餐厅经理给予了严重处罚，并提出对各服务员进行培训，大力整治服务质量。

【思考】

服务员犯了哪几个错误？为什么餐厅经理会受到严重处罚呢？

【案例分析】

从陈先生走进餐厅那一刻开始，餐厅就已经丢失了一位重要的客人。服务员没有主动热情地向客人问候，而是让客人自己找位置入座。在客人入座后，服务员和客人没有任何交流，而是让客人在位置上等待。在客人没有明确用餐意愿时，服务员连一杯水都不愿意提供，最终导致客人狼狈而又愤怒地离开，造成了严重的后果。

无论客人的身份如何，是否在餐厅用餐，身为服务员都应展现出积极的服务态度，尊重每一位客人，重视每一个直接对客的环节，这是一名餐饮服务人员的基本素质和要求。

本章小结

1. 知识点

了解休闲餐饮服务人员的八大基本素质。

了解休闲餐饮服务人员的服务礼仪与行为规范。

了解客人的基本分类以及不同类型客人的服务需求。

了解为不同类型客人进行服务的服务技巧。

2. 核心技能

能够为不同类型的客人提供周到的服务。

掌握三项基本营销技能。

3. 职业素养

具备服务意识、营销意识，学会主动服务以及预测客人的服务需求。

思考与练习

一、单项选择题

1. 如果客人在餐厅消费比较低，服务员需提供（　　）。

A. 低质量的服务　　B. 高质量的服务

C. 一视同仁的服务

参考答案

2. 文化型中年客人以及有陪护型老年客人更喜欢在（　　）环境中用餐。

A. 安静的　　B. 热闹的　　C. 偏僻的　　D. 繁华的

3. 针对不同年龄结构客人的服务，以下哪类不属于年龄结构的分类法？（　　）

A. 老年客人　　B. 中年客人　　C. 青年客人　　D. 家庭团队

E. 少年儿童客人

二、多项选择题

1. 按照消费水平可将客人分为以下类型客人（　　）。

A. 低端　　B. 中端　　C. 高端　　D. VIP

2. VIP 客人的需求与服务，出现在以下哪些时段？（　　）

A. 就餐前　　B. 就餐中　　C. 就餐后

3. VIP 客人关注以下哪些方面的服务？（　　）

A. 私密性空间　　B. 定制化服务和产品

C. 高品质服务　　D. 多元文化

三、能力拓展题

1. 任务描述：完成服务接待

客人	古先生夫妇（一对中年夫妻）
宴请宾客	来自泰国的巴颂先生以及他的夫人和女儿
具体要求	定制一份菜单，要有能够体现本地特色的菜品；位上方式上菜；需要一个小小的欢迎仪式；位置较好的包房
用餐人数	5 人
用餐时间	明天下午 6 点半
用餐地点	可以看到湖景的“观澜”包房

2. 任务要求：两个小组进行合作，根据以上信息自行策划服务场景，制订好菜单，写好服务剧本，按照标准的服务流程，使用标准的服务用语和接待礼仪完成本次服务接待。

技巧：服务前请先了解清楚泰国客人的相关礼仪和忌讳。

3. 任务过程分析：

岗位名称：			
环节	服务内容	服务要点	优缺点
（1）			
（2）			
（3）			
（4）			
……			

任务评价：结合本章节具体内容对此次接待过程进行评价并完成下表：

	综合评价（100 分）			
评分项	小项	分数	得分	优缺点评估
行为规范	仪容仪表	10 分		优点：
	服务用语	10 分		
	精神面貌	10 分		
服务过程	就餐前	10 分		缺点：
	就餐中	10 分		
	结账送客	10 分		
服务技巧	主动服务	10 分		突出表现：
	预测客人服务	10 分		
	根据客人类型提供不同服务	20 分		

步骤一：小组进行自评，分享在任务过程中担任该角色的感受，如果担任的是客人，则分享自己在整个过程中想要得到哪些服务，分析服务员哪些做得好，哪些做得不好。反之，则评价自己在对客服务过程中哪些做得比较

完善，还欠缺什么等。

步骤二：教师针对小组表现就主要环节进行评价和总结。

参考资料

[1] 樊平，李琦 . 餐饮服务与管理 [M] . 2 版 . 北京：高等教育出版社，2019.

[2] 单慧芳，李艳 . 餐饮服务与管理 [M] . 北京：中国铁道出版社，2009.

[3] 汪京强 . 餐饮服务与管理 [M] . 2 版 . 北京：科学出版社，2016.

[4] 职业餐饮网 http://www.canyin168.com.

[5] 慧聪酒店网 http://www.hotel.hc360.com.

第四章

休闲旅游餐饮与服务美学

本章重点

本章重点介绍美学与旅游美学的相关知识、休闲旅游餐饮的美学、休闲旅游餐饮服务的美学等内容。学习者需重点掌握休闲旅游餐饮美学的鉴赏要素、适用范围和具体呈现方式，以及休闲旅游餐饮服务美学的具体内容、服务美学提升的要素和方法。

学习要求

通过本章内容的学习，学习者能够在了解美学相关概念的基础上，掌握休闲旅游餐饮与服务的美学鉴赏要素和方法，具备休闲旅游餐饮服务、鉴赏休闲餐饮文化以及进阶性的文化素养提升等能力，从而对现代美好生活产生不断的追求、向往及实践。

本章思维导图

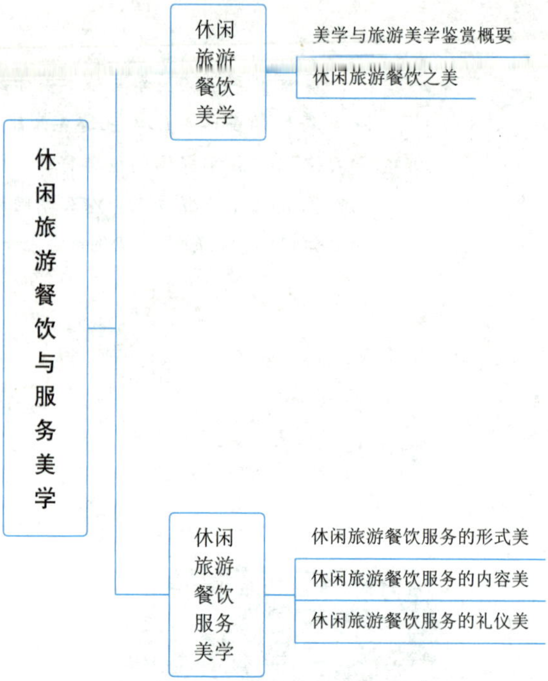

第一节　休闲旅游餐饮美学

一、美学与旅游美学鉴赏概要

（一）美学与美感

“美学”一词源于希腊文，是指人的感官知觉。美学研究的三大领域分别是美、美感和艺术。其中美是抽象概念，艺术是具体形象，美是艺术的精神之一，艺术是美的化身之一。

美是一种特质或价值，美感则是有关这种特质或价值的认识与判断，美感可以从艺术活动中获得[①]。比如：同样在欣赏一棵花木，美感以审美态度欣赏此花木，专注体会自然的存在；知识判断是客观、伦理的科学态度，将某树木花草归纳为某科某类的科学范畴；而利益考量则以实用的态度，以经验为基础，将观赏到的花木视为追求利益的手段。

因此，在休闲旅游餐饮服务过程中，对不同阶层、年龄和消费水平的消费者而言，对美的体验是不同的，需要我们多观察，勤思考，找出规律，针对性设计环境、提供服务。

（二）中国美学思想

中国文化中的美学观建立于中国哲学观念的整体意识上，强调天人合一、情景合一、知行合一。中国传统美学是以中华民族传统文化为源，集文学、社 会学、哲学等学科于一体，具有独特理论体系的审美人文学科。中国美学思想 强调以人为中心，将人与自然、人与审美有机地融合在一起，是一个立体的兼 容并蓄的系统。以味、以意、以道、以同构、以文为美，构成了中国传统美学 思想整体且本质的特色。[②]

（三）旅游美学

“旅游，从本质上说，就是一种审美活动。离开审美，还谈什么旅游？……旅游活动就是审美活动。”[③]

旅游美学研究对象和范围较广，涉及衣、食、住、行、游、购、娱、康

① 李佩璇 . 图解美学［M］. 台北：易博士文化，2014：15.
② 李佩璇 . 图解美学［M］. 台北：易博士文化，2014：34.
③ 叶朗 . 旅游离不开美学［N］. 中国旅游报，1988-01-20（1）.

等丰富多彩的内容，涵盖形象美、色彩美、动态美、朦胧美等审美形式。

旅游审美需求是指促使人们从事旅游审美活动的一种内驱力，它具有对象性（如饥饿对于饮食的需求）、动力性（如追求知识的学习）、平衡性（如食物得到满足后，机体恢复了平衡）和递进性（如新的需求变成从事另一活动的动力）。

旅游是一种综合性的审美活动，旅游的物质与精神的双重性，强化了旅游者对审美的需求。

未来的世界是审美的世界。科技的发展和人工智能的普及，也从另一方面促使人们产生了崇尚自然、渴望环境变化的心理。

二、休闲旅游餐饮之美

（一）休闲旅游餐之美

1. 环境之美

（1）建筑外观美。休闲旅游餐饮，因类别和场景的不同，其建筑外观造型也不同。欣赏休闲餐饮的建筑之美，首先需了解建筑风格和建筑流派。所谓建筑风格，是指某一类建筑由于运用同样的材料、技术、营造做法以及设计手法等形成的相对统一、基本固定的样式，这种样式，就是风格（style）。建筑流派，是指建筑物受到不同时代的学术、文化艺术等方面潮流影响下形成的具有特点的建筑派别。

按国家、民族和地区，建筑分为中式、日式、俄罗斯、埃及、欧美风、北欧、地中海、东南亚等；按建筑物风格，分为宗教建筑、住宅建筑、商业建筑、写字楼、工厂、其他公共建筑等；按历史发展潮流，分为岩洞、帐篷、泥瓦房、城堡、公共住房、定制房、房车、新型材料房等；按文化艺术，西方文化建筑又分为哥特式、巴洛克式、洛可可式等，东方文化建筑则分为庭院风、园林风、庙宇风、宅院风等。

中国古建筑是我国独特的旅游资源，其规模宏伟、数量庞大、种类繁多、多彩的民族风格在世界建筑艺术史上具有浓墨重彩的重要地位。其主要表现形式有古城、宫殿、陵墓、寺院、石窟、楼阁、亭台、佛塔、桥梁、住宅等类型。

图 4-1　休闲餐饮建筑外观

图 4-2　帐篷营地休闲餐饮区

（2）雕塑美。雕塑具有纪念性、象征性、装饰性等特性，在我国多表现为佛像、菩萨、陶俑、陵墓石雕等具体对象。雕塑一般分为圆雕和浮雕两种。比如著名的秦始皇陵兵马俑、希腊雕刻拉奥孔等作品属于圆雕；而浮雕介于雕塑与绘画之间，与圆雕最大的不同就是只能从正面欣赏，如北京的人民英雄纪念碑。休闲旅游餐饮是建立在休闲旅游基础上的餐饮形式，除了饮食之卖点，最重要的消费客体还有环境，外环境之美常常离不开具有主题寓意的雕塑、小景等装饰物。

（3）绘画美。中国画装饰性很强，在我国各类宾馆、饭店、客厅、餐厅、娱乐场所较为常见。从旅游者欣赏角度，可分为卷轴画、壁画和公益绘画三大类。中国画具有很强的审美特征。如诗画相融表达意境美；笔、墨、色、法表现格调美；意境与格调之和形成中国画整体的艺术效果即气韵。而“四品”说（逸品、神品、妙品、能品）是品评中国画高低、判断气韵的重要标尺。中国画以“传神写照”为特质，如中国戏曲中多用“虚实相生”、美术作品中用“留白”等方法来呈现美感。

（4）书法美。中国书法是中华民族的瑰宝，其形式多样，有篆书、隶书、行书、楷书和草书之分；历代碑林石刻数量庞大，如西安碑林、东汉“曹全碑”等；宋徽宗“瘦金体”、唐玄宗、康熙帝等多位皇帝的真迹名垂千古；王羲之、柳公权、颜真卿、欧阳询等中国历代书法大家灿若星河。餐厅装饰中的书法艺术美在何处呢？在于其线条之美，结构和布局之美、形神之美、意境之美以及情之美。

（5）艺术陈设美。艺术品是凝聚了人类精神而呈现出的美妙结晶，具有模仿—再现—表现的发展过程。传统意义上的艺术品，是指以心灵创造为基础，并运用技巧而完成的有机整体，兼具内容与形式，往往能引发人们的愉悦。现代对艺术品进行重新省思，认为艺术品可以只是概念的表达、突破或创新，也可以因做工精致，或是脱离使用的时空背景而成为艺术品。[①]

2. 空间之美

餐厅的室内空间之美，涉及整个空间布局的结构美，包括空间要素、光影要素、色彩、线条、装饰陈设、功能和动线等。从客人的角度来看，空间设计的主要关注点为：

（1）入口设计。餐厅空间规划上以方便和满足宾客需求为主。推开一家休闲餐厅，最显眼的部分常常是领位、收银或外带等候区。为了不影响店内客人的用餐舒适感，等候、外带区应设计巧妙，彼此不干扰。可以分开取餐位置或扩大收银区域，用餐的座位与等候区之间至少保持 1.2 米的距离，以保障客人用餐及行走的舒适度。

（2）座位及用餐区设计。座位设计决定翻台率。一般而言，厅面的大小约占整体的 50%~70%，主要包括桌椅、柜台、吧台、卫生间。在高级餐厅、简餐（速食）餐厅中，两人与四人桌子数量分别按 6∶4 安排，咖啡厅按 8∶2，而家庭式餐厅按 3∶7 安排为宜。

图 4–3　休闲多功能餐厅的设计

餐厅的座位放在哪里好呢？一般从客人角度出发，以客人想看到的景致来安排位置，如看造型优美的吧台、艺术品、装饰画等。

座位区除了可以按照周围环境及景致来安排外，还可以利用高低差来创造不同的视野感受，如高吧台区、餐桌区与沙发区的高低差等，地板加高设

① 李佩璇. 图解美学［M］. 台北：易博士文化，2014：171.

计能造成不同的用餐氛围，也可以在有活动的时候作为舞台来使用。

巧用镜面的反射，使得座位区显得开阔，也是一种不错的安排。

中餐厅更注重“圆”字含义的表达，圆桌能缩短同桌客人之间的距离，而包间的圆桌用餐及服务成为中式餐饮服务的标配。此外，注重隐私感的用餐区同时预留多人用餐的可能性，是提高中餐服务及收益的较好方法。

（3）工程设计。餐厅的设计还要注意具备完善的消防设施、排污、排烟系统、地漏排气装置等。良好的通风和适宜的温度、注重人体工程学的运用、表达实用的美学及其规律，也是目前工程设计中的重点。近年来，智能化设计也越来越流行，符合人性，贴近生活，同时，兼顾美感的智慧化设施设备将日益普遍。

（4）动线。在动线方面，服务动线和客人动线应合理设计，互不干扰但又不浪费空间。收送货避开客人用餐区、补给动线要注意宽敞开阔性。高级西餐厅的座位相对简餐厅而言，更注重隐私，座位设置要考虑客人和服务生的动线，要让彼此均能感受到舒适与便利。

案例 4-1

咖啡馆及小酒馆设计

咖啡馆不仅是喝咖啡的一个地方，顾客在这里更多的是找寻一种自在、轻松的感觉，在半隐私半公开的方寸之间找到属于自己喜爱的栖身之地，暂避纷繁，与自己内心纯粹地交流，因此，咖啡馆多半以明亮、平易近人的设计为主。外观的木质走道，拉伸不同层次的空间、广告招牌结合灯光聚焦、大门的活动推门展现咖啡馆的亲和力，都是不错的设计选择。

图 4-4　校园店外围

图 4-5　咖啡书屋一隅

介于西餐厅和酒吧之间的一个休闲餐饮之地，就是所谓“小酒馆”了。小酒馆以及酒吧的设计吸睛之处，就是吧台。吧台的照明设计基于顾客需要，低照度可以让人不在意四周，而更加专注享用具有特点的小食、料理和多姿多彩的鸡尾酒及各类酒水饮料。

3. 氛围之美

当前，休闲餐饮活动空间的延展性增强，客人比较注重氛围之美带来的用餐体验，包括音乐、灯光、整体舒适度、风格与特色所营造出的美感。

（1）音乐之美。如果说线条与章法是书法艺术的“语言”，旋律和节奏就是音乐的“语言”。休闲旅游餐饮服务的场合多样，服务方式多样。要根据不同的场合、不同的季节和时段，播放不同的背景音乐，在烘托氛围的同时，可以提质增效，适应运营者和消费者不同的审美、利益和消费诉求。

（2）灯光之美。餐厅的灯光设计来源于细腻感，它体现设计与服务的内涵。不同的餐厅灯光与照明应遵循不同的美学原则：

桌面一定要打光，投射型带灯罩灯具是最佳光源，以突出食物；

客人停留时间越短的餐厅照明越明亮。如需使用壁龛，则需使之整体发光，体现安心用餐的氛围；

使用颜色与素材相吻合的灯光，不同光线展现丰富的视觉，感受白天与黑夜交替的美感；

休闲餐厅如咖啡馆，一桌一灯效果好，对外部光线引入的使用也很重要，可以体会自然光线的变化；

小酒馆 /BAR 可用狭窄及卤素灯让客人感受到温暖；工业风的酒吧可以使用特定吊灯，等等。

（3）整体舒适度。休闲餐厅是人们放松、交友、会客和体验美食美酒的地方，氛围和品味注重特色化、多样化和针对性。氛围美的内容包含灯光、音乐、香氛，以及人和环境构成的流动气氛，其中的人又包括消费者、服务人员、管理者等类别。

中餐厅氛围设计中注重打造古典、雅致，注重文化内涵，闹中取静，注重仪式感及美好意愿的传递，如节庆氛围的红色、黄色、黑色代表宫廷感，深色实木桌椅、青花瓷、琴棋书画等装饰强调了浓浓的东方元素；水墨画、禅意装饰物、背景墙的字画凸显文化意趣等。

图 4-6 三亚某酒店夜宴之光

图 4-7 餐厅包房的整体舒适度

酒店与餐厅连体形式，巧用颠覆视觉经验的倒吊灯具、家具给人留下深刻的探究意图，不同材质与颜色区分了功能区，又增添了用餐意趣。

（4）风格与特色。工业风是当代商业室内设计中的流行风格，各国各地都各有自己的工业传统文化与风格，如英伦工业风格的雅痞感，澳洲早期码头、运输设备工业风，历史老件弥散的台湾工业风，以及“LESS IS MORE”的更注重家具灯饰的北欧风。

绿色植物与环境共生的氛围设计在当今占据了主流，多出现在小餐馆与咖啡馆中，善用各种木材材质，注重生态环保材料堆积呈现，与家具、摆设一起出售，也能为餐厅带来增收的效果，如台湾的诚品系列、乡村田园餐厅植物的运用等案例。

4. 菜品之美

菜品之美涉及菜品的色、香、味、形、器、质、养、名、文之美。

图 4-8 定制餐饮的餐厅氛围

与西方思想情绪表达较为直观和强烈相较，中国传统文化的最高审美理想——中和之美，长期以来影响着中国人的饮食起居，使得“艺术生活化，生活艺术化”得以代代传承。

一般说来，中国饮食讲究菜肴本身的色美、味美、形美、技艺美、意境美，也讲究饮食器皿的造型美、质地美、装饰美等。

中国的烹饪是中国文化的“四宝”（绘画、书法、中医、烹饪）之一。孔子曾说“割不正不食”、“色恶不食”以及“食不厌精，脍不厌细”，均体现了中国古代饮食文化物质与精神的统一性，也展现了孔子对人行为规范方面的高标准。目前，随着外带食品的增多，高星级酒店及社会高端餐饮是传承“食不厌精，脍不厌细”的重要场所。

（1）视觉美。视觉是人们接收信息的重要途径。相对于社会餐厅而言，酒店餐厅菜品是质感与口感的完美融合，加上极具匠心的盘饰、颜色的搭配、食物的摆盘，呈现“秀色可餐”的美好餐饮体验。盛器与菜肴在色彩纹饰、形态、空间、文化典故等方面的和谐度，也是体现视觉美的最重要的组成部分。

（2）味之美。品味的养成常受到环境、教育、文化等后天因素的影响。不同阶层具有不同的品味，新的审美经验与习得潜移默化地转变了品味。用味觉感受来比喻美感体验超越各种单一的口味，才具有最美妙的味道，所谓“遗味至味”。以文采、情感的滋味加持诗词歌赋的精彩，以余味感追求“言有尽而意无穷”的无穷意境。菜品的美味源自食材的高品质和厨师的高技艺。菜品表现在味觉和嗅觉上的香醇使人产生了美感，满足了人的生理需求的同时，给人带来愉悦的审美享受。《吕氏春秋·本味篇》中说到烹饪的高境界是“久而不弊，熟而不烂，甘而不浓，酸而不酷，咸而不减，辛而不烈，淡而不薄，肥而不腻”，值得我们现代人来细细玩味。

（3）技艺美。中餐烹调的关键技术刀功，指厨师对原料通过刀法进行处理，使之成为整齐一致适应火候、均匀受热、入味及保持形态美的烹调所需。刀法又分为直刀法、斜刀法、片刀法、雕刻刀法等，原料可以加工成片、条、块、丁、丝、粒等形态，以及花、球、丸等多样花色和多种镂空花纹。中华美食中技艺之美流芳千古。西餐讲究选料精细、调料讲究，注重菜肴生熟程度的不同，注重餐酒搭配，注重营养全面，各国菜肴特色明显，展现了现代美食生活的千姿百态。

（4）名之美。“金玉满堂”“龙凤呈祥”“喜鹊登梅”“四世同堂”“佛跳墙”等烹调作品以及菜单名之美，给予中餐无限的文化创意空间和内涵表达。

（二）休闲旅游饮品之美

经典的故事传承，考究精细的味觉体验，在中西文化的碰撞下，绘就了一幅多姿多彩的饮品大观图。中西合璧的原料、盛器，别具一格的名称，以及与时俱进的时代创意，无一不呈现出饮品之美的时尚性、高端性、特色性及健康性。

1. 茶之美

茶之美主要表现在以下六个方面：

人美：人是茶艺最根本的要素，包括形体美、服饰美、仪态美等；

茶美：在茶艺过程中，不仅可赏析茶的色、香、味、形之美，还可感悟茶名之美；

水美：评水是茶艺的一项基本功，精茶配美水，才能给人至高的享受；

器美：茶器的审美包括器形和组合两方面；

艺美：茶艺程序编排的内涵美和茶艺表演的动作美、神韵美、服装道具美等；

境美：中国茶艺要求品茶时做到环境、艺境、人境、心境俱美。

2. 咖啡之美

咖啡之美主要包括：

咖啡文化之美：如咖啡的故事、起源、传说、历史等内涵之美；

咖啡豆之美：如咖啡豆的种植、筛选、烘焙、研磨的过程之美；

咖啡品饮之美：如咖啡品饮的种类、方法、风味、命名的体验之美；

咖啡制作之美：如咖啡制作的技艺美、氛围美、创意美等。

3. 鸡尾酒之美

鸡尾酒之美主要从鸡尾酒的典故、起源、历史发展中探寻其美的寓意；从鸡尾酒的调制技艺美、品饮过程美、味之美、命名意境美、产品创意美等方面需求美的交融与体验。

4. 调饮之美

调饮之美具体表现为调饮作品的创意美、名称美、技艺美、味之美等。本书第八章将详细解读。

案例 4-2

G20 国宴餐具的文创之路

作为 G20 杭州峰会宴会全案策划和餐具设计、制作项目的组织、协调和供货合作单位，丝绸之路文化发展（上海）有限公司、玛戈隆特团队为 G20 峰会欢迎晚宴、金砖五国会议、双边宴会、领导人下榻处布置贡献了一场西湖盛宴。其设计创作灵感来源于水和自然景观。整套餐瓷体现出“西湖元素、杭州特色、江南韵味、中国气派、世界大国”的 G20 国宴布置基调。

茶和咖啡瓷器具系列图案都是取自西湖实景，采用富有传统文化审美元素的“青绿山水”工笔带写意的笔触创造，布局含蓄严谨，意境清新。这套陶瓷杯设计灵感来源于西湖的荷花、莲蓬造型，壶盖提揪酷似水滴。

冷菜拼盘半球形的尊顶盖是最引人注目的器具。尊顶盖顶端提揪设计源自西湖十景之一的三潭印月。尊顶盖上半部图案创意则来源于“满陇桂雨”，以杭州市花桂花与江南翠竹自然相互依偎展开。尊顶盖下半部分则是以国画写意手法绘制的西湖美景。据说，因为太考验技术，这个尊顶盖的成品率只有 10%。

汤盅的外形设计灵感来源于海上丝绸之路的宝船，汤盅盖的提揪则是简约的桥孔造型。餐具上的画面笔触细腻均匀，完美复现了西湖的精致。而且汤盅采用双层恒温方式，确保热汤能保持温度。不仅唯美，就连材质都这么精益求精！

随着时间的推移与骨瓷制作的发展，骨瓷已走进有生活品质和美学居家的家庭，在中国的一线城市家庭大多开始使用。西湖盛宴系列 G20 国宴餐具转为家宴餐具将同步上市。

〔资料来源：张仪.你所不知道的 G20 国宴餐具背后的文创之路［EB/OL］.［2016-09-06］. https://www.sohu.com/a/113788930_488231.〕

【思考】

通过网络搜寻上述案例的图片。面对这些美轮美奂的餐具，请你想想应该配什么样的餐单？如何整体体现中华餐饮之美？且如何整体体现中华餐饮之美呢？

【案例分析】

紧扣会议主题和举办地特色，从菜单设计、菜名含义、菜品搭配、瓷器的质地及制作、自然风光与传统文化的契合等方面来表现。

第二节 休闲旅游餐饮服务美学

一、休闲旅游餐饮服务的形式美

（一）现代西式服务类别及其特征

国际上关于服务方式存在多种定义。在德语国家罕见的银盘服务在英语或亚洲国家却很常见。下面列举一些国际上通用的术语。

（1）美式服务。美式服务是传统的餐盘服务，即所有菜肴均在厨房里装盘，服务员从客人右侧给客人上菜。

（2）餐盘服务。餐盘服务是传统的银盘服务，服务员在左边展示菜肴，客人自己使用叉勺取食。

（3）法式服务。法式服务是传统的银盘服务，服务员从客人的左侧将银盘中的餐食用服务叉勺放于客人面前的热或冷的餐盘上。

（4）英式服务。英式服务是传统的客前烹制服务。

（5）俄式服务。俄式服务是如今较少被使用的服务方式。服务员从客人左侧给客人展示餐食并由客人自己取食。老式的俄式服务从前菜到主菜都放在餐盘和碗中，由客人自己取食。

（6）德式服务。在厨房里将菜肴摆放在大餐盘和碗中，然后一道道放到餐桌上。每上一道菜都从客人的右侧放置一个新的空餐盘于客人面前，客人自己取食。

图 4-9 服务之美

（二）现代中式服务的主要特点

1. 文化与内涵之美

现代中式服务的文化与内涵美，主要体现在中餐厅的服务过程中。以宴会包房服务为代表，其文化和内涵之美，表现在餐单设计的意境美、菜名的雅致及寓意美、餐台设计的文化元素之美、服务人员服装与环境配合之美等。

2. 仪式及寓意之美

现代中式餐饮，特别是宴会，非常注重仪式感。内容涵盖邀请的制作与发放、迎宾的礼仪、座次礼仪、敬酒文化与礼节、上菜的顺序与搭配、民族禁忌、节日氛围、菜品的寓意等方面。

3. 传统用色之美

中式休闲餐饮，讲求愉悦状态下的放松感，因此在餐厅色彩使用上，比较多选用绿色、橙色、蓝色、咖啡色、米白色、浅灰色及这些颜色的搭配色。

中式餐馆或茶馆常用中国人喜爱的颜色，如番茄红、妃红、绛紫、藏蓝、花青、钴蓝、辰砂、春绿、姜黄、果灰色等色彩，以突出中华茶艺传统文化。中国“以和为美”的思想源远流长，体现在茶事活动中则为恬淡、静谧、含蓄之美。

图 4–10　茶会活动

二、休闲旅游餐饮服务的内容美

休闲旅游餐饮服务的内容美，包含人赋予的餐饮环境的餐台设计美、席间服务美、用餐体验美等方面。

（一）餐台设计美

中西餐摆台均注重餐桌中心装饰物的意境、文化内涵、寓意、色彩和材质。摆台物品根据餐厅定位、类别、服务对象不同而变化。

（1）物品准备。物品准备包括检查环境和设施，完成餐器具的清洁卫生工作。

（2）宴会摆台。宴会摆台包括铺设台布、餐台定位、餐具摆放、杯具摆放、餐巾折花、菜单摆放等环节。

（3）主题宴会设计。主题宴会设计包括装饰物制作及摆放、创意说明等。

（二）席间服务美

（1）席间服务内容。席间服务内容包括引领宾客、拉椅让座、开餐巾、倒水、点餐酒、斟酒、上饮料、上菜、调整撤换餐具、上茶（咖啡）、结账、送客等程序。

（2）席间服务宗旨。有礼有节、适可而止、有主有次、照顾普遍与特殊、关注定制需求、对特殊客人的照护等服务起着至关重要的作用。

（三）用餐体验美

（1）三全过程。好的服务注重过程美，犹如餐桌芭蕾，体现服务人员的修养、气质、培训及经验，贯穿从欢迎到送别的全方位、全流程、全员的表现。

（2）用餐体验效应。顾客好的用餐体验效应可以将休闲餐厅的服务提高到新的层次，带来忠实粉丝，对提升餐饮企业的品牌和效益大有裨益。

实训 4-1

餐台设计

根据所提供的用具及图例，模拟不同服务对象、人数、用餐标准，分组进行不同类别的餐台设计，并进行主题描述及评价。

表 4-1　常用中餐服务物品（8~10 人台）

品名	参考技术规格
餐台	圆形，直径 180cm、高 75cm
餐椅	软面无扶手椅，椅子总高度 95cm 左右
工作台、操作台	长方形
桌裙（装饰布）	与台布协调

续表

品名	参考技术规格
台布	与桌裙（装饰布）协调
餐巾	边长 45~60cm
主题装饰物	突出设计主题
牙签	与餐具协调，符合主题创意
菜单	菜品及装帧符合主题创意
桌号牌	美观，符合主题创意
托盘、平盘	防滑，圆形，长方形
餐酒具、酒水	骨碟、汤碗、筷子、味碟、汤勺、筷架、长柄勺、白酒杯、红酒杯、小杯
茶壶、茶杯	
分餐勺、叉	
分餐勺、叉	
红葡萄酒、白酒碳酸饮料	
葡萄酒服务用具	葡萄酒海马刀、醒酒器、口布等
消毒巾、香巾	
相关一次性耗材	
中餐用酒	
其他	

图 4-11　中餐宴会摆台

图 4-12　西餐餐酒

表 4-2 常用西餐服务物品

品名	参考规格
餐桌	90cm×90cm，120cm×120cm，120cm×240cm 等
椅子	软面无扶手椅，椅子总高度 95cm
边台	
台布	与桌子相配
托盘	防滑，圆形，长方形
展示盘	瓷器
开胃菜刀叉	不锈钢
鱼刀鱼叉	不锈钢
主菜刀叉	不锈钢
浓汤勺	不锈钢
甜品叉勺	不锈钢
水杯、红葡萄酒杯、白葡萄酒杯	玻璃，高脚
冰桶	不锈钢
咖啡壶	玻璃 / 瓷器
茶壶	玻璃 / 瓷器
糖盅、奶盅	瓷器
餐巾	（白色）全棉
开胃菜盘	瓷器、8 寸
主菜盘	瓷器、10 寸
葡萄酒海马刀	
沙司盅、甜品盘、花瓶	
盐、胡椒、牙签盅	
冰桶、冰块、冰夹	
电动搅拌机、木槌	
调酒操作台	
服务圆桌	

续表

品名	参考规格
吧椅	
置物架	
调酒器具	
鸡尾酒杯具	不同类型
调酒用酒水	不同种类
咖啡机器、用具、咖啡杯	不同种类
相关一次性耗材	
西餐用酒	
其他	

图 4-13　西餐宴会台

图 4-14　休闲西餐台

三、休闲旅游餐饮服务的礼仪美

（一）形象美

形象美体现在服务及管理人员的形体美、服饰美（文化、设计、色彩、质地）、发型美、妆容美等方面。

1. 形体美

形体美即“人体美”，指人的形体结构的美。形体美的自然气质可以通过后天培训及习惯养成。休闲旅游餐饮服务中，形体美是最直观和感性的。包括静态美、动态美，而动态美更有机、更自由、更能体现美感。

2. 服饰美

服饰美包括材质美、做工美、样式美、色彩搭配美等内容。服饰美的最高境界是有机和谐，服饰美的终极目标是和谐前提下的新颖与特色。

服饰美体现了文化性、设计性、色彩和谐性、质地考究性等特点，具体而言包括休闲餐厅工作场合中的制服是否搭配环境，是否合身得体，是否不影响操作和服务，是否熨烫整齐、整洁完整等。

休闲餐厅工作人员的制服应与环境氛围协调、按照一定制度和规定要求穿着，具有企业统一形象、提高效率、安全防护、识别岗位、区分宾客等功能，以及展示餐厅整体形象、增强企业品牌识别度、加强员工团队建设和凝聚力、规范员工行为等作用。

在选择制服时，应该遵循几个原则：一是制服色彩与餐厅装修风格相映成趣；二是面料要包含棉，以便工作中利于穿着者的透气和吸汗；三是制服要有系统设计感；四是要舒适，方便操作。

图 4–15　休闲餐饮的服饰美

3. 发型美

发型美指服务及管理人员的发型是否合理，发饰是否和谐规范，发色是否适中，头发是否干净整洁。

4. 妆容美

化妆的主要目的是表现对别人的尊重，突出自己美的福分，因人、因时、因地不同而更改，寻找一种规范之下的和谐之美。

5. 身体裸露部分美

手、面部、口腔、鼻孔、耳朵等部位清洁干净，无异味，无文身，有良好的个人卫生。

（二）仪态美

仪态美主要指服务中具有的站姿、行姿、坐姿、蹲姿，以及手势、表情、微笑、眼光交流、服务规范行为等内容。主要体现为热情待客，体现对客人及同事的尊敬，营造和谐、友好、轻松的氛围，为宾客提供良好的服务，为餐饮企业带来较好收益。

（三）语言美

语言美是服务人员与宾客的沟通交流不可或缺的部分。礼貌用语分为敬语、谦语、雅语等类别，而语言技巧又分为问候语、迎送语、请托语、致谢语、应答语、征询语、赞美语、祝贺语、道歉语等。

（1）正确称呼客人。可用“先生”“女士”称呼首次到来的宾客，用“×× 先生”“×× 女士”称呼熟客和了解姓氏的宾客，但慎用不太入流的江湖称谓及俗语称呼客人，要体现餐厅的规范和礼仪，体现服务人员的修养和餐厅的文化氛围，为提高宾客质量进行环境渲染，增加客人的受尊重感。

（2）使用礼貌语言，如“您好”“请”“谢谢”“不客气”“对不起”“我可以为您……吗”“您介意我……吗”“有什么可以为您效劳的”“让您久等啦”“您稍等”等语言。

（3）适当增加幽默感，以拉近与陌生客人的距离，为提供良好服务打下基础。

（4）观察客人的反应，及时调整语音、语调和称谓。只有做到勤观察、勤思考，不断实践，方能在对客服务中游刃有余。

（四）气质修养美

1. 职业素质美

职业素质具有专业性、内在性、稳定性、综合性和延续性等特点。专业性主要指餐厅服务的技术技能、知识结构、见识等方面；内在性指服务人员长期从事职业活动所形成的由内而外表现的效果，也可称为内涵或涵养；稳定性指影响个体态度和行为的一惯性；综合性指职业素养包括职业道德、思想政治、社会责任、科学文化、专业能力和知识等方面的素养。延续性是指职业素质美穿于从业者整个职业生涯并影响其一生的可持续发展。

2. 气质美

气质是一个心理学范畴的概念，是指个人心理活动的典型而稳定的动力特征，具有先天性的特质。按照特征的不同，常把人分为胆汁质、多血质、黏液质和抑郁质四种气质类型。气质具有差异，由个体生理和心理、性别、社会角色、民族、时代、地域等差异产生不同。

如何培养良好的职业气质呢？

（1）看齐意识。团队中每一个团员的服务水平和素质素养，决定了休闲餐厅整体的服务质量。正如木桶原理所揭示的道理一样，木桶的容量大小并不取决于最长的那根木条，也不取决于平均长度，而是取决于最短的那根木条。团队中每一个团员的服务水平和素质素养，决定了休闲餐厅整体的服务质量。休闲餐厅服务对象繁杂，个性不一，服务人员应该察言观色，举一反三，多听少讲、学会倾听、多学多看，不断积累经验，针对不同类型的客人，提供有针对性的个性化服务，使宾客乘兴而来，尽兴而去。

（2）自我提升意识。休闲餐厅服务业态繁多，服务对象素质良莠不齐。服务人员为了更高质量完成工作，使自己在工作中得到成就感，除了在日常服务技能上勤学苦练，还要多学习业态相关知识、服务心理、营销技巧和经营管理知识，不断提升自我修养和文化及艺术欣赏水平，用自己服务与管理过程中表现出的良好气质与风貌，收获工作的乐趣，获得工作的成就感。

（五）餐礼之美

客人在休闲餐厅中，除了美味佳肴以外，若还可以感受到不同风格、不同地域、不同民族民俗的餐饮礼仪，则是一份非常值得留念的记忆，可以分享传播，有利于餐厅品牌的提升，也有利于消费者的身心健康。

餐厅礼仪分为服务礼仪、用餐礼仪、社交礼仪三大部分。服务礼仪在本书第三章主要描述，本章不再赘述，着重对用餐礼仪进行简单概述。

1. 座次礼仪

中餐大部分使用圆桌，而如何确定座次，是应首要解决的问题。在长期社会交往的约定俗成的礼仪中，形成了面门者为上，面风景者为上，远离门为上，多桌排列时居中的桌子为上的常规意识。同桌中，越靠近主人的越尊贵，且遵循国际礼仪的“以右为尊”。

西餐用餐礼仪中常用方桌、长方桌。男女主人对坐，其余宾客男女交叉坐，以距离主人位置远近分辨尊卑。

2. 就餐礼仪

中国传统餐饮礼俗中，主张“食不言”，特别对女性提倡“小口饮食”，注重敬酒礼仪，甚至可以从餐食过程看人品、家境以及教育程度和涵养。而今，随着休闲餐饮堂食区间缩小、外带食物等形式的变化，有些中华传统优秀餐饮礼仪应该予以传承，并与时俱进增添意趣，在国际交往中建立中餐饮食更加优雅、更注重文化与品位特色的形象。

与中国人就餐习惯不同，西方人认为弯腰、低头、用嘴凑上食物吃等行为是非常不雅的。吃西餐时，身体坐直，手臂不要放在桌上，也不要妨碍别人张开；头要保持一定高度，不能东张西望。西方人讲究刀叉的摆放寓意，而切肉也分美国式、欧洲式等不同的方式。西餐注重餐酒搭配，进餐速度较慢，一道一道菜上，而中餐习惯一桌菜一起吃。如果席间需要远处的物品，一定告诉别人帮忙传递，而不是踮起脚、伸长手去拿。在正式场合，如果女主人不在场，那么坐在男主人右边的第一位嘉宾就是第一个开始吃的人，别人紧跟其后。

一般来说，“不能用手”是一个规则，但小骨头露出的肉类、比萨、薯条等食物，可以就手吃，前提是问一问自己：我净手了吗？手中多拿一张餐巾纸是明智之举。

喝汤重要的一点是不能发出声音。若汤快喝完了，只可以倾斜盘子，用调羹从里往外舀。喝完汤后，把调羹放在汤盘中间或旁边，向服务生展示你已用完。

鸡尾酒会也要注意礼节。比如应端着盘子站着用餐，一次不能拿太多食物。建议左手拿杯，时刻准备伸出干净的右手与别人握手，或拿取服务生餐盘里的食物或酒水。用过的穿小食物的牙签不要放回，应放在随手取用的纸巾里，吐物也要用纸巾包住再扔回垃圾箱或放入脏盘内。

西餐最后一道菜是甜品，一般和咖啡或茶一起上，或在之前上。

咖啡调羹是用来搅拌糖和牛奶的，用完要放在咖啡碟上，而不是餐台上，绝不能用它来一口一口舀着喝咖啡。

对于大多数中国人来说，西餐礼仪讲究颇多。作为客人，只要勤学苦练，就一定能熟能生巧，游刃有余。作为工作人员，如掌握了中西餐饮文化礼仪，也有助于服务质量和自身素质的提高。

实训 4-2

1. 根据上述用餐礼仪的知识内容，以小组为单位，分析不同中、西餐饮环境下的用餐和服务礼仪，并记录难点，课后收集资料完善。

2. 参考表格内容，结合所在餐饮企业特点，制定体现服务之美的岗前检查规范表：

制服干净整洁，熨烫挺括合身，符合行业标准
工作鞋干净，且符合行业标准
具有较高标准的收生习惯；男士修面，胡须修理整齐；女士淡妆
身体部位没有可见标记；不佩戴过于醒目饰物；指甲干净整齐，不涂有色指甲油
合适的发型，符合职业要求
所有的工作中站姿、走姿优美，表现非常专业

本章小结

1. 知识点

美学与旅游美学的相关知识，休闲旅游餐饮与服务美学的鉴赏要素、适用范围和具体呈现。

2. 核心技能

掌握休闲旅游餐饮与服务美学的主要鉴赏方法，具有服务美学提升的能力。

3. 职业素养

提升美学与美学鉴赏素养；具备热爱生活、工作中发现美并创造美的意识。

思考与练习

一、单项选择题

参考答案

1. 西餐常用方桌和长方桌用餐，并以距离主人位置远近分辨尊卑，这具体指的是（　　）。

A. 外事礼仪　B. 政务礼仪

C. 商务礼仪　D. 座次礼仪

2. 旅游美学研究对象和范围较广，涵盖形象美、色彩美、动态美及（　　）等审美形式。

A. 朦胧美　B. 灵动美　C. 线条美

3. 休闲餐厅的氛围之美，包括音乐之美、灯光之美、风格与特色以及（　　）等方面。

A. 菜品价格　B. 服务质量　C. 整体舒适度

二、多项选择题

1. 休闲旅游环境之美，包括（　　）等部分。

A. 建筑外观美　B. 雕塑美　C. 绘画美　D. 书法美

E. 艺术陈设美

2. 菜品之美可以从以下几个部分来鉴赏，分别为（　　）。

A. 视之美　B. 味之美　C. 技艺美　D. 名之美

3. 休闲旅游饮品的茶之美，可以从以下几个方面来鉴赏，分别是（　　）。

A. 人美　　B. 茶美　　C. 水美　　D. 器美

E. 艺美　　F. 境美

三、简答题

1. 休闲旅游餐饮美学包括哪些方面的内容？

2. 如何提高自身的餐饮美学及服务美学的素养？

四、能力拓展题

某学校准备参加全国职业院校餐厅服务赛项的比赛，其中中餐主题宴会设计模块团队现征集设计方案了。请以小组为单位，制作一份中餐主题宴会设计的说明书，要求结构完整，文字简洁优美，体现主题宴会设计的合理性、规范性和审美性。

参考文献

[1] 罗旭华. 酒店实用美学［M］. 北京：经济科学出版社，2018.

[2] 乔修业. 旅游美学［M］. 天津：南开大学出版社，2010.

[3] 斯第帕纳克. 饭店设施的管理与设计［M］. 2 版. 北京：中国旅游出版社，2003.

[4] 李佩璇. 图解美学［M］. 台北：易博士文化，2014.

[5] 靳羽西. 中国淑女［M］. 北京：中信出版社，2007.

[6] 靳羽西. 中国绅士［M］. 北京：中信出版社，2006.

第五章

城市休闲旅游餐饮服务

本章重点

学习者应重点掌握不同类型的城市休闲旅游餐饮形式的服务范围、典型工作任务流程、服务特点和注意事项，熟悉城市休闲旅游餐饮服务的拓展知识，并能够灵活运用到不同休闲旅游餐饮形式中。

学习要求

通过本章零点餐厅服务、休闲餐厅服务、国际连锁餐饮服务、茶歇与下午茶服务、冷餐会服务、地方特色餐饮服务和民族特色餐饮服务等城市休闲旅游餐饮服务内容的学习，学习者能够掌握不同类型的城市休闲旅游餐饮服务的基本知识和技能，具有灵活运用到工作实践中的能力，并树立精细和优质服务的理念，有助于培养学习者和从业者良好的职业技能和素养。

本章思维导图

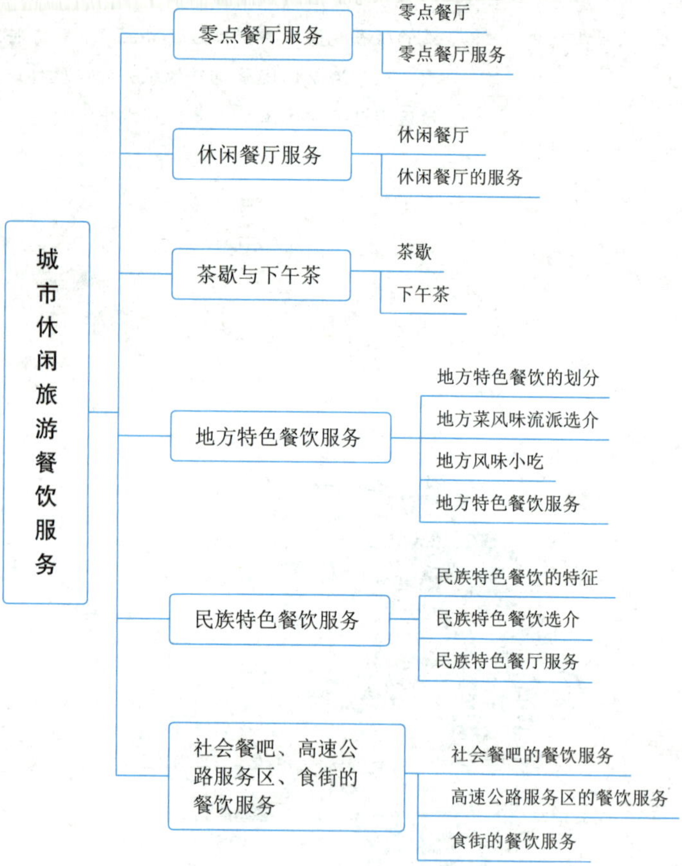

第一节　零点餐厅服务

近年来，随着国民物质生活水平的不断提高，外出就餐成为一件普遍的事情。休闲旅游消费人群占据了很大的市场份额，他们对餐厅服务的要求越来越高，餐饮企业的竞争也越来越激烈。从业者如何有效运用专业知识，正确辨识客人潜在需求，为客人提供品质服务，成为消费诉求的主要内容。零点餐厅是旅游者重要的消费对象，零点餐厅的工作人员因要为多组消费者提供服务，工作量极大。怎样保障服务质量是本章重要的学习内容。

一、零点餐厅

（一）零点餐厅的定义

零点餐厅是指按客人的个人口味、在不同的时段、由客人按菜单随意点菜并自行付款的餐厅。零点餐厅常见于高星级酒店、各类高级社会餐饮业态中。

（二）零点餐厅服务的特点

（1）客人数量不定，接待量较难确定，就餐时间不同。

（2）服务要求高，能凸显本地区餐饮行业的服务质量和较高的服务水平。

（3）工作人员服装较为正式，有时提供桌边服务。

（4）客人需求标准不一，菜品种类多，对上菜顺序和席间服务要求高。

（5）需求的不可预见性较多。

二、零点餐厅服务

零点餐厅服务是指餐厅为接待零散客人而进行的服务工作。要做好餐前准备工作、开餐服务工作、就餐服务工作和送客服务工作。

（一）餐前准备

1. 班前例会

餐厅服务员在规定的上班时间前到达零点餐厅，换好工装，精神饱满地列队站立，接受领班或主管检查仪容仪表，并认真听取领班或主管总结前一日的工作情况、介绍当日客情及菜肴情况，接受分配的任务。

2. 清洁工作

为创造一个干净幽雅的就餐环境，应按日、周、月计划做好餐厅卫生工作，包括地面卫生、墙壁和天花板卫生、餐厅装饰品卫生、门窗玻璃卫生、工作台卫生、餐桌椅卫生、绿化卫生和餐用具卫生等清洁工作，打扫时讲究打扫的效率和质量。

3. 整理餐台餐具

铺设餐台要求统一、整齐、规范、美观。准备宾客所用餐具如杯、碟、碗、筷、匙、烟缸、牙签等，同时准备服务所需用具如菜单、小毛巾、酒单、托盘、点菜宝、开瓶器和醒酒器等。此外，还需准备茶叶、开水以及一些开胃小食品。尤其是翻台率较高的餐厅，可为等候顾客备特色小吃和茶水。

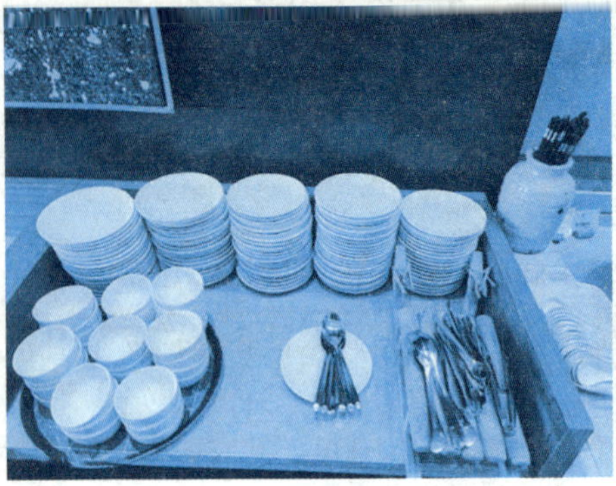

图 5-1　开餐前物品准备

图 5-2　服务准备

（二）开餐服务

1. 热情迎宾

开餐前五分钟，迎宾员准备迎接客人。宾客进入餐厅，要面带微笑，欠身行礼，热情迎候并礼貌询问客人人数、是否有预订、有意向的就餐区位等，并将不同类型的客人引领到合适的就餐区。

拓展阅读 5-1

2. 引领入座

引领宾客时，应在宾客左前方 1 米左右，并不时回头示意宾客，提醒客人注意脚下，并以规范的手势指引。安排座位时要掌握“先里后外、尊重选择、合理调整”的原则，尽可能使每一位客人满意。

3. 拉椅让座

待宾客到达餐位时，要双手将椅子拉出，离桌边 10 厘米，一条腿在前，膝盖顶住椅子后部，在宾客屈腿就座的同时，顺势将椅子推向前方。

图 5-3　拉椅让座

图 5-4　酒水服务

4. 递巾送茶

宾客入座后，应及时递上香巾，可用毛巾夹从每位宾客右边递送，可说“请用香巾”，并提醒客人注意温度。然后根据客人的需求，可奉上香茗，具体做法是将餐桌上的茶杯翻起，站在宾客的右侧，以不打扰客人为原则，依次斟茶，斟茶七八分满。

5. 询问点菜

当客人有点菜意向时，双手恭敬地打开菜单递给客人，并备好笔和点菜单，站在客人右侧，腰部稍弯，躬身认真倾听与应答。当宾客征询意见时，可详细介绍本餐厅的特色菜和时令菜，同时注意观察客人的反应，根据客人的口音、年龄、就餐的目的和职业特点等要素有针对性地推荐菜品，注意不要勉强或硬性推销。

拓展阅读 5-2

6. 开单送单

将客人所点菜记录在点菜单上，并向客人复述一遍，以免听错或写错。点菜完毕后要及时向客人介绍酒水。点菜单一式三联，一联为提货联，送至厨房；一联为存根联，送至收银台，一联由服务员保存。酒水订单一式两联，一联送至吧台，另一联送收银台。

（三）就餐服务

1. 酒水服务

酒水销售是酒店重要的盈利点，服务人员可以向客人有针对性地推销酒水。客人点酒后，快速领取所点酒水，为客人提供服务。烈性酒和红葡萄酒都可以在常温下饮用；啤酒、玫红葡萄酒、香槟和白葡萄酒可为客人提供冰镇服务；黄酒要为客人提供温酒服务。针对不同的酒水提供相应的开瓶、鉴酒和斟酒服务。

拓展阅读 5-3

2. 上菜服务

上菜时一般从宾客右侧的空隙中送上，严禁从宾客头上越过，更不能打扰客人。放置餐盘要轻，摆放时要注意整齐有形、美观大方、形色合理搭配；为客人报上菜名，如有作料的要同时跟上，特殊菜肴及本店的特色菜肴可以适当地介绍。菜上齐后，要告诉客人一声，并询问是否还需要其他帮助。零点餐厅上菜服务时要核对台号、品名、数量和质量等信息。上菜服务要注意上菜的顺序和节奏。

3. 撤换餐具

经常巡视客人就餐情况，为客人撤换烟缸，及时收取餐台上的空瓶、空罐、空盘和更换餐碟，同时根据台面空间将大碟换成小蝶。

4. 结账收款

当宾客的酒水、菜肴上齐后，应及时告知收银员准备账单。当客人提出结账时，可使用小银盘或账单夹呈递账单，同时告诉应付金额数。

图 5-5　上菜

图 5-6　递送账单

（四）送客服务

1. 征求意见

在客人用餐完毕，即将离开餐厅时，要主动征求客人的意见，包括菜点质量、经营环境和服务态度等，并虚心记录听取。

2. 热情送客

客人起身离座时，应主动上前为其拉椅，并提醒客人携带好随身物品。与客人道别时以热情的语言欢迎其再次光临。

案例 5-1

百年老店的没落

某市有一家有着百年历史的餐饮老店，以经营当地特色闻名。这家店是国营体制，在计划经济年代，一直是当地餐饮业的龙头企业。步入市场经济时代，其落后的管理理念和管理水平，导致整体服务水平跟不上形势的发展。在中午就餐高峰期，客人进店，没有服务员引导，只能自己找位置，找不到位置问服务员，让他帮忙找个位置，没想到服务员竟然说："我太忙了，顾不上，自己找吧。"客人好不容易找了个位置坐下，却发现桌椅破旧，桌布上还有许多污点和破洞，室内装修老旧，老式空调没有太多的凉意。半天才有服务员前来用脏兮兮的抹布胡乱地擦了几下桌子，用油腻腻的手端来餐具，白色筷子有些发黑，还是刚洗过未消毒的，餐具上面有破的小口，玻璃杯上印着手印，让人顿时没有了食欲。服务员拿上有些破旧的菜单，冷冷地对客人说，点菜吧。虽然菜价并不贵，但低劣的服务质量，服务员表情麻木、严肃、冰冷，服装不整洁、不统一，仪容仪表也未修饰，让客人感到饭菜价格再低也不值。

在餐饮市场激烈竞争的环境下，百年老店越来越萧条，最终被收购。

【思考】

如果你是这家百年老店的经理，你应该从提升餐饮服务的哪些方面入手才能挽救酒店。

【案例分析】

没有转变服务理念和服务质量跟不上这两个根本原因让百年老店惨败收场。

第二节　休闲餐厅服务

随着我国经济的发展，休闲餐厅规模在不断扩大，经营方式也在向集团化、连锁化和品牌化的方向发展，休闲餐厅越来越趋向增强文化气息、追求高雅、追求奇特和新意。消费者对餐厅服务的要求较高，服务质量是休闲餐厅生存发展的基础，只有不断完善服务体系才能在激烈的市场竞争中占据一席之地。

一、休闲餐厅

休闲餐厅是指为了适应休闲消费者所需，以休闲消费者的心理需求为导向，体现“休闲、舒适、意趣、品味”的一种餐厅类型。休闲餐厅以其舒适的就餐环境、特色化的菜点、独有的文化情调、轻松悠闲的氛围日益吸引着八方来客。

二、休闲餐厅的服务

（一）仪容仪表

休闲餐厅的服务给客人留下良好的印象主要来自服务人员的服务。服务人员的仪容仪表也是服务内容的组成，更是休闲餐厅内部环境的体现。（参照第三章内容）

（二）餐前准备

准备必需的餐用具，确保餐具清洁无破损。物品摆放有序，餐台摆放整齐美观。休闲餐厅尤其是以西餐为主题的休闲餐厅不要把所有的用餐餐具都摆放上，会给客人带来压力，违背了休闲惬意的宗旨。

（三）餐前服务

热情迎接客人，询问客人人数，需要吸烟区或非吸烟区，带客人来到餐桌前，应先询问客人是否对此安排满意并安排客人入座，否则再安排其他餐桌。客人入座前，应先替客人拉椅就座（遵循女士优先的规则）并为客人提供铺餐巾、点菜和酒水服务。服务时要兼顾多桌客人。

（四）酒水服务

详见第八章内容。

（五）餐食服务

1. 休闲餐厅经营的食物

休闲餐厅经营的食物既要符合大众口味，又要保留自己的特色，要和餐厅所秉承的休闲文化相协调，可以是中餐，也可以是西餐，或是中西合璧。制订菜单要根据目标顾客群体的不同，合理调整食品的营养结构以及品种、口感和外形等。例如必胜客就设计开发了丰盛餐、家庭餐、满意餐、浪漫餐、派对餐、开心餐、轻松餐和至尊套餐等多种套餐，以满足不同类型消费者的休闲餐饮需求。同时可以搭配一些辅助型的产品，例如海底捞会给老年人赠送“不求人”，给孕妇赠送“平安果”，给儿童赠送玩具等。

拓展阅读 5-4

2. 餐食服务规范

正确调整客人餐用具，尽量做到无声服务，用眼神和手势动作去传递信息；提供餐食与客人的点单内容要相符；菜的顺序要正确合理；餐食摆放正确，符合客人的进餐习惯；正确的服务调味汁；提供茶或咖啡的服务。用餐结束以后及时清理收尾，提高休闲餐厅的翻台率。

第三节　茶歇与下午茶

近年来，随着国民物质生活水平的不断提高，人们对美好生活的向往和追求日益凸显，不同时空下的茶歇与健康下午茶、个性化下午茶及特色下午茶的需求越来越多元化。从业者如何有效运用专业知识，正确辨识客人潜在需求，为客人提供与茶歇或下午茶相关品质生活的建议性服务内容，成为应对中高端人群休闲旅游消费诉求的主要内容。

一、茶歇

茶歇在国际饮食文化的基础上又广泛吸收和借鉴了其他艺术形式，并扩展到文学、艺术等领域，形成了具有浓厚地方特色的茶歇文化。茶歇包括主题呈现、台面布置、茶点搭配、餐具艺术、环境的选择创造及特色文化等一系列内容。

（一）茶歇的起源

美国心理学家华生首先提出“Break”的概念，即人们在工间休息时，享用一些食物和饮品，在缓解工作压力的同时，促进人际交往，有助于身心健康和工作效率的提升。茶歇因此而得到越来越广泛的认同和发展。

（二）茶歇的定义

茶歇是指工作、会议进行一段时间后安排片刻休息，工作人员或与会人士聚在一起享用茶点、水果，从而达到交流和放松身心作用的一种餐饮形式。

（三）茶歇的分类

（1）中式的饮品。包括矿泉水、开水、绿茶、花茶、红茶、奶茶、果茶、罐装饮料、微量酒精饮料，点心一般是各类糕点、饼干、袋装食品、时令水果、花式果盘等。

（2）西式茶歇饮品。一般包括各式咖啡、矿泉水、低度酒精饮料、罐装饮料、红茶、果茶、牛奶、果汁等，点心有蛋糕、各类甜品、糕点、水果、花式果盘，有的还有中式糕点。

（3）混合式茶歇。混合式茶歇是指不太局限于中式或西式传统的茶歇，如“空中茶歇”这股新风尚掀起于纽约，从曼哈顿、布鲁克林区到皇后区，无数栋大厦的楼顶花园摇身一变，成为早午茶的理想地点。除了可口佳肴，摩天大楼屋顶餐厅为食客们奉上观摩纽约的独特视角，成了一种流行。

（四）茶歇用品

茶歇用品包括点心及饮品要求、摆饰要求、服务及茶歇开放时间要求等，不同时段可以更换不同的饮品，调整点心的组合。

（1）茶歇专用茶。多选用红茶，但特色茶歇可选择普洱茶、绿茶、花茶（如洛神花茶、菊花茶），咖啡和软饮也可以摆放。

（2）茶歇的点心分类及器皿。通常准备三款点心三款水果，用瓷器或玻璃器皿盛放，点心口味通常是两款甜点，一款咸点。

（3）特色茶歇会在点心选择上采用特色或主题性更强的多变性点心款式，有的还会在点心上喷绘有趣或有代表意义的 logo 或其他图案，使甜点更加赏心悦目，也能更好地突出主题。

图 5-7　茶歇场景

图 5-8　奥迪科技主题茶歇

（五）茶歇服务形式

通常是采用自助式服务，人们通常是走动或站立式品尝，普通工作及会议茶歇时间比较短，通常是 15~30 分钟。

（六）茶歇服务流程

1. 环境布置及台面设计

活动开始前 2 小时需要清洁区域卫生；活动前 1 小时需要完成台面装饰及布置；活动前半小时完成所有活动主题元素呈现工作；台面设计需要紧扣主题元素，器皿或台布颜色及装饰 logo 等都是主题呈现的要素。

2. 茶歇准备工作

茶歇准备工作主要是清洁服务区域卫生，如：检查设施设备运作情况及茶歇工作台是否完好；清洁下午茶或茶歇所需餐盘器皿；提前与客人沟通下午茶时间是否正常进行；通知点心房出品点心及水果；检查所有出品是否新鲜；咖啡豆是否充足；确认杯具果叉和糖缸奶盅备料充足；活动前 10 分钟是否已经完成洗茶步骤，餐品是否有标识及过敏源提示等。

3. 咖啡饮品服务

迎客站立准备（要求：面带微笑、仪容仪表整齐、规范着装、放背景音乐）；迎接客人并轻声问候，手势指引并为客人制作咖啡或斟茶；提供茶歇服务，适当指引客人各类饮品的位置并及时给予帮助；适时为客人介绍特色饮品，与客人短暂交流沟通，全程面带微笑。

4. 点心水果服务

迎客站立准备（要求：面带微笑、仪容仪表整齐、规范着装、放背景音乐）；迎接客人并轻声问候，手势指引并为客人取各式点心或水果；提供餐品服务，适当指引客人各类点心的位置并及时给予帮助；适时为客人介绍特色点心或水果，与客人短暂交流沟通，全程面带微笑。

5. 补台服务

根据茶歇所提供的饮品、餐点以及我们所掌握的 VIP 资料为客人服务；及时关注奶缸或糖缸的用量（适时添加），切忌空缺；检查茶水或热饮的温度是否适宜，并及时更换；观察点心餐品的用量，只有三分之一时要及时通知厨房补充添加；及时补充纸巾和杯具餐盘等。

6. 清洁和恢复工作

随时关注餐台状态，发现客人取餐掉落食物时需要对餐点及时清理；地面遗落的食物或客人滴洒的咖啡及饮品污渍要使用纸巾或抹布及时清洁；餐台附近的脏盘用具尽快收拾运走；活动结束时，需要整体清洁服务区域，包括地面、台面、餐饮具等。

（十）主题茶歇设计注意事项

主题茶歇设计需要注意以下几个方面：

1. 点心和茶饮方面

适当增加当地特色甜品或点心，饮品可考虑当地的茶饮或生态植物饮品类；点心、水果及饮品的选择或呈现方式：点心及饮品的选择是否考虑不同年龄段客人需求；点心是否呈现当地特色文化和美食风格特点；当地饮品是否具有代表性或特殊性。

2. 茶歇台面设计方面

主题茶歇名称要求主题鲜明，符合客人需求，突出特色主题，以呈现当地民族文化为主题，从台布、器皿、摆设元素、服务形式等都可以带入当地文化。茶歇台面设计风格突出主题并具有创意性，主要考虑台布的质地选择或安全性；台面装饰的物品或构件是否合理；台面设计是否最大化呈现特色主题文化；台面是否有效规避客人禁忌或本土文化。主题茶歇器皿要求紧扣主题呈现，器皿的功能、色彩与食物搭配要和谐，同时注意器皿的安全性或创意性。

3. 服务方面

在保证清洁安全和卫生的基础上，注重国际化服务标准。在服务中与客进行互动沟通，解析当地特色文化和美食由来，让客户深层次了解美食和民族文化的魅力，提升宾客体验和即时带入感；了解客人对美食的一些基础常识和忌讳的饮食习惯；考虑客人对本地的饮食文化的接受程度或求知欲；考虑客人年龄导致的不同饮食需求；分析客人心中所想，包括对酒店服务品质的体验与美食的接受度及当地文化的契合点；考虑或了解客人对主题茶歇接受的价格标准等。

图 5–9　多肉下午茶点

图 5–10　特色玫瑰花茶歇

实训 5–1

请根据上述内容和以下场景，进行茶歇设计的实训：

【场景】

今天下午大堂吧迎来了 3 位女士，她们是在酒店开会的客人，散会后想休息一下，大家想一起好好聊聊天，按照行程安排明天她们将离开酒店。

酒店大堂吧近期在做的主题茶歇是多肉下午茶、本地特色下午茶；酒店云集市提供各类当地特产和传统糕点并提供邮寄服务。

【解析】

作为大堂吧服务员，我想要为客人提供优质下午茶服务和增值销售等服务，我马上迎接客人及时为她们提供服务。

首先我用标准服务流程把客人引入相应的座位，微笑并清晰简洁地为客人介绍饮品种类和特点。一般来说客人比较习惯常用的饮品，感觉没有尝试新产品的愿望。我不想放弃，于是我仔细和客人交流的同时，通过不断地观察细节，最后成功地实现了我对三位客人的服务目标，成功地让客人尝试了特色下午茶和购买了云集市的特产，同时我的专业技能和热情服务也获得了客人的高度认可和好评。

二、下午茶

（一）英式下午茶起源

下午茶起源于17世纪，当时英国上流社会的早餐都很丰盛，午餐较简便，而社交晚餐则一直到晚上8时左右才开始，人们便习惯在下午4时左右吃些点心、喝杯茶。

下午茶更被视为社交的入门、时尚的象征，是英国人招待朋友、开办沙龙的最佳形式。英国贵族赋予红茶以优雅的形象及丰富华美的品饮方式。享用下午茶时，英国人喜欢选择极品红茶，配以中国瓷器或银制茶具，摆放在铺有纯白蕾丝花边桌巾的茶桌上，并且用小推车推出各种各样的精制茶点。至于音乐和鲜花更是必不可少，并且以古典为美，曲必悠扬典雅，花必清芬馥郁。

英国人最喜爱的下午茶多集中在下午3时到5时半之间，在幽雅的氛围里往往可以让人们感受到心灵的祥和与家庭式的温暖，从而舒解一天的疲劳。

（二）中式下午茶由来

虽然下午茶的习俗起源于英国，但是从茶文化发源来讲，最早于下午喝茶的民族，理应是以茶文化著称的中华民族。我国历代文人雅士更是对下午茶和茶点情有独钟。只不过在西方文化的冲击下，中式下午茶渐渐被人们忽视。而今，随着中华传统文化的复兴，使得中式下午茶也悄然兴起。一壶龙井配上一碟干果或点心，中式园林中半眯着眼听咿咿呀呀的昆曲，中国美的古典韵味便融入了茶香中；抑或是泡一壶工序烦琐的工夫茶，在小杯小盏中体味苦尽甘来，口中茶香，回味无穷。

（三）下午茶的用品

1. 下午茶标准配备器具

传统器皿组成：瓷器茶壶（两人壶、四人壶或六人壶，视招待客人的数量而定），滤匙及放筛检程式的小碟子；杯具组；糖罐；奶盅瓶；三层点心盘；茶匙；七寸点心盘；茶刀（涂奶油及果酱用）；蛋糕叉；茶渣碗；餐巾；鲜花；保温罩；木头拖盘（端茶品用）。由于现代生活节奏的需求和下午茶的地方多元化，器皿种类也有一些减少或替代。

2. 点心类型

三层点心瓷盘装盛，第一层放三明治，第二层放传统英式点心Scone（烤饼），第三层则放蛋糕及水果塔。

3. 专用茶

通常选用大吉岭与伯爵茶、锡兰茶、传统口味纯味茶。

4. 茶桌布置及氛围营造

手工刺绣桌巾或托盘垫是维多利亚下午茶很重要的配备，因为这象征着维多利亚时代贵族生活的重要家饰物。茶桌的摆饰、食具、茶具、点心盘等都非常讲究。在摆设时利用花、漏斗、蜡烛或在餐巾纸上绑上缎花等，都是很好的装饰方式。再放首优美的音乐，此时下午茶的气氛便营造出来了。不过现在的下午茶用具已经简化不少，很多烦冗的细节就不再那么注重了。

（四）下午茶礼仪

以传统英式维多利亚下午茶基本礼仪为例：

1. 时间

喝下午茶的最正统时间是下午四点钟（就是一般俗称的 Low Tea）。

2. 着装礼仪

在维多利亚时代，男士是着燕尾服，女士则着长袍。现在每年在白金汉宫的正式下午茶会，男性来宾仍着燕尾服，戴高帽及手持雨伞；女性则穿洋装，且一定要戴帽子。

3. 服务礼仪

通常是由女主人着正式下午茶服装在家中亲自为客人服务。现在随着时代的发展，通常在私人花园或高端会所或酒店举行，大多使用专业人员服务。服务员规范优雅的着装、女士着淡妆、举止得体的服务，为下午茶的整体感觉增色不少。

4. 食用茶点礼仪

英国人对茶品有着无与伦比的热爱与尊重，是一种绅士和淑女风范的体现。正统的英式下午茶点心一般是用三层点心瓷盘装盛，第一层放三明治、第二层放传统英式点心 Scone、第三层则放蛋糕及水果塔。

茶点的食用顺序应该遵从味道由淡而重，由咸而甜的法则。从三层点心盘的最下层往上，先尝尝带点咸味的三明治，让味蕾慢慢品出食物的真味，再啜饮几口芬芳四溢的红茶；接下来是涂抹上果酱或奶油的英式松饼，让些许的甜味在口腔中慢慢散发；Scone 饼的吃法是先涂果酱、再涂奶油，吃完一口、再涂下一口，可直接用手拿取，不需要使用刀叉；最后才将甜腻厚实的水果塔及芝士蛋糕一点一点放入口中，让甜蜜慢慢升腾。

（六）茶歇与下午茶服务及出品特征

表 5-1　茶歇与下午茶服务及出品特征对比

	茶歇	下午茶
器皿	以瓷器、陶器或特色异性器皿为主	玻璃或藤制、木质点心架、瓷器饮具
风格	主题鲜明、个性化、特色多样性	奢华、讲究、优雅、温馨
茶饮品类	红茶、绿茶、花茶或咖啡及少量软饮（或普洱及养生茶）	大吉岭红茶与伯爵茶、火药绿茶、锡兰茶、传统口味纯味茶
点心特点	中西式搭配、甜咸类、水果	第一层三明治，第二层传统英式点心Scone，第三层蛋糕及水果塔
服务形式	站立式、自助形式品尝	多为坐式，配送点心服务形式
准备工作	清洁茶具、高温消毒、洗茶、润茶、布置茶台、氛围营造	清洁茶具、高温消毒、洗茶、润茶、布置茶台、氛围营造
服务流程	问候迎接客人、领座、问茶、服务、结账、送客	问候迎接客人、领座、斟茶、点心服务
特点	时间短、轻松随意、自由灵活	时间长、温暖和谐、社交性比较强

第四节　地方特色餐饮服务

在旅游出行中体验不同地区的饮食文化，品尝地方特色美食，是旅游者参与旅游活动的重要组成部分。我国地大物博，因地理环境、气候物产、文化传承、风俗习惯、烹调工艺等差异，形成了特色鲜明、地域风味众多的饮食风味流派及特色餐饮服务。

一、地方特色餐饮的划分

休闲旅游餐饮是休闲文化和餐饮文化的有机融合，我国地方特色餐饮因地域饮食文化的多样性、独特性在休闲旅游餐饮服务中有着重要的作用。

（一）地方菜的概念

地方菜又称为乡土菜、地方菜系，古时也称帮，是指在一定区域内，因气候、特产、历史条件、饮食习惯的不同，经过漫长的历史演变而形成的风格各异、地域特色鲜明的饮食风味流派。地方菜是中国菜肴的主体，是构成中国菜的主要组成部分。①

（二）地方菜的划分

在中国饮食体系中地方菜区域性的划分方式很多，但习惯上的划分方式主要有按饮食文化圈划分、按地方行政区域划分和按地方菜系划分等三种。

1. 按饮食文化圈划分

饮食文化圈是指由于地域、民族、习俗和信仰等原因，经过漫长的历史形成的具有独特风格的饮食文化区域。

中国区域饮食文化圈分别为：东北地区饮食文化圈、中北地区饮食文化圈、西北地区饮食文化圈、黄河中游地区饮食文化圈、黄河下游地区饮食文化圈、京津地区饮食文化圈、长江中游饮食文化圈、长江下游地区饮食文化圈、西南地区饮食文化圈、东南地区饮食文化圈、青藏高原地区饮食文化圈、素食文化圈。②

这种划分方式其地域分布的基本现状和饮食文化的地域性并非以行政划分的，而是从历史和自然的角度出发，各个饮食文化圈既相互独立，又相互渗透。

2. 按地方行政区域划分

按照我国行政区域划分，中国饮食体系地方菜分别有：华东地区（包括山东、江苏、安徽、浙江、福建、上海）；华南地区（包括广东、广西、海南）；华中地区（包括湖北、湖南、河南、江西）；华北地区（包括北京、天津、河北、山西、内蒙古）；西北地区（包括宁夏、新疆、青海、陕西、甘肃）；西南地区（包括四川、云南、贵州、西藏、重庆）；东北地区（包括辽宁、吉林、黑龙江）；台港澳地区（包括台湾、香港、澳门）。③

3. 按地方菜系划分

按地方菜系划分是最为常见的划分方式。地方菜系具有明显的区域性，可以反映出这个区域的烹饪技艺、饮食习俗等。其中最有影响和代表性的有：鲁、川、粤、苏、闽、浙、湘、徽等风味流派。

---

① 邓敏．餐饮服务与管理［M］．北京：旅游教育出版社，2018：3.

② 邵万宽．中国饮食文化［M］．北京：中国旅游出版社，2016：125.

③ 邵万宽．中国饮食文化［M］．北京：中国旅游出版社，2016：126.

二、地方菜风味流派选介

案例 5-2

东坡肉

东坡肉，杭州名菜，流行于江浙，相传为北宋诗人苏东坡所创制。苏东坡在杭州做官时，浚湖筑堤，百姓为了感谢苏东坡，纷纷杀猪担酒赠给东坡先生以表谢意。苏东坡把百姓送来的肉指点厨师按照烧肉的方法烹制成菜，烧出的肉特别香美可口，回赠给参加抗洪的黎民百姓。人们传颂苏东坡勤政爱民，就把为此烹制出来的猪肉称为“东坡肉”。

【思考】

小组讨论，说一说你知道的地方菜的典故或传说。

（一）四川菜

四川菜主要以成都、重庆、自贡等地方风味菜构成，具有取材广泛、调味多变、菜式多样等特点。尤以味型多样、变化巧妙而著称，调味多用三椒（花椒、辣椒、麻椒）以麻、辣、鲜、香为特色；烹法以小煎、小炒、干煸、干烧见长；菜的风格朴实而又清新，具有浓厚的乡土气息。享有“一菜一格，百菜百味”的美誉。

四川菜代表菜肴有：宫保鸡丁、鱼香肉丝、回锅肉、开水白菜、麻婆豆腐、辣子鸡、酸菜鱼、水煮鱼、毛血旺、夫妻肺片、重庆火锅、怪味鸡、灯影牛肉等。

（二）山东菜

山东菜主要以济南、胶东、济宁等地方风味菜构成，山东菜技法独特重视火候，烹法多样，善于用料，擅长爆、炒、烧、扒、拔丝，尤其以爆、扒见长；善于制汤用汤；沿海地区烹制海鲜有独到之处；味型以咸鲜取胜，善于用葱香调味。孔府菜精烹细作，技法多样，菜品讲究。

山东菜代表菜肴有：油爆双脆、德州扒鸡、九转大肠、糖醋黄河鲤鱼、炸蛎黄、一品豆腐。

图 5-11　宫保鸡丁

图 5-12　九转大肠

（三）广东菜

广东菜主要以广州、潮州菜、东江等地方风味菜构成，广州菜用料广博奇杂，配料多而巧，口味讲究鲜、嫩、滑爽、生脆，具有热带风情与滨海饮膳特色；技艺精良，善于变化，刀工考究，善于制汤；大菜华贵，点心精巧，花色品种丰富；有“食在广州”之说。

广东菜代表菜肴有：脆皮乳猪、盐焗鸡、靓汤、沙律大龙虾、潮州卤鹅、东江酿豆腐。

（四）苏州菜

苏州菜主要以淮扬、金陵、徐海、姑苏等地方风味菜构成，选料讲究鲜活、鲜嫩；刀法精妙，注重刀工、火工和造型；烹法擅长炖、焖、煨、焐、蒸、烧、炒；口味清淡，注重本味，重视调汤，风味清鲜。

苏州菜代表菜肴有：金陵烤鸭、霸王别姬、松鼠鳜鱼、清炖蟹粉狮子头、三套鸭、叫花鸡、虾仁珊瑚、海底松炖银肺、霸王别姬等。

图 5-13　烤乳猪

图 5-14　清炖蟹粉狮子头

三、地方风味小吃

随着近年来休闲市场的活跃，全国各地许多城市都陆续兴建小吃街、小吃城、小吃餐厅。小吃经济的日益发展，是一个地区休闲旅游经济发展不可或缺的重要特色。

（一）小吃的概念及特点

1. 小吃的概念

小吃是指在口味上具有特定风格特色的一类食品的总称。① 小吃的类型十分丰富，遍及粮食、果蔬、肉蛋奶等类型，味型多样，热吃、凉吃吃法不一。

2. 小吃的特点

（1）就地取材，物美价廉。小吃的原料大部分就地取材，容易取得，制作程序相对粗简、快捷、易行的特色食品，价格往往较低，显得“好吃不贵”。

（2）品种多样，经营方式灵活。小吃有极强的季节性，随冷热的变化而变化，如春天的春卷、夏天的凉粉等。小吃还有专一的节日性，如粽子、月饼、年糕、汤圆等。小吃在经营方式上灵活多样，有正餐主食类，也有作为早餐的早点、茶点，筵席配置的席点，以及作为喜庆或节日礼物的礼品等。小吃进食的环境、形式没有较正式的要求，显得随意自然，如休闲餐厅、街边小摊、小吃城等。

（3）地域特色鲜明。小吃受原料产地的制约具有鲜明的地域特色，如北方流行面食，南方流行米食。由于地理气候的原因，如粤港一带流行带汤小吃，主要是因为那里气候炎热，人体水分流失较多，需要及时补充水分。四川、云贵一带流行吃辣，是因为当地气候潮湿，需要用热辣来驱潮去湿。

（4）具有独特文化内涵。小吃由于蕴含形形色色的传说典故，会形成独特的文化特色吸引食客。小吃品味的是味道，感受的是当地文化特色民俗风情，体验人文环境和氛围。如四川的担担面、广州的奶黄包、云南的过桥米线等。

（二）小吃的分类

1. 按区域分类

小吃按区域分有东北、华北、西北、华东、华中、华南及西南等。

2. 按小吃的功能分类

小吃按功能分为早点小吃、夜宵小吃、便餐小吃、休闲小吃、养生小吃

① 冯玉珠. 饮食文化与旅游［M］. 北京：化学工业出版社，2014：51.

等，或分为年节小吃、祭祀小吃、习俗小吃等。

3. 按地方城市分类

各地小吃都以城市为代表，如北京小吃、成都小吃、重庆小吃等。

（三）城市休闲小吃选介

1. 北京小吃

北京小吃主要由汉、回、满、宫廷等风味特色小吃组成，小吃用料广、品种多、做工细。北京小吃的叫卖声运腔自如、韵调优美、形象生动，北京小吃的叫卖文化与北京小吃文化一样，富有浓郁的地方特色。汉族小吃以猪肉为主料，风味突出，其代表品种主要有三鲜烧卖、天仙居炒肝、合义斋灌肠、景泉居苏造肉、小陈肠卤煮小肠等。回民小吃讲究品种配套，如老豆腐配火烧、豆腐脑配芝麻烧饼、馅饼配小米粥、焦圈配吊炉烧饼，另外还有奶酪、奶卷、奶饽饽等。宫廷小吃重视配方和造型，以精取胜，名品有小窝头、芸豆卷、栗子糕等。

2. 上海小吃

上海小吃吸取了各地风味小吃精华，几乎包括了全国各主要地方的特色，并加以发展和提高，形成清淡、鲜美、可口的风味特色。上海小吃特点是品种繁多，兼具南北风味；选料严谨，制作精细；四季分明，因时更变；供应方便灵活。上海特色小吃有生煎包、城隍庙的南翔馒头、排骨年糕、虾茸馄饨、高桥粽子等。

图 5–15　卤煮火烧

图 5–16　生煎包

3. 苏州小吃

苏州不仅风景美丽，是绝佳的旅游胜地，也有很多美味的小吃。苏州小吃历史悠久，制作精巧细致，造型精美，品种多样，味道香甜软酥糯。苏州特色小吃有小馄饨、糖粥甜、鱼味春卷、苏式月饼、枫镇大面、哑巴生煎、蟹壳黄等。

4. 广州小吃

广州小吃起源于宋元，盛在明清，常在茶楼、酒店、大排档供应。广州小吃种类繁多，用料精，烹法多，造型精细，各具特色，点心则更为讲究，有日常点心、节日点心，有四季点心按季节轮换上市，还有旅行点心、招牌点心等特色风味小吃。在广州小吃中较为著名的有肠粉、马路糕、炒河粉、叉烧包、鲜虾饺、艇仔粥、鸡仔饼等。

图 5–17　鲜肉月饼

图 5–18　肠粉

5. 成都小吃

巴山蜀水，人杰地灵，物富年丰，给四川小吃的形成和发展奠定了雄厚的基础。成都小吃以选料严谨，制作精细，味道多变，口味清鲜醇浓并重，善用麻辣见长，注重色、香、味、形的配合著称，以汤取胜，讲究制汤。并以蒸点、汤点、酥点为擅长，品种繁多。成都小吃物美价廉，深受各地人们的喜爱，有“成都小吃甲天下”的美誉。著名的小吃举不胜举如担担面、赖汤圆、龙抄手、钟水饺、小笼蒸牛肉、夫妻肺片、珍珠圆子等。

6. 云南小吃

云南小吃用料广博、品种丰富、技艺精、造型巧，口味特色鲜明。云南小吃品种繁多，有沿街摆摊的，如烧饵块、抓抓粉、煎米浆粑粑、炸豌豆粑粑、烤乳扇、烧石屏豆腐、米凉虾等，只要置一火炉现烹现吃，或将成品置摊摆出，非常方便；同时还有坐店经营的如米线、面条、包子、油条、卷粉、凉粉，现烤即售的酥点等。

图 5–19　担担面

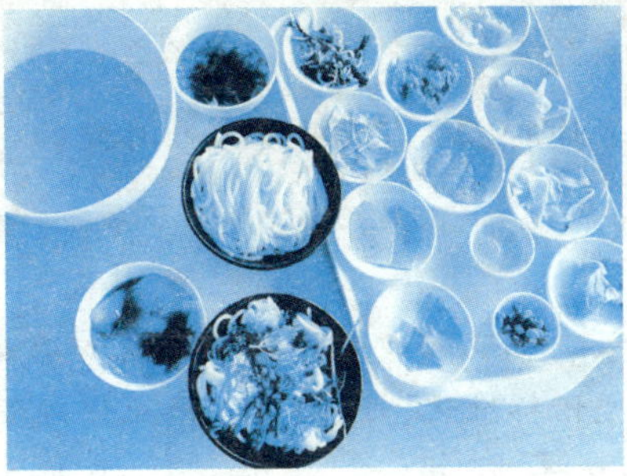

图 5–20　过桥米线

案例 5–3

小吃做成大产业

清晨，天还没亮，位于江苏苏州市城北西路上的沙县小吃店已蒸腾起热气。6 点多，店里迎来了第一拨顾客。店主彭茂清挑起一团肉馅，折进薄面皮，手指翻转间，一粒扁肉便已成形。在沸水中滚三滚，再捞至熬制的高汤中，撒上葱花，一碗沙县特色小吃被端上了桌。“一天下来，营业额能超过 4000 元。”彭茂清说。

彭茂清的老家，福建省三明市沙县夏茂镇，有近 3 万名外出开店的沙县小吃店主。1999 年，刚毕业的彭茂清原本没打算经营小吃，“不确定能不能赚钱”是当时他与一些沙县老乡的共同想法。2000 年，沙县开始发展以小吃业为支柱的第三产业，努力使之成为新的经济增长点，形成了干部带头、政策扶持、百姓走南闯北开小吃店的局面。“消费市场的变化倒逼沙县小吃转型升级。”沙县小吃产业发展中心副主任张鑫介绍。一番调研后，2015 年起，沙县县委和县政府牵头，依托沙县小吃集团，推进“标准化管理、连锁化经营、产业化发展”。随后，彭茂清重回沙县培训，学习经营管理。他的苏州加盟店改造完成后，第一个月营业额上涨了近 50%。如今，沙县小吃在各地已拥有门店 8.8 万家，年营业额 500 亿元以上，辐射带动就业超 30 万人。

〔资料来源：人民日报 . 小吃做成大产业（奋斗百年路 启航新征程 · 同心奔小康）[EB/OL] . [2021–04–10] . https://baijiahao.baidu.com/s?id=1696599618567579944&wfr=spider&for=pc. 〕

【思考】

你的家乡有哪些受大众喜爱的小吃？这些小吃的经营方式是怎样的？

【案例分析】

小吃成为沙县第三产业支柱，成为新的经济增长点，是大产业。沙县小吃凭借标准化、连锁化、产业化经营方式，成为中国饮食行业的新兴产业。

四、地方特色餐饮服务

地方特色餐饮服务场所种类繁多，各地经营形式也不尽相同，有供应地方菜肴的风味餐馆如川菜馆、粤菜酒楼、徽菜馆等，也有供应海鲜、烧烤及火锅等不同特色菜肴的餐厅；有出售地方糕点、小吃等风味食品为主的餐厅，还有经营多种休闲食品、营业时间不定的茶餐厅。餐厅服务工作的内容因餐厅种类、经营项目以及餐厅档次的不同，服务也有所区别。

（一）川式火锅服务

川式火锅作为典型的休闲地方餐饮，以调味多变、麻辣鲜香、用料广泛、制作精细、气氛浓烈、养身健体成为众多食客青睐的美味佳肴，消费群体涵盖广、人均消费次数多，都是其他菜肴不能相比的。川式火锅的服务程序：

1. 餐前准备

餐前需检查卫生、火锅器具、电气、锅圈内的水量、餐具、杯具、基本调料等设备是否完好、餐具与原料是否齐全；对订餐顾客做到“八知三了解”；按照餐厅摆台的要求和标准将餐台摆放整齐。

2. 迎宾服务

按要求在规定的区域站立迎宾。迎宾时服务人员需微笑、热情招呼顾客，咨询是否有预订，了解就餐人数、姓名等信息，引领顾客入座。要根据顾客数增减餐具。

3. 餐前服务

顾客入座后，呈递热毛巾（餐巾纸）等，递上菜单，及时为顾客沏茶倒水，请顾客用茶。顾客点菜时，介绍本餐厅的特色菜及酒水、小吃等，做到合理点菜。在填写点菜单时，写清日期、桌号、用餐人数及品名，还要询问特殊菜品的要求等信息。顾客点菜过程中，先将顾客选择好的锅底通知到厨房。下单前应向顾客重复所点菜品，并请顾客确认。之后询问顾客是否可以起菜，及时通知厨房。

4. 餐中服务

顾客点菜后按照菜单上锅、点火、上油碟等，为顾客斟酒；出菜时应先荤后素，摆菜时不要将菜盘重叠放置，并告知顾客特色菜品的烫食方法。所点菜品上齐后要告知顾客“菜已上齐”。席间要观察火力的大小，及时调整火力大小，观察汤量及时添汤，做好为顾客加菜服务，及时更换骨碟及小毛巾等，随时保证台面的干净整洁。

5. 结账服务

顾客结账时，应仔细核对好菜单，待顾客确认无误后，将菜单交给收银台进行结算。

6. 送客服务

为顾客拉椅并适时协助离座，视情况取送衣帽等物品。提醒顾客带好随身物品，并使用礼貌用语送别顾客。

7. 收尾工作

按照程序关气阀关炉具开关，及时清理桌面上的餐具、用具等并分类送回厨房清洗，按照餐厅要求迅速清理好台面和地面。

（二）广州茶市服务

茶市服务是指服务人员接待宾客饮茶、吃点心的一整套服务工作。茶市源于广东地区。近年来，各地的饭店开设茶市已较为普遍，茶市已成为宾客休闲、聚谈或接待好友的独特之地。茶市除早茶、午茶之外，还有夜宵。茶市主要由茶水、茶食、茶菜、茶点组成，其中茶水和点心必不可少。茶市的供应以巡回推卖式和专柜摆卖式较多。茶市服务程序如下：

1. 餐前工作

首先，要认真做好餐厅地面、家具、棉织品及餐具等清洁卫生工作，按要求规范摆台。按照要求将餐饮用具备齐、备足，如托盘、笔、点心卡、开瓶器、茶叶、开水、干果、小毛巾以及各式推卖车（干点车、蒸点车、冷菜车等）。其次，注重仪容仪表，仪容仪表要整洁、得体。

2. 开茶服务

迎宾员应热情问候顾客、用合适的方式称呼顾客，根据需要引宾入座，并问清宾客数及茶品。顾客点茶后，服务人员要将日期、桌号、人数等基本信息填写在点心卡上，并将卡递交给顾客。接着服务员应为宾客斟倒第一杯礼貌茶，随即为顾客送上茶食（各类干果、点心等）。

3. 茶点服务

送茶上桌后，可以向有需要的宾客介绍当天供应的点心品种，根据宾客所需填写于该餐桌的点心卡上。各类品种的干点车、各种粥品湿点车以及蒸有各式包子的蒸点车等，巡回推卖，宾客可以随时指点取食，服务人员应礼貌招呼顾客，随叫随到，及时快捷地做好茶点服务。

4. 餐中服务

在宾客品茶过程中，服务员要做到勤巡视，主动热情地及时满足宾客的不同需求。服务中要注意勤添开水，一般情况下，当顾客将茶盖搁在茶把边上时，服务人员要立即上前添加开水；勤理餐台，及时清理，做到桌面的整洁。

5. 结账服务

宾客提出结账时，服务人员仔细核对账单，保证账单准确无误。

6. 送客服务

餐毕，若宾客还有多余点心等需要带走时，服务人员应提供食品袋进行打包，打包时注意卫生操作。宾客离座时，要提醒宾客不要遗留随身物品，并向宾客热情道别。

（三）花式铁板烧服务

为满足人们休闲餐饮的生活方式，餐饮业经营的模式不断地创新，铁板烧改变了传统的烹饪形式，现场烹制，在厨师刀叉的挥舞下，让宾客在进餐的同时与厨师进行交流，将味觉与视觉相结合，让宾客体验到花式铁板烧厨艺精湛的魅力和最尊贵的餐饮享受。

1. 餐前服务

检查卫生、餐具、杯具、铁板菜品及各种小料等是否齐全，所有使用的工具是否摆放整齐和全面，进行归类。检查电气等设备是否完好。

2. 餐中服务

接单后，核对菜品名称及种类和数量，现场烹制时注意检查风机是否工作正常，介绍不同原料的烹制方法，态度和蔼，热情礼貌地为宾客服务，现场烹制过程中把握菜品质量和服务质量，装盘要美观大方。

3. 餐后服务

用餐完毕，提醒宾客不要遗忘随身物品，并向宾客热情道别。将所用工具进行归类，做好清洁卫生，以便翻台。

第五节　民族特色餐饮服务

十里不同俗，百里不同味，中华民族的餐饮内容丰富多彩，不同民族的食物来源、烹制方法、进食礼俗、餐饮器皿等特色分明，并在历史、地理、经济、环境等条件下，形成了各民族自己独特的餐饮文化。掌握民族特色餐饮相关知识，让宾客在享受美酒佳肴的同时，亦能感受餐饮服务人员的餐饮文化，从而达到服务工作的较高境界，确保酒店的服务品质和声誉。

一、民族特色餐饮的特征

民族特色餐饮服务是指顾客在富有浓郁的民族文化和民族风味的餐厅就餐过程中，由餐厅工作人员利用餐饮服务设施向顾客提供菜肴饮料等餐饮产品服务的全过程。[①] 这里的民族特色餐饮主要指具有少数民族特色的餐饮。

我国地域广阔，民族众多，各民族所处的社会历史发展阶段不同，居住在不同的地域，形成了风格各异的餐饮习俗。少数民族餐饮以其独特的烹制方法和著名的菜点、餐饮习俗等文化传承性深受人们青睐，特色鲜明。我国民族特色餐饮的主要特征如下：

（一）原料丰富，取材广泛

我国地域广阔，各地域的水土、气候、自然环境造就多种生物生长与繁殖，物产广泛造就了食材原料的丰富性，以游牧畜牧业为主的民族习惯以牛羊肉奶为原料，以农业为主的民族北方主要是以面食为主，南方以大米为主。浩瀚无垠的沙漠盛产骆驼。居住在山林中的民族喜食野菜、蘑菇、木耳等菌类食品及山鸡、野兔等飞禽走兽。沿海及长江流域、靠近水域的民族地区盛产水产原料藕、鱼、虾、蟹、藻等。正因为食材原料的广泛，故而餐饮食品丰富多彩，形成了多种多样的饮食风尚，满足不同人群的餐饮需求。

（二）选料讲究，口味独特

食材原料的选择，会直接影响菜肴的品质。优质的食材是菜品质量的保证。民族菜肴对食材的选择十分讲究。各民族擅长选用本地优质食材，西北多牛羊，东南多瓜豆，沿海重鱼鲜，内地多禽蛋。每一种菜品对选料有十分

① 樊平 . 餐饮服务与管理［M］. 北京：高等教育出版社，2012：2.

严格的要求，如内蒙古的“烤全羊”，是内蒙古的传统名菜，它必须用生长在内蒙古草原天然牧场中两岁的肥美健壮的肥尾羯羊来制作。各民族在长期的生活实践中创造了多种佳肴，其菜品构成复杂，菜品繁多、特色鲜明、口味独特。因烹饪与制作工艺的不同，同类食材做出的佳肴口味也有所区别。

（三）烹法多样，器具独特

经过人们长期生活实践和餐饮从业人员不断创新，民族餐饮形成了具有地方特色浓郁的烹饪制作加工方法和独特的餐饮器具。鄂伦春族人古法煮肉采用“吊烧”烹饪方法，即先将动物的胃清洗干净装入水和肉，放到火上烤制，成品可口鲜美。民族餐饮在烹制菜点时还运用了烤、煮、炖、氽、涮、蒸、溜、冻、卤、腌、熏以及其他菜系的烹饪方法，烹制出形态各异、色彩丰富的美味佳肴。

古人云“美食不如美器”，精美的菜点与少数民族特色的器具完美结合，相映成趣，相得益彰，能更好地衬托出菜点的色、香、味、形、意，使宾客得到独特的民族文化熏陶和艺术享受。

（四）传承民族特色文化，兼收并蓄

由于我国古代经济水平的限制，少数民族地区所居地域环境的相对封闭，饮食文化的传播与发展相对滞后，从食材的品种到生产、加工以及烹制技法，主要是靠代代相传来沿袭。民族特色风味的形成，集中反映了其区域饮食风格和悠久的历史传承。

“通融性”与“传承性”是相对而言的。民族地区也会受到人口流动、民族迁徙等历史原因的影响，民族饮食文化体现出融合的特征。随着社会经济的全面发展，区域文化间的融通越来越明显，各种特色菜肴在文化交流与碰撞中愈加精致美味。好多民族菜肴在自己传统基因的基础上，借鉴优良基因，表现出“迷宗菜”的特质。例如，新式蒙餐烤全羊借鉴了北京烤鸭的烹饪方法和食用方法，采用独特的制作工艺制作而成。

（五）地域气息浓郁，文化鲜明

各少数民族由于所处的地域、环境、物产、宗教信仰等不同，形成了自己独特的饮食习俗和爱好，并最终形成了与本民族文化相关的鲜明的、独具品位的餐饮文化。例如，由于气候寒冷，生活在东北地区的少数民族赫哲族，常年以狩猎为主，其最突出的要数“全鱼宴”。居住于新疆的维吾尔族，常做一种在火坑中烤制的面饼的主食——“馕”，这种主食由于其易于制作、便于携带、久存不坏，非常适合游牧生活需求。云南是盛产竹子的地区，傣族人民利用竹子幼秆烧制的竹筒饭，香味可口，其营养价值极高。

二、民族特色餐饮选介

案例 5-4

烤全羊

内蒙古烤全羊是诈马宴上不可或缺的美食。烤全羊选用粗毛羊或绵羊，宰杀后褪毛，在皮外刷一层糖浆和油风干后暗炉焖烤。应将烤制完成的全羊蹲卧于专制木盘内，由专人抬至宴席上。由祝颂人吟唱与宴会主题相符的祝词，一般要唱赞歌敬酒三巡，以调动宴会现场气氛。主人专门向执刀割肉、招待顾客的长者（或厨师）敬酒一杯之后，长者（或厨师）可以先动刀割肉。长者（或厨师）接过蒙古刀，在羊头的前额划个"十"字，从羊的脑后、嘴角两边、两个耳朵、两个眼眶、脖颈、硬腭上割下几块肉，再把羊头转向主宾。主宾端起羊头回赠主人；主人端过一个空盘，接过羊头和长者（或厨师）割下的部位，敬奉天地。主人（或厨师）按各个关节卸开烤全羊，并按照蒙古族既定规矩迅速摆好。服务员拿来放置多把刀子的小型木盘，供宾客使用。所有宾客依照传统用刀子切割着食用。

【思考】

向同学们介绍一下你还知道哪些民族的特色餐饮形式？

（一）蒙古族特色餐饮

蒙古族的传统食品以颜色可分为"红食""白食""紫食""青食"和传统饮品。蒙古族的乳及乳制品称为"白食"，蒙古语称为"查干伊得"。蒙古族尚白，白食被认为是圣洁、纯净的食品，有高贵吉祥之意，宴席大小都以白食开始。牛羊肉食等称为"红食"，蒙古语称为"乌兰伊得"。蒙古族饮食讲究饮食的新鲜，如新茶、新汤、鲜奶、鲜肉及现加工的奶油、奶酪、奶皮等新鲜食品。蒙古族重视饮品，奶茶是牧民最普遍的日常饮品。

蒙古族特色美食有：烤全羊、奶皮、奶酪、奶豆腐、奶疙瘩、血肠、肉肠、蒙古馅饼、蒙古包子、哈达饼、果条、酸奶饼等。

（二）朝鲜族特色餐饮

朝鲜族主要居住在吉林、黑龙江、辽宁东北三省地区。朝鲜族擅长制作米饭，各种米制品有著名的冷面、打糕、发糕、片糕等。泡菜是朝鲜族人爱吃的特色风味菜肴，是日常生活中必不可少的。肉食大多选狗肉、牛肉、鱼肉等，普遍喜食狗肉。狗肉汤亦称“补身汤”（汤美肉烂，按食客要求放上作料野香菜、辣椒油、花椒面、盐和酱油等），故有“三伏天喝狗肉汤，胜过人参鹿茸”之说。朝鲜族有一年四季都吃狗肉汤，但吃狗肉有一定禁忌，即逢年过节、操办婚丧事或搬家时不吃狗肉。擅长用拌、腌、渍、烤、涮、煎、煮等烹法。朝鲜族不喜欢吃油腻的食物，饮食喜食生冷、口味清淡、辛辣爽口。

朝鲜族特色美食有：狗肉火锅、生烤鱼片、冷面、泡菜、打糕辣白菜等。

图 5-21　冷面

（三）满族特色餐饮

满族主要居住在东北三省、内蒙古、河北等地区。满族的饮食文化历史悠久。满族传统的烹饪方法主要是清煮和烧烤，满族菜擅长于清蒸、清炖、涮、汆等。满族菜肴吸收了汉族及其他民族的饮食精华，满汉饮食取长补短充分融合，满汉全席也顺势而生。满族菜肴制作工艺讲究，菜肴丰富而且精美，满族菜点种类繁多，有大家熟知的满汉全席菜点，也有琳琅满目的小吃。满族日常主食为面条、馒头、包子、米团等，特别喜欢吃猪肉及鹿肉、野猪肉、狍子肉等野味食品，以及土豆、白菜、豆角和各种野菜，北方满族人喜食腌酸菜（大白菜）。调味品喜用大酱（称为黄酱），以酱为原料制成各种酱菜。满族人忌食狗肉。满族人民有饮酒的习俗，主要喝黄酒和清酒、汤子酒、松岑酒，其中以松岑酒最为出名。

满族特色美食有：满族八大碗、窝窝头、火烧羊肉、炙鸭、清煮猪肉、猪肉血肠烩酸菜、酸菜氽白肉、萨其马、火锅、酸汤子、酸菜等。

（四）维吾尔族特色餐饮

维吾尔族主要居住在新疆维吾尔自治区，维吾尔族饮食以面食为主，肉类多以羊肉为主，大多吃牛羊肉、奶制品、烤制食品。新疆食材丰富，新疆地区盛产瓜果，维吾尔族人们喜食瓜果及蔬菜，每年大部分时间都能吃到瓜果，也可做成果酱果干等食品，用葡萄干做抓饭，瓜果就馕吃。日常尤其喜欢喝奶茶，饮食习惯讲究卫生注重礼节，不吃猪、狗、驴及自死和动物血液等伊斯兰教禁忌的食品。独特的气候环境造就维吾尔族饮食风俗。烤制食品是维吾尔族饮食习俗的一大特点，如红柳羊肉串等。

维吾尔族常见的传统特色美食有：烤羊肉串、烤全羊、大盘鸡、馓子、烤馕、奶茶、抓饭、烤包子等。

图 5-22 萨其马

图 5-23 烤包子

（五）藏族特色餐饮

西藏高原海拔高，日照足，独特的地理环境形成极具特色的饮食结构。藏族地区人们多以牛羊肉和奶制品为主，主食以米、面、青稞做成的糌粑为主，青稞酒也是藏族人民喜爱的饮料。传统膳食结构比较单一，属于高热能饮食，高蛋白高脂肪饮食可以抵御寒冷。饮品主要有酥油茶、甜茶、青稞酒等，是他们日常生活中不可或缺的。酥油、茶叶、糌粑、牛羊肉，被称为西藏饮食的“四宝”。

藏族特色美食有：糌粑、酥油茶、风干牛肉、久玛、灌肠、香煮油脾、吹肝、蕨麻米饭等。

（六）傣族特色餐饮

傣族主要居住在云南省，以西双版纳和德宏最为集中。傣族主食为大米和糯米，肉类以猪、牛、鸡、鸭等为主，羊肉吃得少或不吃，擅长制作烤鸡和烧鸡，喜欢吃鱼、虾等水产品。傣族有吃昆虫的饮食习俗，如凉拌蚂蚁蛋。常吃的蔬菜有白菜、萝卜、笋类等。有饮酒的习惯，特别是自己酿制的米酒更是老少皆宜的饮料，传统习惯喝大叶茶。在野外就餐时，用芭蕉叶盛上糯米饭加上其他食材进食。独特的自然环境为傣族人提供了丰富的珍贵的食材如菌类、苔菜类等，昆虫等也可入菜。菜肴口感酸辣、清淡、开胃。

傣族特色美食有：赶摆黄焖鸡、猪肉干巴、干黄鳝、酸粑菜及香茅草烤鱼、酸笋煮鸡、油炸牛皮、竹筒饭、菠萝紫米饭等。

图 5-24　酥油茶

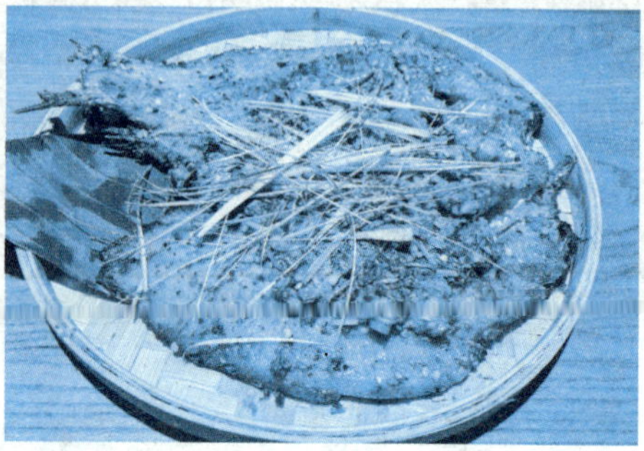

图 5-25　香茅草烤鱼

三、民族特色餐厅服务

民族特色餐厅种类繁多，为了适应不同人群的饮食需求，不同档次、不同规格、不同特色的餐厅不断涌现都市，大排档、美食广场、餐饮超市、美食餐厅：有回族经营的清真饮食餐厅，有经营冷面、烤肉、泡菜的朝鲜族餐厅，还有以出售蒙餐奶茶、手抓肉等菜肴的蒙古族餐厅等。民族特色餐饮不论大小，都有着自己的经营特色。这些餐厅不仅让食客品尝到不同风味的少数民族美食，而且能让食客体验到不同地域的民族文化。民族餐饮在立足地域特色、充分挖掘本民族文化的基础上研制各具特色的民族菜肴，再通过餐厅经营的模式、服务方式、餐厅装修风格体现本民族餐厅的特色服务。

（一）民族特色餐厅服务要素

在民族特色餐厅中充分利用各种要素来突出特色是民族特色餐饮服务的关键，主要包括服务环境、接待礼仪、菜肴服务。这三者相互协调有机统一，构成民族特色餐饮文化无所不在的整体氛围，从而形成独特和有竞争力的民族特色餐厅服务。

1. 服务环境

餐厅服务环境是指顾客在餐厅消费用餐时所处的周边境况和氛围。餐厅独特的装修装饰设计体现了民族文化的独特魅力，民族特色餐厅环境可以为宾客提供更好的就餐体验，让顾客从进入餐厅就能感受到不一样的民族文化气氛，留下美好深刻的印象。餐厅环境体现在餐厅的空间、风格、光线与色调、声音等装修装饰、设施设备、标识、餐桌餐椅、用餐器皿、菜单设计、布草、餐巾等，表达餐厅的民族文化意境。不管是何种经营方式的餐厅，环境服务与民族主题文化相统一，满足顾客安全与便利的需求是餐厅服务的最终目的。

2. 接待礼仪

餐饮服务人员良好的仪容、仪表、仪态是从事餐饮行业的基本条件和要求。餐饮工作人员的言谈举止、精神面貌、民族服饰都会给顾客留下深刻的印象，体现独特的民族风情和餐饮文化。每个民族都有自己独特的饮食礼俗，礼仪服务必不可少。我们在品尝不同地域不同风格的民族特色美食的同时，还能体验到少数民族接待礼仪文化，一些少数民族也一直保存着他们独特的酒歌文化。酒歌文化是接待礼仪中最让宾客印象深刻的，如蒙古族、彝族的敬酒歌舞。因此，餐饮服务人员均应注重本民族服务礼节，做到礼貌待人，以体现饭店服务的民族特色。餐饮服务的每一项工作每一个环节都要按照餐厅特定的操作服务程序和标准刻苦训练，熟练掌握民族餐厅服务的基本技能，明确各项服务的规格、程序和要求。

3. 菜肴服务

菜肴服务是餐厅提供服务的重要环节，主要包括点菜服务、传菜服务、上菜服务、分菜服务及介绍菜肴的典故和特色菜肴食用方法等相关知识的服务。

（二）民族特色餐饮服务接待流程

不同地域的民族特色餐厅经营模式不同，所以餐饮服务流程也有所区别。从顾客进店直到离店在整个服务过程中，餐厅不同岗位的服务人员提供的服务都会影响餐厅的服务品质。因此不同地域的民族餐厅在设计服务流程时要按照地域民族文化、饮食习俗及消费群体等，让宾客在整个消费过程中获得情感体验和感官体验。这一系列体验是直接感知餐饮产品的综合过程，在此过程中任何服务细节都应以体验民族餐厅的服务理念和内容，结合本餐厅实际情况进行设计，设计原则以方便顾客为前提，认真设计，优化服务流程，达到深化消费者餐饮产品的综合体验的目的，让宾客高兴而来，满意而归。本节民族特色餐厅服务流程以蒙古族蒙餐特色餐饮接待服务流程为案例。

案例 5-5

蒙餐餐饮接待服务的基本流程

1. 迎宾

餐厅迎宾员立于门外西侧迎接宾客，并敬献哈达，引导宾客入座，蒙古族以西为贵，通常请男宾坐于西侧，女宾坐于东侧。

2. 礼宾

丰富多彩的饮食礼俗是蒙古族饮食文化的重要组成部分，通过饮食礼俗表达自己的思想感情。进餐前应以泼洒食物的形式来敬天、地、祖先的圣灵，表示对苍天、大地和祖先神灵的祭祀和敬奉，称为萨察礼。通常是将食物的德吉，即食物的头一口或头一份来做象征性的泼洒。饮食时首先把饮食的德吉献给长辈，称之为德吉礼。饮食过程中赞美食品同时祝福主人，表达感谢之礼，俗称为祝福礼。酹洒酒水是用右手的无名指蘸一蘸酒杯中的酒，酹洒三次。餐厅经营者可向宾客敬茶或敬酒来表达祝福，如蒙古族接待宾客的最高礼节为“放五茶”，即献哈达、尝鲜奶、喝奶茶、摆羊背、敬美酒。

3. 宴宾

按照宾客预订和零点菜点准备菜肴。上菜次序应遵循先茶后酒，先白后红的次序，即先上新鲜熬制的奶茶和奶制品，后上酒类饮品和肉制品。

4. 娱宾

经由宾客预订，提供唱祝颂词服务。根据宾客需要，提供好来宝、呼麦、长调，或其他具有民族特色的歌舞娱乐服务。

5. 送宾

应根据宾客要求，主动提供结账服务，耐心细致解释款项构成。送客应送到餐厅外或蒙古包外，目送宾客走出一段后方可返回。

第六节　社会餐吧、高速公路服务区、食街的餐饮服务

随着社会的高速发展，各行各业更新迭代加快。餐饮行业也迎来了变革之旅，许多新型的餐饮形式，让人眼前一亮。社会餐吧、高速服务区餐饮、各类美食街渐渐进入公众视野，成为当下人们休闲娱乐的首选场所。不同类

型的餐饮场所面向不同的客户群体，客人的服务诉求也各有不同。作为休闲餐饮的服务人员要熟悉不同类型餐厅的服务技巧和客人特点，能够根据餐厅类型提供适宜、周到的服务。

一、社会餐吧的餐饮服务

（一）社会餐吧的含义

1. 社会餐吧的概念

社会餐吧是介于酒吧和餐厅之间的一种餐饮空间类型，是近几年餐厅发展的方向之一。餐吧注重整体环境氛围的营造，兼具酒吧与餐厅的特点，客人在用餐结束后还可以继续喝酒闲聊。餐吧的设施布置具备酒吧的一些特点，又要满足客人的用餐需求，如卡座、隔断、音响设备等。部分餐吧会划分用餐区域和酒水区域，大部分餐吧则是将两区域很好地结合起来，突出其优势。

随着社会的发展，当今已经出现了各种各样的餐吧，如运动、活动和餐厅结合的餐吧、桌游游戏与餐厅结合的餐吧、将书店与餐厅结合的餐吧以及各类主题与餐厅结合的餐吧。无论是酒吧式的餐吧还是其他各种主题与类型的餐吧，它们共同的特征是将休闲娱乐与餐饮相结合，顾客在用餐之余还可以休闲放松。

2. 社会餐吧的特点

表 5-2　社会餐吧的特点

特点	具体说明
独特性	餐吧通过装饰、家具、餐具、音乐以及员工服饰等营造独特的用餐氛围；餐吧的菜品、装潢、服务、风格中总有一个标志性亮点以展现其个性和特点
时尚性	餐吧具备休闲的功能，为了迎合社会潮流，餐吧的经营模式、装修风格、理念都具备很强的时尚感
共享性	餐吧兼具了娱乐与用餐两个主要功能，顾客在享受美食的同时，还可以感受到音乐、酒文化、游戏等多重体验，这样多元的体验将各类顾客集中到一起，共享彼此的喜悦

（二）社会餐吧的主要类型、特点及服务要点

1. 西式简餐吧（厅）

西式简餐是指可以迅速准备和供应的食物的总称，通常可以徒手拿取，不需要使用餐具，大部分可以外带或外卖。“西式简餐”一词最早出现于西方，20 世纪 80 年代引入中国，亦称“洋快餐”。西式简餐，通俗地说就是西式快餐，常见的西式简餐有汉堡、比萨等。当下市面上我们所熟悉的麦当劳、

必胜客、绿茵阁等品牌餐厅就是典型的提供西式简餐的餐厅。

西式简餐吧（厅），顾名思义，就是提供西式简餐的餐吧。现今很多西式简餐厅以餐吧的形式运作，如以音乐、电影等某种主题为主，或者从装修风格以及氛围营造方面打造。

例如，失重餐厅是一家典型的西式简餐吧，其以“失重”作为主题。整个过程中餐厅的菜品通过管道从二楼的厨房传送而下，在二楼餐厅还专门设置了电影播放区域，用餐的顾客可以到二楼观看现下流行的一些动画电影。并且该餐厅以自己餐厅的品牌设计出了很多衍生产品，如：杯子、失重传送道玩具、洋娃娃、布偶等。其主要针对的客户群是小朋友，餐厅无论从装修风格、衍生产品以及机器人服务员等都深深吸引着这类客群。

2. 中式简餐吧（厅/馆）

拓展阅读 5-5

中式简餐是相对于西式简餐而言的。肯德基和麦当劳在中国的风行使本土餐饮产业结构迎来新的变化。随着国人生活形态的变化，传统中式大餐已不能满足国人快节奏的生活，逐渐受到冷落。而西式简餐由于自身的原因，面向国内大众推广度有限。这样，以中国人餐饮习惯为基础、结合快餐的某些元素，一种全新的属于中国本土的餐饮形式——中式简餐就诞生了。常见的中式简餐吧有：广式茶餐厅、素食餐厅以及休闲自助餐厅。

3. 主题餐吧

主题餐吧是以某种元素为主题，并匹配该元素相关的装修风格的餐吧。常见的主题餐吧主要有音乐餐吧、演艺餐吧和书店餐吧。目前市场上大部分餐吧会将音乐和表演相结合，形成特有的音乐演艺餐吧。

（1）音乐演艺餐吧。这类餐吧是以音乐为主题的餐吧形式，将酒吧、餐厅以及现场表演完美结合。客人在用餐过程中可以享受到乐队演奏、驻唱歌手演唱等音乐体验，在用餐之余还可以点上酒水或饮料继续在餐吧度过休闲时光。这类音乐餐吧的经营理念是“晚餐就开始的夜生活”。

在音乐演艺餐吧的菜单上还会有关于餐吧表演节目的简单说明和清单，如下图：

图 5–26　顺城胡桃里音乐餐吧

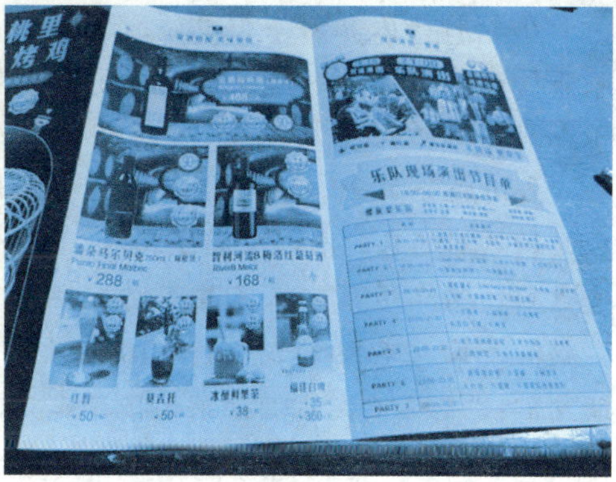

图 5–27　顺城胡桃里音乐餐吧菜单

（2）书店餐吧。书店餐吧则是将餐厅、书店以及咖啡厅三者完美地结合，顾客在逛完书店后还可以喝喝咖啡，挑几本心仪的读物，度过一段愉快的时光。书店餐吧一般会将书本陈设区域以及用餐区域区分开来，确保图书陈列环境的合理与规范，在客人挑选图书后可以快速找到可以坐下休息放松的地方。

拓展阅读 5–6

图 5–28　顺城矢量咖啡

案例 5–6

迟到的菜品

周五的下午，王女士与朋友相约一起吃晚餐，希望和朋友一起休闲放松一下。经过商议，他们来到了一家音乐餐吧，想到用完餐后还可以喝点小酒、听听音乐、聊聊天，好不惬意。5点40分左右，王女士一行4人到了餐厅，此时餐厅只有零零散散几桌人，为了能更好地看到驻唱歌手的表演，他们选择了在舞台旁边的卡座入座。6点整，王女士和朋友沟通后，点了一份6人套餐，告诉服务员20分钟后再上菜，因为他们还有一位朋友没到。6点过后，餐厅开始热闹起来，渐渐坐满了客人。6点20分，服务员为王女士他们上菜，第一道菜、第二道菜、第三道菜，一共上了三道菜。王女士的朋友段女士说道，我们等菜上完再吃吧。过了10分钟后，迟迟不见其他菜上桌，王女士招呼朋友们："先吃吧，他们上菜太慢了。"又过了10多分钟，桌上的三道菜已经吃完了，王女士叫来服务员："麻烦你帮我们撤下空盘，再催下其他菜能不能快点。"又过了10分钟，还是没有上菜，王女士和朋友们轮流叫服务员，服务员好似没听见一般，忙着招待其他桌客人。一共三次，都没有服务员为王女士他们进行服务或应答他们。王女士和朋友们满脸愤怒，站起来向收银台走去："麻烦帮我们把其他菜退了吧，我们不要了，等了快一小时，我们的菜就上了三个。"店长看到这边情况后快速过来说道："女士，不好意思，您看，您这个套餐已经付过钱了，我们是不能退的。这样，您下次来，我们再帮你上这几道菜，行吗？"王女士火冒三丈："下次？你觉得我还会来你们餐厅第二次？我不管，吃完的三道菜我付钱给你，你把套餐费用退给我。"

见此情况，店长看向收银员说道："你看看，帮他们退下钱。"收银员不知所措："怎么退呀，我不知道怎么操作。""那你问张姐呀！"就这样，又过了20多分钟，终于将套餐费退回了王女士的微信账户上。"看来，慢是你们餐厅的特点。"王女士说完这句话之后，头也不回地走出了餐厅。

【思考】

该餐厅的店长和服务员的做法你觉得有什么问题，如何改进呢？

【案例分析】

王女士一行人，兴致盎然地想要到餐厅放松用餐，度过周末的第一晚，最后却失望愤怒地离去。回顾上述案例，不难发现，餐厅以及服务员在服务过程中犯了几个致命的错误：第一，餐厅出菜慢，却没有在客人点完菜后提醒客人。第二，明知道是周末，客人会比较多，餐厅却没有做出相应措施，让客人的点单堆积，导致上菜速度更慢。第三，餐厅没有按照区域安排值台员，导致服务员乱窜，无暇顾及客人的服务需求。第四，在客人不断提出需求和不满时，服务员没有及时解决和回应客人。第五，店长看到客人不满时，不仅没有向客人致歉，而且只是关注怎样减少餐厅损失。第六，店长和收银员，业务操作不熟练，没有及时解决客人的问题，强化了客人的不满。

（三）社会餐吧的服务标准与规范

1. 服务流程

①将客人引领至合适的位置入座；

②向客人推荐餐厅的特色菜品，并向客人简单介绍餐厅的表演节目、活动或主题文化等；

③根据客人的实际需求推销酒水饮料，协助客人点菜；

④提前告知客人餐吧的转场时间，提前做好安排；

⑤席间服务过程中，及时帮助客人斟倒酒水；

⑥及时撤换客人桌上的多余餐具餐盘；

⑦及时整理桌上的垃圾，保持清洁美观；

⑧客人用餐完毕后，如要继续在餐吧放松休闲，及时将桌面收拾干净；

⑨结账时将桌号告诉客人，并将客人引至收银台结账，若客人购买了美团券或套餐等，则在客人入店后第一时间帮助客人进行验券；

⑩将客人送出餐厅，并询问是否需要停车券或代驾等，欢迎客人下次光临。

2. 注意事项

①时刻关注客人的服务需求；

②根据客人的特点、年龄等进行差异化服务；

③在服务过程中，注意不要在大厅中来回穿梭，以防阻碍客人观看表演或打扰到客人；

④关注每桌客人的上菜情况，主动和后厨对接；

⑤关注大厅里音乐的音量是否适宜，以便及时做出调整；

⑥书店餐吧在服务过程中注意整体环境的安静以及整洁。

3. 客人特点

①注重服务品质；

②关注用餐环境氛围；

③追求休闲放松；

④注重私密性，希望有自己的空间。

实训 5-2

实地调研

1. 任务描述：以小组为单位，到你所在地的任何一家餐吧（音乐、演艺或书店）进行实地调研。

2. 任务要求：看餐吧的运营环境和整体氛围，总结归纳各种类型的餐吧有什么不同，它们的特点和缺点是什么，完成下表，并做图文并茂的材料汇报：

餐厅名称	
类型	
地点	
主题	
装修风格	
客人类型	
优点	
缺点	

3. 任务评价：每个小组将自己调研的餐厅进行对比和分享，大家一起交流自己在调研过程中的感受和想法。

二、高速公路服务区的餐饮服务

高速公路服务区作为进入每个城市的第一道关卡，首先反映着一个城市的形象和精神风貌。传统的服务区只能为客人提供加油、卫生间、简单饮食等基础设施和服务。伴随着社会经济的高速发展，人们对生活品质的追求越来越高，高速公路服务区也迎来了巨大的变革。当今，很多高速公路服务区除了能满足基本需求外，还有各种餐厅、娱乐设施、休闲放松区域、住宿等，成了一个复合型的综合体。

图 5-29 读书铺高速公路服务区

（一）高速公路服务区餐饮的主要经营管理模式

1. 个体承包租赁型

承包经营管理模式是高速公路公司对外进行招投标，将服务区整体或经营项目承包出去，由承包单位自主经营，承包单位按合同缴纳承包金。但是服务区的卫生和形象考核以及收取租金的多少都是由高速公路的相关部门来负责，承包单位大多数是个体或民营企业。目前，高速公路服务区承包经营管理模式逐渐发展为 BOT 经营管理方式，即建设—经营—转让方式[①]。

2. 专业团队托管型

专业管理公司模式是将连锁经营的思路引入到服务区管理中，相关部门与专业的管理公司达成一个合作共赢的协议，由管理公司对服务区进行全面的考察与评价，针对服务区的地区特征对整体经营方向进行战略性规划，帮助其解决经营中存在的突出问题，同时借助于连锁的经验与区域特征，实施系统化的培训与管理模式，提高整个服务区的管理与服务质量，树立良好的品牌形象，扩大品牌效应并以此保证运营质量的持续与稳步提高，从而保证服务区整体服务质量[②]。

① 新思界・高速公路服务区四大运营管理模式分析［EB/OL］.［2019-01-25］. http://www.newsijie.com/sijiezixun/siguandian/2019/0125/11246659.html.

② 新思界・高速公路服务区四大运营管理模式分析［EB/OL］.［2019-01-25］. http://www.newsijie.com/sijiezixun/siguandian/2019/0125/11246659.html.

3. 连锁化自营管理型

连锁经营是“把一些产品或者服务组合成一个整体，然后再在整体的统筹安排下进行分化，从而实现规模经营的管理模式”。服务区本身就是一个整体，实行连锁经营，有一个统一的管理主体，这样有利于服务区的管理和经营，自主经营[①]。自主经营的主体是我们的高速公路管理部门建立的专门管理和经营服务区这一块的公司，让他们对区域内的服务区进行管理和经营[②]。

（二）高速公路服务区的服务要点

案例 5-7

服务区餐饮，不同城市水平差异大，四大经营困局让其饱受诟病

提起服务区的餐饮，部分游客反映，自己春节期间途经多个服务区，差异太大，有的餐饮店人员爆满，价格基本跟普通餐饮一样，最多贵 20%，而且卫生状况良好，带泡面纯属浪费；有的服务区车停得很满，餐饮店却没几个人，服务员比顾客还多，一碗面 25 元，可选择性少，大家都选择吃泡面。

这些游客的话向我们透露了两个信号，1）不同城市服务区餐饮的水平差异较大；2）服务区餐饮改造后，效果较佳，说明服务区餐饮升级恰逢其时。

通过广泛的调研发现，现阶段的国内服务区餐饮水平主要分为三类：1）耗费巨资进行服务区整体升级，并邀请一些知名餐饮品牌入驻，形成了小吃一条街；2）装修简单但干净卫生、菜品新鲜、价格合理；3）质次价高、环境脏乱差。

山东泰安高速公路服务区

作为网红的山东泰安高速公路服务区，就是高速集团和民营企业“山东凯瑞餐饮集团”合作的成果。

山东凯瑞集团服务区餐饮的项目开展也不过半年，但实际的营收情况已经比同期传统模式增长了一倍，这也是外国友人常驻留的一个服务区，而且，除了泰安服务区，集团还在着手和其他服务区的合作。

泰安服务区的模式类似于商业综合体，餐饮部分摒弃了传统的几百平方米大店的模式，以及传统的自助餐，以小吃一条街的形式呈现，业态多样，如咖啡店、面包店、果切时蔬轻食店等，可以满足顾客快速饱腹的需求，也

---

① 李立飞. 高速公路服务区经营管理模式探索［J］. 产业与科技论坛，2017，16（20）：226-227.

② 陈宽睿. 高速公路服务区经营管理模式研究［J］. 现代经济信息，2016（16）：127-128.

能满足顾客商务洽谈、团队聚餐的需求。

除了餐饮，还有超市、住宿、售卖纪念品的店等。值得一提的是，这里的住宿除了普通的酒店住宿，还有经济实惠的“太空舱”，供司乘人员休憩，也有助于保障交通安全。

〔资料来源：焦逸梦．变革在即，高速服务区餐饮即将迎来一轮升级潮［EB/OL］．［2018-03-16］．http://www.canyin168.com/glyy/glzx/hyfx/201803/72826.html.〕

【思考】

高速公路服务区餐饮的客人和经营有哪些特点呢？

【案例分析】

高速公路服务区的餐饮主要有以下几个特点：

1. 瞬时客流大：服务区餐饮有一个特点是顾客会一窝蜂来，一窝蜂走，客人在服务区的停留时间较短。基于这种情况，服务区餐饮一般只能推出一些来了就能立即吃的食物，零售属性较强，比如自助餐，而被各种美食惯坏了的顾客也自然无法接受如此“粗制滥造”又昂贵的食物。小而美的饮食成为新需求趋势。

2. 淡旺季明显：淡旺季明显，节假日客流量大，春运、4 月清明节、5 月小长假、7 月和 8 月暑运旅游、10 月旅游黄金周是旺季，而 3 月、6 月、9 月、11 月、12 月这 5 个月都是淡季，保证盈亏平衡就不错了。有些服务区的餐饮，在春运期间的营收甚至占到了全年营收的 50%。

（三）高速公路服务区餐饮的服务标准与规范

1. 服务流程

①先了解客人的饮食习惯、预计用餐时间，根据客人所需安排客人入座；

②根据客人的用餐特点进行菜品推销，在客人有较多时间的情况下，可向客人简单介绍服务区的设施以及特点，对于需要赶路的客人，应推荐能够快速出餐的菜品；

③在客人点完菜后，提醒客人先结账，以免人流量过大，出现失误；

④客人用餐过程中随时关注客人，向客人及时提供服务；

⑤客人用餐完毕后，及时翻台。

2. 注意事项

①在人流量大的时候，注意控制好餐厅的整体环境，各部门加强合作及时沟通；

②在用餐高峰期，要关注后厨出菜速度，和赶时间的客人协调好上菜的时间。

3. 客人需求

①追求快捷、方便；

②希望餐饮产品物美价廉；

③希望有具有当地特点和特色的产品。

三、食街的餐饮服务

食街作为一个潮流的新型餐饮形式深受大众的喜爱。多元化的小吃品种聚集在一条街上，顾客可以很容易找寻到自己喜爱的食品，在逛街的同时就可以享受到味蕾的绝妙体验。

（一）食街餐饮的形式和特点

1. 食街的形式

当下美食街主要分为室内型、室外型和明档型三种主要类型。

（1）室内型。室内型，即主要在室内，以连接的店铺形成独特的小吃街，在室内的小吃街可以将空间利用率达到最大化，在各小吃店铺的中心可以放置桌椅板凳，客人在购买完小吃后可以选择自己心仪的位置坐下，快速用餐。

（2）室外型。室外型，即露天形式的美食街，该类美食街主要集中在一些大型商场或人流量大的区域附近，由联排的店铺组合而成。店铺一般小而精致，部分大点的店铺，商家会根据自己的需求在店铺内放置桌椅供客人用餐，大部分店铺都是客人窗口等候取餐，拿到餐品后就会离开。室外型的美食街，在天气情况恶劣的时候会对客流量产生一定影响。

（3）明档型。所谓明档，是将鲜活原料或食物的成品模型装盘陈列在醒目的地方，以吸引顾客而方便食物的售卖。小吃街通过明档的形式可以将菜品陈列在顾客面前，很好地吸引顾客的眼球，比起图片等形式更加生动、直接明了，客人根据菜品的原料或者食品模型进行点菜。

2. 食街的特点

表 5-3　食街的特点

特点	具体说明
不稳定性	人流不固定、随意性较强，并且有明显的用餐高低峰时段。在周末美食街的人流量会进入高峰，但平时人流量明显减少
快捷性	快捷方便、立等可取。因为美食街的餐品大多都是小吃，出品比较快，都是小分量，客人从点餐到拿到成品等待的时间较短
多元性	以小吃为主，很少有硬菜，因为美食街菜品丰富多元，以小吃为主是为了让顾客享受到多样的美食
独特性	善于使用一些独特的建筑或装修风格对美食街的场景进行营造或通过一些背景文化打造美食街，出现了很多网红美食街，也吸引了大量游客

（二）食街的服务要点

1. 注意事项

（1）注重提醒客人餐品出品的具体时间。

（2）当客人较多时可建议客人稍后过来取餐，以免客人较多引起堵塞，影响公共秩序。

（3）注意保持美食街整体环境的整洁，及时清理垃圾与食物残渣。

2. 客人特点

（1）追求快捷、方便。

（2）追求餐品的口味好吃、品种多元。

（3）期望餐品的出品速度快，等待时间不宜过长。

本章小结

1. 知识点

掌握休闲及零点餐厅的定义，了解零点餐厅的特点，熟悉零点餐厅的服务内容；熟悉茶歇与下午茶的区别；了解民族和地方菜肴的类别，熟悉代表性餐饮服务的特点；了解食街、服务区餐饮服务的类别。

2. 核心技能

掌握各类城市休闲餐饮服务的技能，能够灵活应用于各类型餐饮形式中，为宾客提供周到、个性化的服务。

3. 职业素养

树立尊重他人、以礼待人、精细服务的理念；养成良好的服务意识；具备良好的休闲餐饮职业形象；热爱生活、热爱美食的自我修养。

思考与练习

一、单项选择题

1. 选择下列菜肴属于四川菜的有（　　）。

A. 怪味鸡　　B. 一品豆腐

C. 霸王别姬　　D. 叫花鸡

2. 点菜服务不包括哪个环节？（　　）

A. 呈递菜单　　B. 推荐菜肴

C. 填写菜单　　D. 复述确认

E. 撤换菜肴

3. 民族特色餐饮特征中不包括（　　）。

A. 食材的丰富性　　B. 选料讲究，口味独特

C. 一个民族一种烹制方法　　D. 传承民族特色文化，兼收并蓄

参考答案

二、多项选择题

1. 出现以下哪些问题不能上菜肴？（　　）

A. 数量不对　　B. 品名不对　　C. 火候不对　　D. 成器有破损

E. 调料不齐不上

2. 下午茶茶具包括（　　）。

A. 茶杯、茶匙、茶刀、茶碟

B. 茶盘（装点心）

C. 叉子、糖罐、奶盅瓶

D. 餐巾

3. 小吃是指在口味上具有特定风格特色的一类食品的总称。小吃的特点可以概括为（　　）。

A. 就地取材，物美价廉　　B. 地域特色鲜明

C. 品种多样，经营方式灵活　　D. 具有独特的文化内涵

三、简答题

1. 休闲餐厅与零点餐厅有什么区别？

2. 如何拓展增值营销的同时，做好下午茶服务和获得客人的认可和好评？

3. 民族特色菜与地方菜的区别有哪些？

4. 食街及服务区餐饮的服务对象及方法有什么特点？

四、案例分析题

1. 情人节前夕，丽斯汀休闲餐厅推出情人节系列活动，针对节日的特点精心设计，大量使用各色玫瑰、巧克力以着重烘托浪漫气氛，并推出了针对不同年龄段顾客提供多种情侣套餐选择。

经常光顾餐厅的威廉姆斯先生也打电话到威斯汀西餐厅订了14日的晚餐，准备与夫人共度情人节。

【思考】

若John当班，他应该怎样做才能为客人留下深刻的印象？

2. 四位客人来到烟台某酒店。入座后，服务员开始让他们点菜。客人点了一些菜和啤酒、矿泉水等。突然，一位客人惊叫起来，原来他的啤酒杯有一道裂缝，啤酒正顺着裂缝流到餐桌上。让服务员换杯，另一位客人用手指着眼前的碟子让服务员看，原来小碟子上有一个缺口。客人对服务员说：这里的餐具怎么都有毛病？服务员红着脸说：这批餐具早该换了，最近太忙了没有时间换！您看其他餐桌也有毛病！翻译有点火了：你们这么大的酒店难道连几套像样的餐具都找不出来吗？“您别急！我马上给您换上新的餐具。”服务员急忙改口。客人沟通之后又对服务员说：请你给我们换个地方，我们对这里的环境不太满意。

经与餐厅经理协商，最后将这几位客人安排到小宴会厅用餐，餐具也使用质量好的。为客人摆上精美的餐具，喝着可口的啤酒，这几位客人终于露出了笑脸。

【思考】

此案例中，导致客人不满意的原因是什么？如何避免此类事情的发生？

五、能力拓展题

1. 活动目的：通过查阅资料、社会调研，增强学生对菜肴知识的理解，掌握家乡地方菜的菜品知识。

活动内容：

（1）我说我赞家乡菜。

（2）家乡菜服务过程中与标准酒店服务有哪些异同，可以从哪些方面创新？

活动方式：

（1）分组准备、研讨。

（2）情景模拟、教师点评。

2. 活动主题：探寻美味而神秘的民族特色餐饮文化

活动形式：分组讨论、展示介绍，教师点评。

活动步骤：

（1）收集本地区少数民族特色餐饮的菜肴文化、接待礼仪等相关知识。

（2）分组进行交流并派代表介绍收集的内容，师生点评。

参考文献

［1］樊平，李琦．餐饮服务与管理［M］．北京：高等教育出版社．

［2］浙江省教育厅职成教教研室．中餐服务［M］．北京：高等教育出版社，2010.

［3］刘明广．休闲餐饮 路在何方［J］．视点，2010（7）．

［4］冯玉柱．饮食文化与旅游开发设计［M］．杭州：浙江工商大学出版社，2017.

［5］华国梁，马健鹰．中国饮食文化［M］．长沙：湖南科学技术出版社，2004.

［6］严益康．中国饮食文化［M］．长春：东北师范大学出版社，2008.

［7］郭爱平，郭治宇．内蒙古饮食文化研究［M］．青岛：青岛出版社，2019.

［8］陈波．中国饮食文化［M］．北京：电子工业出版社，2016.

［9］邓敏．餐饮服务与管理［M］．北京：旅游教育出版社，2013.

［10］邵万宽．中国饮食文化［M］．北京：中国旅游出版社，2016.

［11］李立飞．高速公路服务区经营管理模式探索［J］．产业与科技论坛，2017，16（20）：226–227.

［12］陈宽睿．高速公路服务区经营管理模式研究［J］．现代经济信息，2016（16）：127–128.

第六章

乡村与户外休闲旅游餐饮服务

本章重点

本章主要介绍了休闲农业旅游餐饮、户外休闲旅游餐饮、乡村民宿餐饮的内容、服务特点、存在的问题及助力农村与户外休闲餐饮服务品质提升的改进措施。

学习要求

通过本章的学习，学习者能够掌握休闲农业旅游、户外休闲旅游及乡村民宿餐饮的服务流程和规范，了解餐饮服务中存在的主要问题及改进措施，养成良好的职业习惯，提升乡村与户外休闲旅游餐饮的服务意识、营销意识和质量意识。

本章思维导图

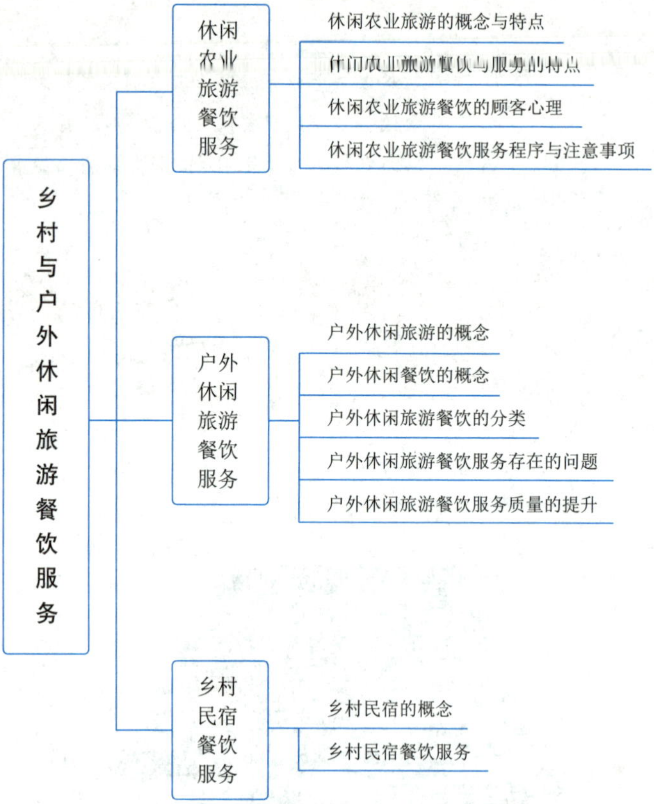

第一节　休闲农业旅游餐饮服务

休闲农业旅游餐饮的核心竞争力，是基于乡村氛围的独特就餐体验，是酒店餐饮和城市社会餐饮无法取代的。随着消费者对饮食及其服务的要求提升，不仅局限于“吃饱”，更多的是消遣、享受和新鲜的体验。因此，对休闲农业旅游的餐饮服务质量提出了更高的要求。通过本章知识，要求学习者结合行业特点及行业发展趋势，有效运用专业知识，提供优质的休闲农业旅游餐饮服务。

一、休闲农业旅游的概念与特点

（一）休闲农业旅游的概念

休闲农业旅游是利用景观资源和农村人文资源、自然农业资源，融入农业生产、农业生活、农耕文化及传统民俗庆典等环节，开发具有旅游价值的农业资源和农产品，将休闲旅游与农村体验、生态观光相结合的农旅业态。

（二）休闲农业旅游的特点

表 6-1　休闲农业与乡村旅游、都市农业比较

	空间布局	构成特征	功能特点
乡村旅游	具有很强的地域性——乡村地区	乡村地区＋乡村自然人文景观＋乡村休闲旅游	侧重乡村性（乡村聚落景观、乡村民俗、乡村生活）的体验功能
都市农业	都市内部及近郊	都市内部及近郊＋农业资源生产＋农业休闲	注重发展设施农业，提供农副产品和优美环境，其次才是休闲功能
休闲农业	无地域限制，不仅可以在农村，也可以在大中城市甚至大都市内部和郊外	农业产业＋农业产业延伸出的休闲旅游几乎是乡村旅游和都市农业的和	综合产业概念——在农业产业生产的基础上，侧重发展农业自然资源观光、农事活动休闲和农耕体验等休闲体验功能

二、休闲农业旅游餐饮与服务的特点

（一）休闲农业旅游餐饮服务的概念

休闲农业旅游餐饮服务是为了打造优质餐饮产品和特色服务，以顾客餐饮体验为导向，与餐饮设施、菜品、环境等共同组成创造顾客体验的系列服务活动。

（二）休闲农业旅游餐饮的特点

农家乐旅游餐饮是休闲农业旅游重要的组成部分，它采用本地的农产品作为烹饪原料制作菜品为游客提供餐饮服务，使用自家或当地劳动力作为员工，利用自建房屋作为餐厅、厨房。农家乐餐饮是地域性极强、地方风味极浓厚的餐饮形式。其中乡村旅游的餐饮产品更是吸引顾客、使顾客满意的关键。有以下特点：

1. 绿色生态的烹饪原料

所谓绿色食品是在无污染的条件下种植、养殖，施有机肥，不用高毒性、高残留农药，在标准的卫生环境及生产技术的条件下加工生产，并经权威机构认定，获得安全、优质、营养类食品的专门标识。农家菜大多选用野生、自种、家养的烹饪原料，如田间野菜、山中嫩笋、家养土鸡、肥鸭等，均为自然生长，没有污染。家养禽畜一般只喂稻谷、杂粮菜叶、青草等，生长较慢，成熟期长，故肉质结实，氮基酸含量高，食味当然胜于饲料喂养禽畜。而山前屋后种植的各色蔬菜也均施以畜粪、草木灰等有机肥，故其蔬菜自然味道浓郁、鲜甜可口。在水库、山溪、小河中自然生长的鱼虾生活在没有污染的水域中，则天然鲜美、味纯质佳。真正农家菜的原料实质就是纯天然绿色食品。

2. 自然传统的烹饪工艺

休闲农业旅游餐饮的做法简便、纯朴、自然。中国农村传统菜品由于受到设备、燃料、技术以及季节的影响，菜品的制作以炖、烧、焖、煮、蒸等烹调方法为主。此外，农家菜的盛器外形古朴、花色简单，且以大碗、瓦罐、砂钵、炭炉居多。基于休闲农业旅游基础上的农家餐饮应突出自己民间、农家的特色，以当地民间菜和农家菜为主，家常口味见长，保持菜肴的原汁原味，烹调技艺显得本土化。休闲农业旅游餐饮主要以绿色原料为主，饮食尽量保持其原有的农村风味和营养成分，返璞归真，回归自然，力求原始、本色，并且在此基础上有所发展和创新。

3. 地方特色的菜肴

休闲农业旅游餐饮的菜肴应以当地民间菜和农家菜、时鲜菜为主，一定要突出自己民间、农家的特色，并且有所发展和创新。乡村旅游的菜肴要用传统与现代相结合的烹饪手法，就地取材，尽量采用农家特有的，尤其应采用城里难以见到的烹饪原料和方法。除了农村特有的土鸡、土鸭、老腊肉以及各种时令鲜蔬外，还应广泛采用各种当地名特产。

4. 鲜美地道的口味

休闲农业旅游餐饮菜品的口味调配简单大方，以家常口味见长，保持菜肴的原汁原味，极少添加甚至不加过浓的作料，不用什么调色剂、添加剂，不受过多烹饪程式的约束。由于食材具有“绿色”的特点，其鲜香味与口感自然无与伦比。

（三）休闲农业旅游餐饮服务的特点

休闲农业旅游餐饮服务根据客人的不同需求，利用农业自然环境、田园景观等资源，为游客提供观光、采摘、休闲、劳作、体验农业的旅游经营活动，提供合理的、营养的、健康的、多样化的、环保的绿色餐饮。

1. 淳朴亲切的服务方式

农家民风淳朴，服务形式亲切、随和，规范化、程式化的规则服务较少。这些对生活在城市里的人们，会有种真诚、养眼的回家感受，别有一番新奇。尤其对那些钟爱回归自然、返璞归真的游客来说，实在是再好不过的享受。

案例 6-1

红河谷·花腰傣鲜花盛宴

云南新平红河谷四季花开不断，在此居住的花腰傣以花为食。红河谷·花腰傣鲜花盛宴，包括攀枝花炒腌肉、苦刺花（槐花）烩面瓜鱼、珍珠菜（甜菜花）汆石蹦（棘蛙）、木通花炒兔肉丁、碎米花煎鸡蛋、密蒙花糯米饭，体现了地方风格和民族特色。同时，借助特色的建筑设计和内部装饰来强化主题，重组了饮食文化、历史遗产、传统习俗、民族特色、地方风格、艺术形式、时尚潮流、时空变化等各个领域，形成更大的乡村旅游餐饮吸引力，塑造独特的餐饮体验，为游客留下深刻印象。

2. 用餐方式及餐具特色化

休闲农业旅游餐饮所使用的餐具与酒店酒楼有所不同，讲究的是自然、协调与舒适。因此餐饮企业需要根据自己的接待能力配备相应数量的有当地特色的餐具和器皿。同时，用餐方法的特色化也是吸引游客的一种方法。由于旅游餐饮更加重视独特的体验，因此用餐程序与方式也是乡村旅游餐饮的重要素材。受礼制、宗法、习俗的影响，不同地区的用餐方法大相迥异，是地方风格的体现，也是游客追求新异的对象。例如，自助餐体现了客人的民主与自由精神，烧烤增加了游客的参与成分，手抓饭、转转酒、长街宴体现了少数民族的不同习俗。

3. 服务过程生活化

针对不同年龄、喜好和个性的客人提供热情周到、恰到好处的餐饮服务可以为休闲农业旅游餐饮锦上添花，提升餐饮体验的质量。同时，对于休闲农业旅游餐饮的地方饮食和特色小吃而言，服务人员对相关典故和吃法的讲解可以丰富游客的知识，增加食欲、提高兴致。

总之，在开发乡村旅游餐饮产品时要努力创新，依托当地历史文化、传统习俗，在沿用传统饮食的前提下进行改造。随着时代的发展而不断进行改革，应用新型服务方式，创建具有时代特色的餐饮环境。只有在保留原有特色的基础上不断改革创新餐饮产品，才能保证乡村美食的经久不衰，游客才能感受到新奇，乡村美食得以不断丰富才能促进乡村餐饮价值的提高。

三、休闲农业旅游餐饮的顾客心理

针对不同类型的客人，提供有针对性的服务。休闲农业旅游餐饮的客人主要有以下几种心理类型：

（一）过程体验型

这种类型的客人有强烈的求知、求新、求奇的心理，乐意参与餐饮活动中的农事活动，自己动手，如农庄自设酒窖，顾客可以现场购酒存酒；农庄组织找野菜活动、趣味捕鱼抓鸡抢鸭活动等，获取新鲜食材后统一加工。

针对这类客人，服务人员应主动介绍菜肴的相关知识和典故，积极配合制作，满足客人的好奇心和成就感。

（二）美味享受型

这类客人只在意食物是否新鲜美味，并不愿意参与食物的选材和制作过程，所以并不会参与到农事活动中，但是对菜肴的质量要求却更高。因此，服务人员要了解不同顾客的饮食习惯和口味特点、掌握菜品知识等，以便更好地向客人推荐菜品，尤其应向客人推荐特选菜、特色菜等能代表休闲农业旅游餐饮水准的菜肴。

（三）资源观光型

这类客人到休闲农场的主要目的是参观游览，一些客人到了就餐时间就会离开前往其他目的地就餐；一些客人会因为饥饿，临时决定在农庄就餐，对就餐质量期望值不高，所以对菜品的要求也比较随意。无论客人出于什么心理，服务人员都应该一视同仁，微笑服务，做好建议，热情服务。

四、休闲农业旅游餐饮服务程序与注意事项

案例 6-2

周末，王先生和家人驾车到某地油菜花海观光体验，乘坐田园小火车，欣赏油菜花，采摘草莓，玩得乐不思蜀。中午时分，一家人在餐厅照着菜单点了几道小菜，随着菜肴一道一道上桌，王先生和家人边吃边皱眉头，本想一问究竟，但是招呼了好几次服务员，服务员都忙着做自己的事，未理睬他们。

后来王先生喊道“结账”，立马有服务员走了过来，查看情况准备结账。此时王先生才有机会问道：“我们想吃的是农家的风味小菜，你们就没什么拿得出手的特色菜吗？为什么我点的这些菜和外面饭店里的菜没什么两样？”服务员听了，极不耐烦地说道：“我们的菜就是这口味，你不喜欢，就重新点呗。”说完便匆匆离开。王先生一家气得脸色青一块紫一块的，赶紧起身结账离开了餐厅，并发誓以后再也不会到这家餐厅就餐了。

【思考】

王先生一家愤然离开的原因是什么？休闲农业餐厅应如何处理类似事件？在乡村休闲旅游餐饮服务中，如何提升服务意识以满足游客的个性化餐饮需求？

休闲农业旅游假日经济明显，餐厅节假日和工作日接待量分布不均，为保证餐饮服务质量，需遵循以下服务程序和规范：

（一）合理控制菜品数量

许多农庄在餐厅经营上出现较大的问题是菜式太多，厨房库存大，损耗大，做菜麻烦，厨房压力大，客人等待时间较长等。农庄餐厅菜单制定要遵循“3S”原则，即 standard（标准）、special（特别）、simple（简单）

（二）特色菜单看原料

农庄特色的菜肴要掌握四个原则：

（1）原料应该是农庄生产的农产品。

（2）原料应该是能保证供应的农产品。

（3）菜肴的烹饪时间应比较短。

（4）味道应该是农庄独有的特色。

（5）农庄仓库中积压较多的原料也可以利用“特价菜”销售给顾客，进行清理。

（三）合理控制就餐节奏

（1）平时工作日客源低峰时，将客人尽量安排在餐厅门口或显眼的位置，设法让客人慢慢享用，不用急着离去，以便招揽顾客，因此，服务人员要尽量为客人多换毛巾和热茶以挽留客人。

（2）周末或节假日客满时，服务员应对新来的客人打招呼，并安排已吃完的客人尽快离去。

（3）将音乐作为控制客人停留时间的有效工具。客人高峰时，可播放轻快优美的进行曲，使客人在不知不觉中动作加快，快速离去；低峰时则播放古典音乐或抒情音乐，可延缓客人离去。

（四）建立客户消费档案

收集建立客源档案，在当今餐饮大数据时代显得尤为重要。通过建立的客户档案，以微信公众号、抖音、头条等媒介与顾客建立联系，并通过这些媒介宣传农庄及其餐饮服务。

（五）赠券赠品

农庄消费可以赠送农庄特色产品的方式作为折扣手段，以此吸引顾客，尤其对于价格比较敏感的顾客更为有效。

（六）适度服务

餐饮对客服务是一门艺术，“恰到好处”才是服务的最高境界，不能“过头”，即应做到“适度服务”，拒绝“过度服务”。服务人员在对客服务时需要张弛有度并对火候拿捏到位。服务人员虽然与顾客保持适当的距离，但绝对不是对顾客视而不见、漠不关心。

（七）及时处理投诉

一般来说，顾客对农庄的投诉大致有以下几种：一是上菜太慢；二是样品与实际菜肴的分量相差太多；三是菜中有异物；四是味道太咸或太淡；五是上错菜肴。

出现投诉后，农庄餐厅主管人员应虚心接受顾客的抱怨，仔细聆听顾客的指责，冷静处理使顾客平息怒气，必要时给顾客一定补偿。在顾客离开餐厅前一定要彻底消除其不满情绪，并期待其下次继续光临。

第二节　户外休闲旅游餐饮服务

案例 6-3

极具少数民族风情的休闲旅游古镇——丽江古城

丽江古城位于云南省丽江市，始建于宋末元初。古城历史悠久，古朴自然，城市布局错落有致，兼具山城风貌和水乡韵味，是中国罕见的保存相当完好的少数民族古镇，世界文化遗产、国家 AAAAA 级旅游景区、全国文明风景旅游区示范点。资源特色：古街、古桥、木府、福国寺五凤楼、白沙、束河民居建筑群、鲜明的东巴文化、酒吧街。自申遗成功后，旅游业和商业得到了迅猛发展，集中在以铜银器制作、皮毛皮革、纺织、酿造业为主的传统手工业，以及餐饮、住宿、商业、休闲娱乐、文化等现代旅游发展业态。以政府主导的发展模式，即政府投入巨资实施，通过建章立制，使积极的保护与旅游开发有机结合。行动计划的实施包括建立机构、制定遗产保护资金管理机制和核心区鼓励发展传统文化。主要包括四方面内容，一是文化经营上，从战略高度经营民族文化产业；二是古城风貌打造上，将“死城”变“活城”；三是开发保护上，坚持保护第一的原则，处理好保护与利用的关系，处理好遗产保护与旅游业间的协调关系；四是可持续发展上，着眼未来，不求短期效应。

〔资料来源：国内休闲旅游小镇案例解析［EB/OL］.［2017-12-21］. https://wenku.baidu.com/view/946b42ddd1d233d4b14e852458fb770bf68a3b04.html.〕

一、户外休闲旅游的概念

户外旅游概念多而杂。广义上讲，凡是非室内的旅游都可称为户外旅游，和传统所称的旅游活动没有区分度。关于户外旅游的概念国内也有较多的说法，如户外自助旅游、户外旅游、户外休闲旅游、户外运动旅游等。较为有共识的说法是：户外运动旅游是指人们以亲身参与某项户外休闲运动为旅游内容的旅游行为。它强调旅游者亲自参与并从中获得某种自然环境带来的旅游运动体验。旅游者在旅游区内某个景点参加某项户外运动也可以称这种行为是户外运动旅游。

二、户外休闲餐饮的概念

随着现代的文明程度和生活水平的不断提高，户外休闲餐饮提供简单、价廉的食品和服务，适应更广泛的普通消费人群，成为消费一景。人们更愿意去接受这种亲近大自然、与自然交流的生活理念和方式，出现了更加时尚的特色餐厅，它提供户外美食、现场音乐、露天餐厅和特色餐饮服务等。相对于菜品较为精致、费用也较高、需事先订位、有些还需要穿着正式服装、最好事先确认清楚的正式餐厅，户外餐饮意味着扔掉烦琐的规则，自由、自在地就餐。

三、户外休闲旅游餐饮的分类

（一）户外消遣型

户外消遣旅游休闲餐饮是指以消遣为目的，以休闲、放松的方式进行的一种户外餐饮活动。其形式有户外冷餐会、户外烧烤、游艇体验式餐饮、黄金海岸线沙滩阳光餐饮等。

国内目前已有多个城市确定了以发展休闲经济带动第三产业发展的战略，进而促进国民经济的全面发展。作为一种产业形态，休闲业已经成为第三产业中的重要增长点。减压、放松、消遣成为旅游类休闲的主要目的，如成都、杭州等著名旅游城市将未来发展定位为“休闲之都”。户外旅游餐饮是餐饮业的分支之一，主要是向旅游者提供满足其户外饮食需求的餐饮产品和服务，提升景区的竞争力和吸引力，丰富游客的旅游体验。

（二）文化娱乐型

案例 6-4

云南红河哈尼族长街宴

每年阳历 12 月初（农历十月十日左右），是元阳县俄扎乡哈播村哈尼族的春节——“昂玛突”节。“昂长街宴 玛突”节是哈尼族人民祭护寨神、拜龙求雨的节日。“昂玛突”节的头天，村中龙头就到村头的龙树林中央摆设祭桌，宰杀无杂色毛的龙猪，敬请龙来和大家共度佳节。请龙完毕，龙头就把龙猪肉切成与全村户数相等的块数分给各家各户吃。哈播村有 450 户人家，1987 人，全村都是哈尼族，以梯田农业为主要经济生活方式。“昂玛突”节活动进行三天，第一天举行立新寨门、封寨仪式，祭寨神“昂玛”，请寨神入村三项活动。第二天摆“长街宴”，沿村的小街从街头到街尾摆上丰盛的酒席，弯弯曲曲，蜿蜒似龙，俗称“长龙宴”或“街心宴”。摆宴席时，锣鼓喧天，热闹非常，全寨男女老幼穿着节日的盛装，带着女儿，扶着老人，从四面八方聚拢来入席。入席时，主持人龙头坐首席，其他人根据男女性别、年龄层次、兴趣爱好的不同，自愿组合围长桌而坐。各家各户的菜肴上桌时，都先端到龙头面前，让龙头品尝，接受龙头的真诚祝酒。龙头将各家各户菜肴扒出部分，堆在一起，然后又分发到各处去，这种混合在一起的菜肴，示意全寨人同心合力祭神迎龙来和全寨人共度佳节。

长街宴开始，龙头率领全寨人高举酒杯，祝愿来年风调雨顺。凡参加宴会的人，第一筷夹各家摆在桌子中央切成小块的龙猪肉吃下，示意龙已入心，然后再吃其他菜肴。如游人遇上长街宴，人们纷纷让座，拉你入席，盛情招待，每年参加长街宴的人数 4000 多人，宾主一起吃菜、喝酒、互相祝福，喜气洋洋。席间老人们借着酒兴，搬出各种乐器唱歌跳舞。男女青年酒足饭饱后则相约走进竹林，谈情说爱。宴会至下午五时，龙头敲起鼓，绕席走过龙树下，众人合掌相送，示意送龙回家。入夜，酒席散去，青年男女就唱歌跳舞、谈情说爱、通宵达旦，这样的活动要举行三天三夜。

【思考】

你的家乡有些什么典型的户外休闲餐饮类型？请和同学分享一下其中的活动内容和特点。

文化娱乐型休闲旅游，是一种层次更高、更注重精神享受的旅游活动，是指通过娱乐、休闲的方式，感知、了解、体察人类文化具体内容之目的的旅游行为。随着社会的进一步繁荣，人民生活逐渐提升，休闲文化活动以空前的规模和较高水平蓬勃发展，休闲、文化娱乐活动和旅游业将成为下一个经济大潮席卷世界各地。

大众旅游时代，人们对休闲度假、文化体验等方面的精神旅游需求大幅增长。旅游与演艺相融合，诞生了以“唐乐宫”为代表的传统旅游表演，以“印象系列”为代表的大型实景演出；旅游与影视相融合，带动了各种影视基地；旅游与美食相融合，诞生了以“成都美食夜市廊”为代表的川味名吃荟萃等。由此可见，文化休闲旅游餐饮的发展更强调餐饮文化先行，突出休闲旅游餐饮的文化性本质，赢得深层文化认同。旅游与餐饮将逐步进入观光和休闲“双轮驱动”的发展阶段。将其他活动与餐饮有机融合在一起，可以提升游客的综合体验质量。在游客进餐过程中，讲解菜肴典故、示范某些菜肴的特殊用餐方式能够为其留下深刻印象。

案例 6-5

云南省保山市芒宽乡赧浒村策划了“榕树下的傣族长街宴”这一餐饮体验项目。游客在参加泼水狂欢、神树祭祀仪式后，在阴凉的大榕树下一边欣赏傣族歌舞表演，一边品尝富有傣族特色和地方风格的傣族长街宴。席间还

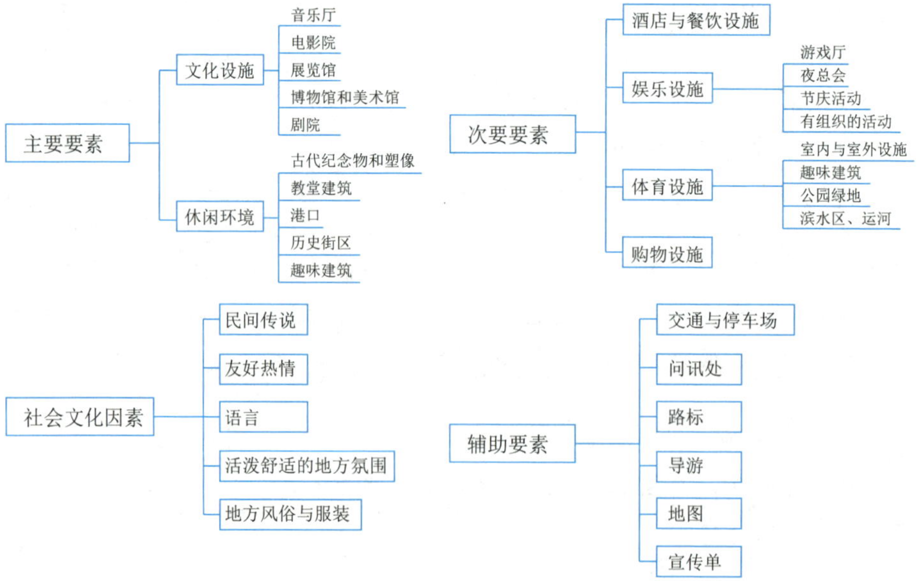

图 6-1 城市户外休闲旅游产品类别与要素

不时有傣族小卜哨前来唱歌祝酒，有兴致的游客还可与其对唱。文化娱乐类休闲餐饮在提升餐饮文化的同时，更体现了舒适感和休闲性，在放松的同时获得了旅游品位的升华。

（三）体育健身型

1. 体育旅游的概念

体育旅游是指以观看、欣赏、参与各种体育活动为目的的旅行游览活动。其特点是参与性、观赏性和娱乐性。

2. 体育旅游的分类

（1）观赏型。观赏型体育旅游是指旅游者前往目的地以观看体育赛事活动为核心内容的旅游方式。包括：单项项目，如游泳、攀岩、赛马、飞行特技、职业竞技体育及一些民族传统体育项目（摔跤、舞龙、舞狮等）；综合项目，主要指大型高级别体育项目比赛，如奥运会、全国运动会、世界杯、NBA 篮球赛等。

（2）参与型。参与型体育旅游是指旅游者前往目的地以参与体育赛事活动为核心内容的旅游方式。具体包括：户外体育旅游，如登山、漂流、马拉松定向运动、野外探险、雪上运动等，以及部分民族体育项目，包括武术、太极、赛龙舟等；室内体育旅游，如以篮球、气排球、乒乓球为代表的各种球类运动以及太极拳、瑜伽、保龄球等。

案例 6-6

奥运引爆体育主题餐饮“姚”餐厅进军北京

随着人们健康意识的提升，体育类主题文化餐厅成为京城餐饮圈的新宠一族。去年才在上海开张的首家体育主题“姚”餐厅明年将在北京开店。“姚”餐厅股东之一喻先生告诉记者，很多食客都看上了这里独特的体育文化氛围。他表示，北京的体育主题餐厅将大有商机。

当然，看上北京奥运商机的不只“姚”餐厅一家。在北京餐饮圈，这种体育主题类餐厅也是刚刚兴起，它们大多拥有某项体育特色，并且只招待一类体育“迷”。在千禧园球迷餐厅，就是足球“迷”的天下，其餐厅的特色菜都是以足球“术语”命名的，餐厅设有一个“七人制”足球及篮球室内球场，供就餐宾客、球迷切磋球艺。“英格兰比赛那天，需要很早预订。那天是开业以来生意最好的一天。”在回龙观开设的以足球为主题的金顶居餐厅老板告诉记者，随着体育越来越热，餐厅也渐渐盈利。相比普通的餐厅，主体餐厅除了“吃”之外拥有更多的旅游附加值，成为不少消费者用餐、聚会的首选，吸引了大批业内业外人士纷纷投资。

〔资料来源：道客巴巴．奥运引爆体育主题餐饮“姚”餐厅将进军北京包胜客［EB/OL］．［2015-05-12］．https://www.doc88.com/p-3708240675961.html.〕

（3）旅游营地型。旅游营地是指在原生态基础上，进行有关设施的建设与管理，从而为营地旅游发展提供环境依托、内容载体，进而满足游客以露营体验为主，休闲、娱乐、体育、观光、养生、科普、餐饮等多功能为辅的新兴旅游体验。

案例 6-7

苏州太湖一号房车露营公园

苏州太湖一号房车露营公园于 2013 年 9 月 30 日开业，占地面积 170 余亩（1 亩约合 667 平方米），分为营地服务区、房车露营区、自驾车露营区、草坪露营区、观光码头及汽车影院等。其中房车露营区设有 140 个标准房车营位，其中每个营位除了配备水电、排污接口及野餐桌、烧烤架、木平台等基础设施外，还将为游客提供煤气、网络等配套设施。

【案例分析】

旅游营地的餐饮服务应嫁接娱乐休闲项目，如观赏鱼世界、果蔬采摘、休闲滑草场、趣味跑马场、趣桥竞渡、森林氧吧等，采用因地制宜、就地取材等方式，结合当地文化，提供有针对性的特色餐饮服务。

案例 6-8

黑龙江亚布力阳光度假村

中国滑雪旅游的发祥地，位于黑龙江省尚志市亚布力滑雪旅游度假区，距哈尔滨 200 千米，占地 300 平方千米，雪道面积 45 万平方米，经营模式为会员 + 大众，价格水平在平均每小时 65 元左右。

度假村旅游信息：

雪场设施——目前国内最高等级的 SSSSS 级滑雪场；雪道：雪道 17 条，雪道总长度达到 31 075 米，其中高级雪道占 43%、中级雪道占 36%、初级雪道占 21%；索道：3 条吊椅式旅游索道、3 条地面拖牵索道和 1 条 T 把式索道，全长 4230 米；造雪系统：47 台造雪机和 3 辆压雪车；雪具：5000 套新型 ATOMIC1.2~1.7 米初中高级各类雪板；雪具大厅：雪具大厅 2600 平方米；配套：快餐店，精品酒店沐云楼，三星级酒店风车山庄，中瑞滑雪学校，雪地摩托、滑圈、单板公园、健身房、山地自行车、采摘园、垂钓园等娱乐项目，销售型别墅。

【思考】

在滑雪旅游的经营环境中，结合以下休闲旅游餐饮的基本类型一览表，思考如何开发餐饮产品和转变服务形式？

表 6 2　休闲旅游餐饮的基本类型一览表

序号	类型	餐饮类型
1	方便食品	冲泡食品（轻便食品）、宇航（高能）食品、保鲜食品、方便食品干食品、饮品等
2	快餐	现卖堂吃、现做堂吃、现做外卖、即时外卖等
3	风味小吃	特殊制作食品、特殊原料食品、特殊习俗食品等
4	自助餐	熟食、烧烤、火锅、肉食、蔬菜、水果、沙拉、饮料等
5	宴席	历史文化宴席、民族风情宴席、地方特色宴席等
6	冷餐会	地方酒席、异地风情酒席、异国风情酒席等
7	酒吧、茶肆	酒吧（鸡尾酒、烈性酒、葡萄酒、啤酒、黄酒）、咖啡馆（厅、屋）、茶馆、音乐茶座等
8	野餐	林间野餐、草地野餐、水边野餐、山地野餐、阳伞野餐、桌凳野餐、席地野餐、随行野餐等

续表

序号	类型	餐饮类型
9	野炊	烧烤、凉拌、火锅、汤涮、油炸、爆炒、蒸煮等
10	主题餐饮	复古风格型、田园农舍型、区域历史型、地狱风俗型等

四、户外休闲旅游餐饮服务存在的问题

（一）食品卫生得不到保障

户外休闲旅游餐饮因自由、休闲、轻松、愉悦、方便交流等特点受到广大消费者，特别是年轻人的青睐。所提供的餐饮服务应该以卫生、安全、环保为前提，以半自助、DIY、亲子型、家庭型、聚会型为主要服务方式。

但大多数户外休闲旅游餐饮的食品原材料、成品等都是直接露天堆放的，防尘防蝇的设施不足，灰尘扬起会污染食品，而且很多都缺少冷藏设施，在夏季时就很容易使食物变质。同时，户外休闲旅游餐饮使用的很多都是一次性的餐饮具，而部分经营者为了获取最大的利益，难免会购买一些劣质产品。

（二）环境污染

户外休闲旅游餐饮经营时难免会带来一系列的环境问题，如排污排烟、固体垃圾，这些都对环境造成一定的污染。因此，要在遵守各级管理部门的规定之下，做到取材环保、节能减排、文明用餐。

（三）从业人员整体素质参差不齐

由于户外休闲旅游餐饮行业的进入门槛相对较低，对经营者的资质、技术等的要求都不高，从业人员整体素质相对落后。随着政府对户外餐饮行业的管控日益强化，对从业人员的综合素质提出了更高的要求。

（四）经营项目同质化，产品创新不足

户外休闲旅游餐饮由于销售的大部分是简单的产品，制作工艺更容易被模仿。当某种食品受到部分顾客的青睐时，这种产品便会被复制，产品提升和创新意识有待提升。

五、户外休闲旅游餐饮服务质量的提升

（一）重视食品卫生，确保顾客安全

户外餐饮市场要想获得更长远的发展，就必须把食品卫生摆在首要的位置。食品卫生是餐饮的根本，特别是在各种食物中毒屡见不鲜的今天，食品卫生更成了老百姓最关心的问题。相关部门加强卫生安全管理，增强各环节的食品监管力度，健全各种卫生安全标准，认真落实相关的各项规定，是保障食品安全的重要措施。

（二）加强食品研发、创新，打造竞争优势

经营者通过打造自身的竞争优势，吸引更多消费者，要加强新产品的研发能力，开发具有特色的新产品。政府也要鼓励食品的创新，而对那些模仿、抄袭他人食品样式的加大监管，以丰富食品的品种，尽量遏制食品的同质化发展，延长餐饮产品的生命周期，促进户外餐饮市场的可持续发展。

（三）制定统一、合理的审批制度

政府应该尽早制定一个统一、合理的审批制度，对户外餐饮的经营地点、卫生状况、经营时间、环境保护等进行审核，要求经营者必须在持证后方能营业。

（四）集中培训，分类管理

为促进户外餐饮市场的进一步发展，政府应该要定期集中对经营者进行宣传培训，增强经营管理能力，强化法律意识和社会责任感，就餐饮经营管理、卫生、守法等方面的知识进行宣传培训，从而提升户外餐饮行业从业人员的整体素质。

（五）约束自我的行为，维护自身合法权益

针对目前户外餐饮造成的环境污染问题，消费者要约束好自我的行为，在用餐后不要将纸巾、一次性餐具等随处乱扔，应放到指定的位置上等待环卫工人来集中清理。

第三节　乡村民宿餐饮服务

开发乡村旅游，有一种保护方式叫“活化”。乡村有特色的生态环境、乡土文化，通过高明的创意，让历史和文化变得鲜活起来。作为乡村休闲旅游中重要的环节，乡村民宿餐饮服务，集乡味、乡风、乡韵为一体，将民宿经营中的餐饮做成吸引游客的主要特色项目。

目前乡村民宿主要还是以较为低端的农家乐为主，由于资源、管理、规范等不同的约束和限制，乡村民宿的内涵建设和经济建设都还需要进一步扩大，行业规范化管理体制需要不断完善和形成。

一、乡村民宿的概念

（一）民宿的概念

2017 年 10 月 1 日，国家旅游局发布了《旅游民宿基本要求与评价》（简称《民宿要求》），明确规范了民宿业标准，规定了民宿的定义：利用当地闲置资源，民宿主人参与接待，为游客提供体验当地自然、文化与生产方式的小型住宿设施。根据所处地域的不同可分为城镇民宿和乡村民宿。

（二）乡村民宿的概念

乡村民宿是指业主与乡村周边自然环境和地域特色相结合，对农村闲 置房进行保护性更新，从而形成满足城市及周边地区居民对乡野生活体验需求的旅游住宿设施。

二、乡村民宿餐饮服务

对于乡村民宿的经营，餐饮属于大众化的需求。规范的、有特色的餐饮服务显得尤为重要。民宿也好，度假村也好，餐饮能否作为主营业务，需要根据自身条件来定。如果乡村民宿没有食材优势，又受场地、人员等限制，可以把餐饮作为副业；如果民宿里有餐厅，有大厨，有优质的菜品，以及精致的菜单，温馨的就餐环境，则能给游客带来更好的旅游感受。

案例 6-9

乡村民宿的“农场式餐饮”

前一段时间，笔者走访了一家做鱼菜共生的农场，主人打算在农场里开民宿，接待游客来农场休闲度假。

该农场做的是鱼菜共生，是在人工控制的环境下，将鱼虾的排泄物、分泌物、饲料残渣等废料，由水循环系统，将鱼池中的水传输到种植区，成为蔬菜生长过程中所需的养分，通过蔬菜吸收水体中的营养物，从而净化了水质，改良了鱼虾的生长环境，蔬菜也不会含农药、化肥、重金属等。这里出产的鱼虾和蔬菜，既可以销往市场，又能为民宿提供餐饮食材。生态的食材，恬静的环境，品质的特色餐饮，共同构建了乡村民宿“农场式餐饮”的休闲意境。

（一）乡村民宿餐饮服务中存在的问题

1. 乡村民宿餐饮场所布局不合理，缺乏科学规划

乡村民宿餐饮场所多以自家设计建造的房屋为主，食品生产场所和旅游者就餐场所不分，有些共处一房，设备生产用具简陋，在菜肴制作过程中产生的挥发性物质及噪声影响就餐情绪，间接损害了旅游者的旅游情趣；食品加工场所中热、冷菜制作场所不分，菜品及面点主食制作场所共混一起，洗涤及初步加工和炉灶共处一起，这些极不符合餐饮行业的标准化要求，故必须对餐饮场所做出科学的规划。

2. 餐饮市场同质化竞争严重，餐饮产品缺乏创新意识和品牌意识

创新，对于餐饮而言是最不能缺少的，而创新就意味着不要去盲目跟风，服务的创新、菜品的创新、推广手段的创新、吸引力的创新等。

3. 卫生状况令人担忧，缺乏科学有效的监督和管理

第一，乡村民宿餐饮经营单位多处在城乡接合处或农村，在监督和管理过程中存在漏洞，执法部门在管理中执行难度加大。经营者法律法规及健康意识淡薄，一部分经营者不愿意办理有关的许可证照，抵制或逃避监督检查，厨师和服务人员以家庭成员为主，如果在从业中不进行健康体检，一旦出现不适应从事餐饮业的人员，就会对旅游者的健康造成一定的危害。

第二，卫生制度不健全，缺乏卫生知识。许多农家乐餐饮单位卫生管理制度不健全，菜品制作和服务人员缺乏食品生产安全意识，多数未经过相关的知识培训，在个人卫生方面未养成良好的卫生习惯，食品卫生知识极度匮乏，如食品加工生熟分开、荤素分开、食物中毒的预防等。

（二）提升乡村民宿餐饮服务质量的路径

1. 合理规划乡村民宿餐饮场所的布局

乡村民宿餐饮场所的布局有自身的要求，在布局的规划及设备设施的配置上，应根据行业标准及国家有关餐饮业的经营规定，结合当地实际，提出科学合理的规划：

（1）整体经营场所应分区，就餐区和菜品加工区应分开，清洗区和原料加工区应分开，初步加工区和烹调区应分开。

（2）清洗区应配置多个不同用途的清洗池，不可共洗一池。

（3）切配区应本着生熟分开，荤素分开，红白分开，不可共用一案。

（4）烹调加工间装置好排油烟、排水设备及垃圾废弃原料的处理。

（5）整个经营场所应做好防蝇、防蚊、防鼠工作。

2. 加强乡村民宿餐饮业食品卫生管理

乡村民宿餐饮管理应由政府统一指导管理，各行政主管部门联合，如卫生、工商、旅游等部门，加强执法力度，尽快制定出农家乐行业标准，使其经营达到有规可循，按规经营，严格限定农家乐经营户的就餐人数、经营范围，所有从业人员必须健康体检合格后持证上岗。严格执行采购制度，限定其经营品种和制作方法，不断提高监测水平，增强对饭菜原料的鉴别能力的监测水平，确保食品安全，有效预防食物中毒事故的发生。加强饮用水的监测，尽可能减少水质污染，严格控制食品污染关键点，合理进行卫生督导，在保证菜品原汁原味、新奇特色的基础之上，确实保证菜品的卫生安全质量。

3. 加强员工培训，提高从业人员素质

第一，加强对员工的卫生知识的培训。乡村民宿从业人员大多数为自家或自雇人员，文化程度不高，卫生知识缺乏，法律意识淡薄，故加大对经营负责人和员工的卫生及法律知识的培训，如对烹调原料的采购储存和加工等各个环节的卫生要求，餐具的清洗消毒保洁要求，要以通俗易懂的方式进行培训，经营负责人应以身作则，带动示范，从自身做起，从而使整个从业人员改变自己不良的卫生观念和习惯以达到按规操作的目的。

第二，加强对服务人员的培训。乡村民宿餐饮虽然与星级酒店相比简单随和，但不可疏于管理和培训。只有通过对服务人员的综合素质和服务技能的提升，才能提高农家乐自身的档次及美誉度。

4. 了解目标消费者的休闲需求

品牌差异化营销并不单单是指剑走偏锋，出奇才能制胜，消费者更为关注乡村民宿服务品质内在的意义。所以，比起剑走偏锋的“唯新论”来，“进化”和“变革”就来得更有效，需要我们跳出原有的知识体系和固化思维，从另一角度来审视整个市场及消费者。比如，近些年来网络介入餐饮界后掀起的改变浪潮，就正确把握住了市场的动向和命脉，精准地抓住了消费者的需求所在，让消费方式获得了重组的改革和进化。只有当我们对这些重新定义后，才能采取更行之有效的应对策略。乡村民宿餐饮存在的目的不仅仅是能够满足食欲和温饱的场所，不同的人物，身处同一个场景，对于空间就有不同的需求，我们能给目标消费者提供什么能够满足他们需求的服务和产品？我们给目标消费者提供的服务和产品，是否能够和市场上同类别的竞争对手形成差异化？而这样的思维方式才让对于问题的思考有了更深的含义。

因此，以自身优势做出特色，打造乡村民宿餐饮服务休闲模式，才能吸引游客。

（三）打造乡村民宿特色餐饮的方法

（1）从当地的风土人情、地方特产、传统饮食习惯、宗教、文化等领域中，找到一个主题。

（2）通过精准定位，吸引客户群，针对其喜好与需求，制造便于目标旅客识别的属于自己的鲜明个性，给游客留下深刻印象。

（3）根据实际情况，为不同需求的用餐者做用餐环境设计，以满足家庭、朋友聚餐、休闲养生等多种需求的用餐场景。

（4）研究菜品的品种、风味、质量，研究陈列器皿、陈列形式和用餐形式，做好性价比分析和出品档案，并时常更新。

（5）设计特色菜单和服务方式，体现服务礼仪和水准。

总之，特色和差异必须以顾客的需求为基础，要能够得到顾客的认可、喜欢和追随。单纯为了特色而去制造特色，偏离实际和顾客需求，那制造出来的特色，就会事与愿违。依托优美的自然环境和淳朴的人文资源发展乡村民宿，依靠诚信和创新，扎实工作，才能将乡村民宿经营中的餐饮项目做成吸引游客的特色。带动乡村旅游和相关产业发展，拉动农民就业并促进文化复兴和百姓富裕。

综上所述，发展乡村民宿需要规划先行。要将乡村民宿发展规划纳入全域旅游发展总体规划进行统筹谋划，并制订乡村民宿发展的交通、环保、用地等专项规划。发展乡村民宿餐饮应倡导文化引领，挖掘当地民俗和历史文化资源，开发凸显地域文化和乡村特色的民宿餐饮产品和创意产品，提升乡村民宿餐饮的文化内涵，增强乡村餐饮的体验感，丰富乡村民宿产品体系。此外，发展乡村民宿涉及众多利益主体，要提倡以农民为乡村民宿经营的主体，在做民宿过程中有获得感。目前，乡村民宿呈现集聚化、集群化的发展趋势，要以乡村民宿开发为纽带，引导开展多元业态经营，拓展产业链，发展综合业态，打造乡村民宿、乡村民宿餐饮休闲度假综合体，形成乡村民宿休闲度假产业生态系统，实现空间集群、产业集聚的综合规模效应。

本章小结

1. 知识点

休闲农业与户外旅游餐饮服务的概念、分类与特点、服务人员服务礼仪、服务心理、服务程序与规范；提高户外休闲旅游餐饮服务质量的改进措施；乡村民宿餐饮服务的现状、提升乡村民宿餐饮服务质量的路径和方法。

2. 核心技能

各类型的休闲农业旅游餐饮服务技能；提高户外休闲旅游餐饮服务质量措施；提升乡村民宿餐饮服务质量的路径和方法。

3. 职业素养

休闲农业及户外旅游餐饮服务人员应具备的餐饮服务的基本技能、服务礼仪及职业道德。

思考与练习

一、单项选择题

参考答案

1.（　　）不属于休闲农业旅游餐饮产品的特点。

A. 绿色、环保的烹饪原料

B. 单纯、自然的烹饪工艺

C. 淳朴、亲切的服务方式

D. 烹调技艺高端化

2. 青年、家庭人群 18~35 岁的用户占中国在线客栈民宿预订用户的近（　　），家庭客群居多。

A. 50%　　B. 90%　　C. 80%　　D. 60%

3.（　　）对于餐饮的未来发展是最不能缺少的。

A. 价格低廉　　B. 迅速扩张　　C. 加大投资　　D. 创新

4.（　　）并不单单是指剑走偏锋，出奇才能制胜，消费者更为关注乡村民宿服务品质内在的意义。

A. 同质化竞争　　B. 品牌差异化营销

C. 价格竞争　　D. 规模竞争

二、多项选择题

1. 著名的民宿连锁品牌有（　　）。

A. 花间堂　B. 花筑　C. 游多多　D. 金陵饭店

2. 农庄餐厅菜单制定要遵循“3S”原则，即（　　）。

A. standard（标准）　B. special（特别）

C. simple（简单）　D. service（服务）

3. 乡村民宿餐饮服务中存在的问题有（　　）。

A. 景区周边密集分布，乡村民宿经营同质化

B. 初期投资成本过高，回报周期长，导致定位偏高，脱离市场

C. 从业人员素质参差不齐

D. 区域规划体系不完善

三、简答题

1. 户外休闲旅游餐饮的分类有哪些？

2. 团队用餐注意哪些主要事项？

四、能力拓展题

休闲农业旅游团队用餐服务程序

某公司将组织 230 名员工到县城周边一农业生态园开展户外拓展活动，公司提前与生态园取得联系并预订了当天的团队用餐。请结合所学知识，为生态园安排本次团队用餐（详细罗列出团队用餐服务的程序和注意事项）。

参考资料

［1］樊平，李绮．餐饮服务与管理［M］．北京：高等教育出版社，2015.

［2］成都旅游职业教育集团主编．饭店服务与管理［M］．北京：中国旅游出版社，2019.

［3］陈玮．户外餐饮市场的现状与对策分析［J］．当代旅游，2015（9）.

［4］苏枫，钟志峰．星级酒店“户外餐饮”的现状与发展［J］．商场现代化，2007（34）.

第七章

其他类型休闲旅游餐饮服务

本章重点

本章介绍了私厨品牌定制文化、个性化私厨主题菜单设计、台面设计、私厨餐饮器皿选择、氛围营造、创意主题服务呈现等知识和流程。学习者需重点掌握私厨品牌定制和个性化私厨定制的服务内容、形式及服务标准。

学习要求

通过本章内容的学习，学习者能够了解休闲餐饮定制服务相关概念的定义、性质和适用范围，熟悉私厨品牌定制及个性化服务工作流程，掌握休闲旅游私厨定制服务中对客服务要点和专业技能，提高学习者在服务过程中的创新能力、营销能力和资源整合能力。

本章思维导图

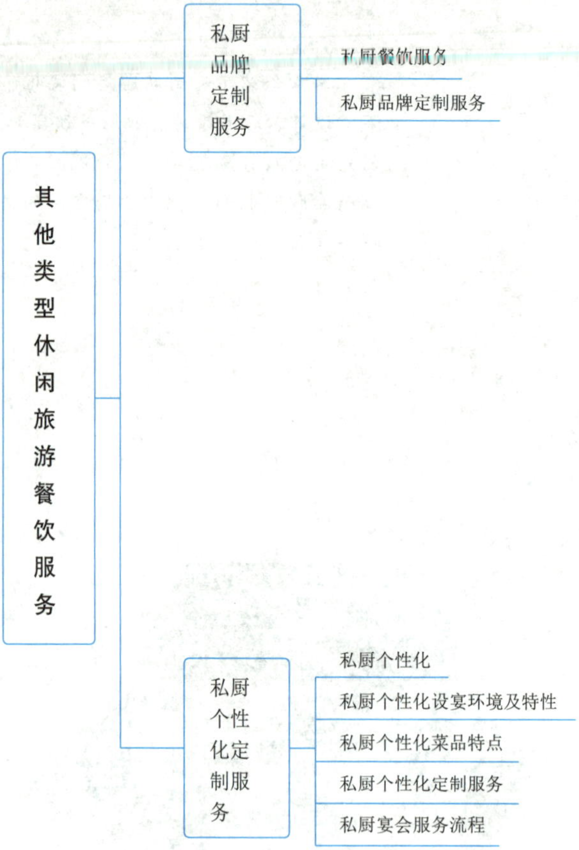

第一节　私厨品牌定制服务

一、私厨餐饮服务

“私厨上门”已初步具备了足够的现场空间和市场空间。早在2010年的时候，北上广就已经很流行，大家更希望在自己熟悉的地点或家里，用高品质的食材和优质的服务标准为自己的重要嘉宾提供餐食，提升宾客的体验感。这样的宴会活动在人们越来越注重隐私和高品质的活动需求下，将会有更多的受众群体。

（一）私厨起源

私厨源于清末，是在私密的自家厨房里烹制而成，无所谓菜系，无所谓章法，只要别家没有，只要味道独特，所以被人们称为私房菜。现在许多名菜其实都是从私房菜演变过来的，比如谭家菜、孔府菜、段家菜等。

私房菜从环境到服务所蕴含的人情味满足了人们对家庭温暖的需求，让人们在家庭的氛围中享用一道道精细的美食。私房菜更是一种文化积淀，香港、广州、北京的私房菜比较红火，因为是中餐几大菜系的发源地，像叫得响的私房菜馆江府菜、段家菜、谭氏菜，都是近一个世纪内从这些地方的深宅大院走出来的。现代人吃私房菜，不单在吃身份，也是在吃文化。

（二）私厨设宴环境及特性

（1）私房菜设宴地点也很讲究，须带点私密性，并且不大张旗鼓地做生意，熟客会自己找上门去。

（2）餐位很少，客人光顾前需要电话预订。

（3）私厨品牌定制每天限量供应，主人会出来应酬片刻，几次交道打下来，食客和主人就结成了好友。

（4）通常只有几个掌厨人，他们会与食客沟通，大打感情牌。

（5）私房菜必有拿手好菜吸引食客，从而形成自己的特色，而且这些菜在其他地方是绝对吃不到的。

（6）私房菜由香港传入内地后，不同的“私房”又各自加入了自家的“调性”。北京的私房菜自然要融入文化和艺术，如此产生的清宫菜式无疑是最大卖点。

以“吃”著称的羊城，私房菜的气候自然也超出北京，并且还有了进一步的改革和变种。广州不仅保持了私房菜的高端地位，还向中等消费者打开了厨房的大门，就连普通的菜肴，广州人也能点“食”成“金”。

（三）私厨菜肴的特点

（1）选料讲究，烹饪精心，器皿精致，环境幽雅。

（2）博采众长，从而形成自家风格，并无法模仿，无门无派，却能独步天下。

（3）房菜讲究：慢工细活，精雕细刻，菜肴做得典雅精致，香醇可口，正是借鉴了众家所长，才名扬天下。

二、私厨品牌定制服务

（一）私厨品牌

私厨品牌指在历史与岁月沉淀下不断积累和传承下来的美食文化和菜肴，也可指在民间手艺人或专业的厨师通过传统或改良创新原材料烹调后依然保留最初的美味，或提升食物最佳口感和营养价值等方式的菜品与文化类别。

私厨品牌在国际饮食文化的基础上又广泛吸收和借鉴了其他艺术形式，并扩展到文学、艺术等领域，形成了具有浓厚地方特色的私厨文化。

私厨品牌定制包括主题呈现、台面布置、餐点搭配、餐具艺术、环境选择、氛围营造等一系列内容。

（二）私厨品牌定制服务

（1）环境特点：设宴地点带私密性，环境幽雅。

（2）菜肴特点：选料讲究，烹饪精心，独一无二。

（3）菜单特点：固定私房菜谱，不做太多个性化调整。

（4）服务形式：分为分餐或部分分餐服务形式。

（5）宴会器皿：多元化特色呈现（从象形、材质、艺术、文化等层面表现）。

（6）特殊食材：需要和客人进行个性化需求的再次确认。

图 7-1　私厨品牌定制菜肴

（三）私厨品牌定制服务准备工作

（1）环境氛围营造、菜单选择、饮品要求、摆饰要求。

（2）服务及设宴时间、人数、个性化客人资料收集等。

（3）宴会前 10~15 分钟，开始洗茶服务。

（4）宴会前 30 分钟，进行醒酒准备。

（四）私厨品牌定制服务形式

通常是采用宴会式服务，分餐或部分分餐服务，通常是 45~90 分钟内结束宴会。

1. 分餐服务

每道菜都是独立装盘，通常器皿都经过精美装饰或点缀（环保和生态类食材或花草果品）。

2. 半分餐服务

通常只是开胃菜、主菜、汤羹、甜点和主食分餐，其他菜肴都是桌餐形式自己取用，部分菜肴也可通过服务员现场分食。

（五）私厨品牌定制服务流程

1. 了解服务对象

了解服务对象，也就是客人的饮食习惯和喜好，找出与能提供服务和菜品的契合点。

2. 正确选择品牌

选择私厨品牌定制服务时，应多方比较，并根据实际情况选择特色突出的私厨文化主题品牌。

3. 器皿选择

选择私厨品牌主题呈现的器皿需要紧扣主题，应注意器皿的功能性和观赏性、典故或由来；器皿的色彩与食物搭配要和谐，并与主题相互呼应；同时兼顾器皿的安全性或创意性及健康性。

4. 宴会台面设计

私厨品牌的宴会台面设计要突出主题并具有创意性，需考虑以下因素：

（1）台布的质地选择或安全性。

（2）台面装饰的物品或构件是否合理。

（3）台面设计是否最大化呈现特色主题文化。

（4）台面是否有效规避客人禁忌或本土文化。

私厨品牌定制的台面设计尽量以呈现当地民族文化为宴会主题，从台布、器皿、摆设元素、服务形式等都可以带入当地文化。

私厨品牌服务中，菜单设计是很重要的环节，一定要注意以下几个方面：

图 7–2　私厨宴会的台面设计

5. 菜单设计

一是菜品及饮品的选择是否考虑特殊年龄段客人需求；

二是菜品是否呈现当地特色文化和美食风格特点；

三是当地饮品是否具有代表性或特殊性；

四是菜单制作及标注内容是否有趣味性或艺术性，是否紧扣民族文化特点。

6. 菜品和茶饮的搭配

菜品和茶饮的搭配要适宜，需要考虑添加热饮或软糯易消化的食物，尽可能增加低糖降脂的菜品或饮品；菜品和茶饮的种类可以适当增加多一些应季的当地特色食材，饮品可考虑当地的茶饮或生态植物饮品类等。

7. 服务方面

服务人员的素质和质量是私厨品牌定制服务是否成功的关键要素。在服务过程中，要考虑以下几个关键点：

（1）是否符合国际化宴会服务标准流程。

（2）是否融入当地特色文化。要使客人对本地文化和美食产生关注和兴趣，就需要服务人员对当地美食有深层次的介绍和更多的文化交流。

（3）是否从服务形式到服装都具有文化特色。

总之，服务方面还需要在保证清洁安全和卫生的基础上，通过国际化服务标准流程对客进行服务，同时注重在服务中与客进行互动沟通，解析当地特色文化和美食由来，让食客深层次了解美食和民族文化的魅力，提升宾客体验感和融入度。

第二节　私厨个性化定制服务

由于人们的生活品质和需求的提高，越来越多的人都喜欢短距离郊游或朋友间聚会游玩，在享受大自然或美丽风景的时候，也需要感受休闲餐饮美食给大家带来的美妙体验。随着 2020 年疫情防控工作的持续，如今从事私厨行业的个人在自家住宅制作并经营食物的群体愈来愈多，这些食物包含了熟食、风味小吃、烘焙甜品、调味料等，个性化私厨定制外卖服务也悄然盛行。休闲旅游的人群慢慢覆盖 25~70 岁之间的消费者，市场出现了医疗休闲旅游、私人定制运动旅游、健康旅游、参禅或茶艺文化体验及特色文化餐饮体验等。

一、私厨个性化

（一）定义

私厨个性化，是指根据不同客人类型、文化背景、身体状况、地区差异、活动主题、客人喜好等情况，单独为客人打造的私房美食。

私厨个性化在国际饮食文化的基础上又广泛吸收和借鉴了其他饮食结构，并扩展到养生、健康、药膳等领域，通过多元化用餐形式和丰富多样的服务方式，形成了具有浓厚个性化特色服务的私厨文化。

（二）内容

私厨个性化定制包括环境设计、主题呈现、台面布置、餐点搭配、餐具艺术、氛围营造等一系列内容。

二、私厨个性化设宴环境及特性

个性化私厨定制从环境到服务所蕴含的宴会文化形态各异，通常选择的环境是私人花园、草坪、家庭餐厅、户外（球场、泳池、农庄等）满足人们私密或轻松的地点，在轻松温暖又愉快的用餐氛围里相互沟通交流，避免相互间的生疏感，在个性化的氛围中享用一道道精细的美食。

三、私厨个性化菜品特点

（1）食材选料讲究，注重养生和健康食材。

（2）烹饪制作工艺精良，器皿及装盘精致。

（3）用餐环境幽雅，气氛符合客人需求。

（4）菜品搭配更有针对性，菜品添加药膳食疗元素。

（5）博采众长，具有独特风格。

总之，私厨个性化菜品讲究慢工细活，精雕细刻，菜肴做得典雅精致，玉盘珍馐，借鉴众家所长，名扬天下。

四、私厨个性化定制服务

（一）私厨堂食定制

1. 私厨堂食定制服务

（1）环境特点：设宴地点私密性强，环境幽雅。

（2）菜肴特点：选料讲究，个性化需求明显，匠心独运，食为天性。

（3）菜单特点：菜谱可多样性选择，推崇多元化调整（包含养生、健康、药膳食疗类菜品）。

（4）服务形式：分为分餐或部分分餐服务形式。

（5）宴会器皿：多元化特色呈现（从象形、材质、艺术、文化等层面表现）。

（6）台面设计：突出宾客个性化需求和宴会主题。

2. 私厨堂食服务准备工作

（1）提供个性化的环境氛围营造、菜单选择、饮品和场地装饰。

（2）做好资料收集，包括服务及设宴时间、人数、客人个性化要求等。

（3）宴会前 10~15 分钟开始准备茶水。

（4）根据开餐时间，做好餐前准备工作。

（5）个性化需求需提前准备相关的服务用具和流程。

3. 私厨堂食服务形式

（1）分餐服务：每道菜都是独立装盘，通常器皿都经过精美装饰或点缀（环保和生态类食材或花草果品），单独装盘。

（2）半分餐服务：除开胃菜、主菜、汤羹、甜点和主食分餐，其他菜肴都是桌餐形式自己取用，部分菜肴也可通过服务员现场分食。

（二）私厨外卖定制

1. 私厨外卖定制服务：户外宴会或冷餐会及鸡尾酒会

（1）环境特点：设宴地点环境幽雅，多为户外，如花园、草坪、泳池、主题会场等。

（2）菜肴特点：选料讲究，做工精美，装饰主题性和个性化明显，烹饪精心，独一无二。

（3）菜单特点：多元化的食材准备，方便取食、花样繁多、食材精细，便于走动式用餐，用餐人数较多时，汤羹类相对较少也可做多元化调整。

（4）服务形式：分为分餐或走动式用餐服务形式。

（5）宴会器皿：以高端大气种类统一的器皿呈现（瓷器、陶器、不锈钢及玻璃器皿等）。

（6）台面设计：突出客人个性化需求和多样性宴会主题，同时也会考虑相关的辅助设计（如遮阳伞、防雨桌布、保温器具及冷藏器具）。

2. 私厨外卖服务准备工作

（1）环境氛围营造所需物品或设计感强的装饰用具。

（2）外卖宴会所需客用餐具数量清点及清洁准备。

（3）运送打包餐具时遵照规范要求和标准操作，确保安全性，减少流失率。

（4）宴会前需要提前几天到现场观察了解宴会场地的相关设施及场地安排。

（5）宴会需提前 2~3 小时到现场准备服务工作。

（6）如果宴会场地环境氛围营造和搭建工作量大的，需要提前 1~2 天进行宴会前准备工作。

（7）最后还要关注应急突发事件的处理，补救所需相关物品或设施及人员的安排统筹等工作。

3. 私厨外卖服务形式

（1）多采用分餐或走动式用餐服务。

（2）宴会菜品也有部分是服务员走动式派送服务。

表 7–1　私厨品牌定制与私厨个性化定制服务特征

	私厨品牌定制	私厨个性化定制
器皿	多元化特色呈现（从象形、材质、艺术、文化等层面表现）	以高端大气种类统一或个性化需求之器皿呈现（瓷器、陶器、不锈钢及玻璃器皿等）
风格	器皿精致，文化艺术性强，象形餐饮具多元化、环境幽雅私密性强	主题鲜明、个性化、特色多样性、奢华、讲究、优雅、温馨
菜品设计	博采众长，从而形成自家风格，并无法模仿，无门无派，却能独步天下	选料讲究，做工精美、多元化，方便取食、花样繁多、食材精细，装饰摆盘主题性和个性化明显，可中西菜品搭配，烹饪精心，独一无二
环境特点	固定私密的幽雅空间，有家庭温馨和温暖的氛围	环境幽雅，多数基于户外，花园、草坪、泳池边或高端私密的会场
服务形式	宴会分餐式服务或半分餐式服务，特别高级的宴会需要单独的侍酒服务	可站立、可走动式或桌餐分餐服务形式，部分菜肴或饮品可以走动式派送服务
准备工作	环境氛围营造、菜单选择、饮品要求、摆饰要求 服务及设宴时间、人数、个性化客人资料收集等 宴会前 10~15 分钟，开始洗茶服务 宴会前 30 分钟，进行醒酒准备	环境氛围营造所需物品或设计感强的装饰用具 外卖宴会所需客用餐具数量清点及清洁准备 按照运送打包餐具时的规范要求和标准操作，确保安全性和减少流失率 宴会前需要提前几天到现场观察了解宴会场地的相关设施及场地安排
服务流程	问候迎接客人、领座、问茶、洗茶、酒水服务、餐桌服务、结账、送客	问候迎接客人、领座、分餐服务或派送服务、送客
特点	宴会时间可长可短、氛围温暖和谐、私密性强	宴会时间长、轻松随意、自由灵活、社交性比较强

五、私厨宴会服务流程

（一）迎客服务

迎客站立准备：要求面带微笑、仪容仪表整齐、规范着装、放背景音乐。

迎接客人：轻声问候，手势指引并拉开椅子请客人入座。

开口布：右手拿巾，折成三角形端铺于宾客膝盖之上。

（二）入座服务

与客人有目光接触时，示以微笑并问候。

帮客人拉椅子，指引客人入座。拉椅子时注意双手扶住椅背，右脚向前一小步，膝盖部位固定住椅子往后撤，客人入座时椅子轻轻触碰到客人腿弯即可，直接接触到客人会让客人感觉不舒服。

客人坐定后帮客人拆席巾。席巾叠成三角，逆时针铺到客人腿上，手部尽量减少接触席巾面，只需用手指轻轻捏住席巾的两角。

传菜员把热毛巾传进来，服务员在上毛巾的同时撤头盘的银菜盖。

（三）酒水服务

根据宴会所提供的酒水、饮料以及我们所掌握的 VIP 资料，给客人服务。

红酒一口的量（盖住杯底即可），饮料 7 分满。

酒水统一使用相应的分酒器及水扎服务。

服务员要时刻关注所服务区域客人，确保所服务客人的酒杯及饮料杯一直有饮品。

（四）头盘服务

头盘与展示盘重叠（客人入场前 10 分钟摆好，盖银餐盖），装饰朝统一方向，客人入座后打开餐盖的同时报菜名。

递送热毛巾：从客人的右手边递送至宾客的左边，同时把展示盘里头盘菜盖打开。

头汤传菜员把汤端到指定位置与服务员配合，先撤头盘的盘子及餐具（刀、叉）然后上汤，右手执汤底碟，汤勺放于汤底碟的侧边与手呈 45 度位置平稳放于客人面前，打开汤盖，竖起汤盖稍做停顿然后把汤盖内侧朝上收到左手，并把汤勺放于汤碗内（紧贴汤碗内侧，勺柄朝右）。

头汤结束服务下道菜前，传菜员带托盘进场收汤盅，连同展示盘一起撤掉。

图 7-3　头盘菜品

（五）主菜和副菜服务

上菜时候注意摆盘，装饰朝指定方向。

右手从客人右边上菜，撤盘时跟对应餐具一起收掉（主菜出品时是带菜盖的，传菜员把菜传到指定位置，服务员需要把菜盖掀开然后再摆放到客人面前）。

副菜操作跟主菜相同。

副菜用完后，传菜员托毛巾进场更换毛巾，同时收副菜餐盘及餐具，桌面留酒杯、饮料杯、黄油盘、黄油刀、毛巾托，原本置于展示盘上方的餐具按照要求摆放到客人的左右两侧，基本与肩同宽（根据下道甜品盘的宽度调整）。

（六）甜品水果服务

甜品上桌前会跟甜品勺一起上，注意摆盘的方向。

服务细节：把第二道热菜连同刀叉筷子等一起撤走（收餐具时要逐一操作）。客人正上方的甜品叉和甜品刀分别放到左右两边，注意中间距离要够甜品水果盘摆放空间位置。

收果盘服务：从客人的右手边把甜品刀叉同时撤走。

图 7–4　甜品

（七）送客服务

手势指引并拉开椅子引领客人离开。轻声提醒客人带好随身物品。向右下方后退两步，右手方向指引客人行走方向，陪同客人离开座位。送客到门口要微笑并轻声说再见，如客人乘车离开要挥手示意，微笑道别。

（八）关注事项

所有服务都需从客人的右侧位置进行。

需要从客人面前撤走餐具或者摆放菜品时都需要相应的手势示意客人。

“Excuse me，may I…”“打扰了……”

上菜时需要右手单手操作，不允许两只手同时帮客人上菜。

服务中尽量全程佩戴白手套，轻言细语、操作快捷无声。

客人离席敬酒，要把客人的口布折成三角形放于客人左手边（关注不要用手接触太多面）。

上菜中客人离席，新菜暂时不要揭盖，等客人重新入座后再揭盖。

客人如需继续享用上道佳肴，可帮客人放于左上方位置，新菜放在正位。

统一着装、仪容仪表标准规范，女员工化淡妆。

全程服务保持微笑和最佳工作状态。

宴会时服务人员不能携带手机，一切行动听指挥。

上菜或撤盘，全部按统一操作标准，所有服务都从客人右边操作。

案例 7-1

私厨品牌预订

有一来自香港的商务公司客人大约有 8 人，在本地了解市场。想预订一个晚宴尝尝当地私厨品牌餐厅的菜肴，我们从会议方获得的相关信息如下：

客人大多数都是香港本地人；客人有三分之一都是第一次到本地；客人的年龄都是 40~50 岁之间，有女士；客人对本地的美食期望高，但是客人特别提出按照当地特色制作菜肴，不需为他们提供个性化菜品。

【案例分析】

了解香港人对美食的一些基础常识和忌讳的饮食习惯，菜单需要避开饮食禁忌食材；考虑一下客人对本地的饮食文化接受程度或求知欲，找一个能保留当地特色和私厨品牌的菜品平衡点；是否需要考虑一下客人年龄段存在的饮食需求如低糖、低脂、少盐、健康等特点；分析客人心中所想，包括对私厨品牌服务及菜品质量的特色用餐体验；考虑或了解客人对私厨品牌宴会价格环境等接受范围标准。

案例 7-2

周末下午某某公司需要私厨定制外卖服务，人数有 100 人，活动时间是 3 小时左右，需要设立 20 位的主桌宴会服务及 70 人的冷餐酒会，主题是公司周年庆活动。要求：

宴会活动场地在举办方公司的花园内，有主题背景搭建和 VIP 主桌，宴会是半分餐服务和走动式加自助服务形式。

公司高层都会参加活动，宴会需要紧扣主题和公司文化呈现。

【案例分析】

作为私厨外卖宴会主要服务团队负责人，应以为客人提供更加优质的宴会服务为工作目标：

首先我需要把客人的信息和相关需求整理好，制定相关服务流程。

准备相关的分餐服务用具和走动式及自助式所需服务器皿。

根据活动主题和客户需求选择菜单和宴会环境布置设计方案。

专业技能服务团队各岗位组成部分的人员安排工作。

各类辅助用具和设施设备的检查及落实安排细节。

场地做实地考察和了解相关细节。

搭建设施及工作计划安排方案。

【思考】

准备工作中，是否需要关注运输物资的相关要点和风险评估？

是否应该关注客户群体的特殊性或公司企业文化的融入度或参与性？

是否关注根据季节性或天气进行一下辅助设施设备的准备和预案？

突发事件处理及应急措施方案是否考虑专业团队的保障小组？

是否需要考虑服务团队的氛围营造如服装、帽子、围巾、围腰或胸牌等带有企业文化特色的标识或图案？

本章小结

1. 知识点

私厨品牌定制、个性化私厨定制的服务标准流程和工作要点，常规休闲私厨服务类型和特色服务内容。

2. 核心技能

如何打造私厨品牌文化，不同的客人需求该从哪些要点进行个性化私厨定制设计和服务。

3. 职业素养

增加综合知识技能，提升个性化服务专业水平，不断完善和学习不同领域的相关知识。

思考与练习

一、单项选择题

1. 私厨个性化外卖定制服务中，设宴环境地点一般偏向于环境优雅，多以户外为主，如（　　）、草坪、泳池边及主题会场等。

A. 家里　　　　B. 大堂吧

C. 咖啡厅　　　D. 花园

2. 个性化私厨定制外卖台面设计应该突出个性化需求和多样性宴会主题的同时，也要考虑相关的辅助设计如遮阳伞、防雨桌布、(　　) 及冷藏器具。

参考答案

A. 插花　　　　B. 环境布置

C. 服装　　　　D. 保温器具

二、多项选择题

1. 私厨品牌定制服务包括哪些内容？(　　)

A. 环境特点：设宴地点带点私密性，环境幽雅。

B. 菜肴特点：选料讲究，烹饪精心，独一无二。

C. 菜单特点：固定私房菜谱，不做太多个性化调整。

D. 服务形式：分为分餐或部分分餐服务形式。

E. 宴会器皿：多元化特色呈现（从象形、材质、艺术、文化等层面表现）。

F. 特殊食材：需要和客人进行个性化需求的再次确认。

2. 私厨外卖服务形式有哪些？(　　)

A. 分餐服务

B. 走动式派送服务

C. 半分餐服务

三、简答题

1. 什么是私厨品牌定制？

2. 私厨宴会服务需要注意的事项有哪些？

第八章

休闲旅游饮品服务

本章重点

本章重点讲解休闲旅游饮品中茶艺的分类与不同场景下的茶艺表演流程、茶馆服务流程、雅集设计、茶点的配置；主要酒类与酒品、酒类服务发展趋势和主要酒类的服务流程与规范；咖啡果的组成部分和处理方法、咖啡主要品种、代表型咖啡的调制与品饮、咖啡馆氛围的营造及服务、咖啡馆服务流程规范；其他休闲饮品的概念、其他休闲饮品的分类、发展、文化、跨界创新、装饰艺术等内容。

学习要求

休闲旅游饮品服务重点讲解具有广泛性和实用性的茶文化、咖啡文化、酒文化和其他休闲旅游饮品文化。通过本章内容的学习，学习者能够在了解相关概念的定义、性质和适用范围的基础上，掌握休闲旅游茶艺与茶饮服务、茶空间及雅集活动的设计、茶馆服务、茶点配置、主要咖啡豆的识别及咖啡制作、咖啡馆的服务及氛围营造、基础酒类的识别、主要创意酒的调制等基本知识和典型工作任务的流程。具备针对性、个性化、综合化的休闲旅游饮品服务中的对客服务技能，具有一定的创新和开拓能力。

本章思维导图

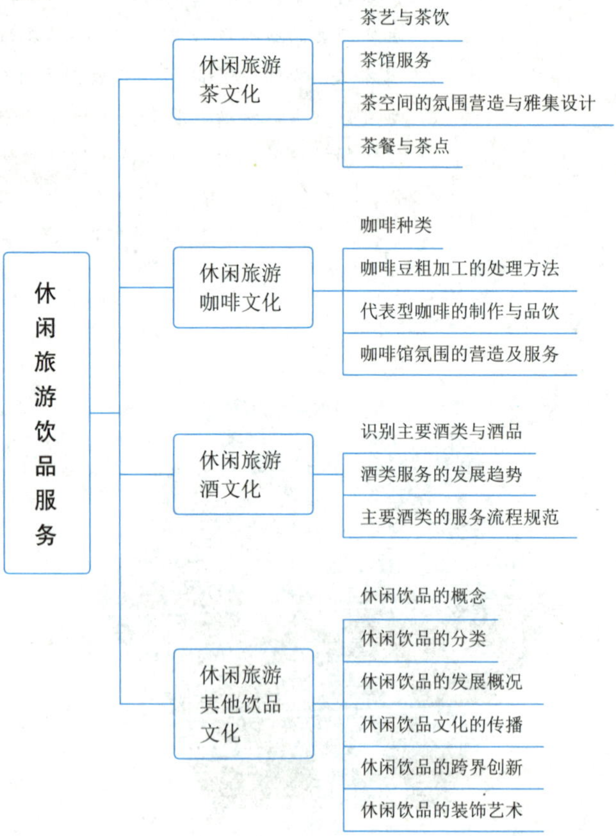

第一节　休闲旅游茶文化

近年来，随着国民物质生活水平的不断提高，人们对美好生活的向往和追求日益凸显，不同时空下的茶艺与茶饮养生、茶空间及雅集设计的活动越来越频繁。从业者如何有效运用专业知识，正确辨识客人潜在需求，为客人提供和茶艺与茶饮相关的品质生活的解决方案，成为应对中高端人群休闲旅游消费诉求的主要内容。

一、茶艺与茶饮

（一）茶艺与茶饮概念

1. 茶艺

中国茶艺不仅是关于茶的品饮，更是茶文化具体的表现形式。中国茶艺在中国优秀传统文化的基础上，广泛借鉴和吸收了多种其他艺术形式，如文学、书画、插花、焚香、音乐、民族文化等其他艺术领域。简单来讲，茶艺即“茶”与“艺”的结合。茶艺是茶艺师把人们日常饮茶的习惯，根据一定的茶艺规则，经过艺术加工，向宾客展现茶的冲、泡、饮的技巧，把日常的饮茶引向艺术化，不仅提升茶的品饮境界，更能赋予茶灵性与美感。

茶艺包含人、茶、水、器、艺、境，茶艺的核心是通过这六大要素给人以美的享受，因此六大要素缺一不可。

2. 茶饮

茶饮即茶的饮用与品鉴。茶饮包括传统茶饮与新式茶饮，传统茶饮即我国传统茶品如绿茶、红茶等通过传统茶具冲泡后的品饮鉴赏；新式茶饮是传统茶品通过新式茶具冲泡后的品饮鉴赏，如冰滴茶茶艺等，或在茶汤中调入其他作料，如奶茶、果茶、啤酒茶等。

（二）识别六大茶类

中国茶叶品种繁多，茶类的划分也有多种方法，如根据产区、品饮方法、历史发展、制作方法等方式进行划分，根据茶多酚氧化（发酵）程度的不同，可分为六大茶类：绿茶、白茶、黄茶、青茶（乌龙茶）、红茶、黑茶。干茶外观由绿向黄绿、黄、青褐、红褐色渐变，茶汤也由绿向黄绿、黄、青褐、红褐色渐变。

表 8-1　六大茶类分类及品质特征

品种	发酵程度	品质特征	代表茶品	代表茶品图
绿茶	不发酵	具有“清汤绿叶”的品质特点，色泽绿润，内质香气高鲜，汤色绿明，滋味纯和而爽口，富有收敛性，叶底嫩绿明亮	西湖龙井、洞庭碧螺春、六安瓜片、太平猴魁、信阳毛尖、安吉白茶等	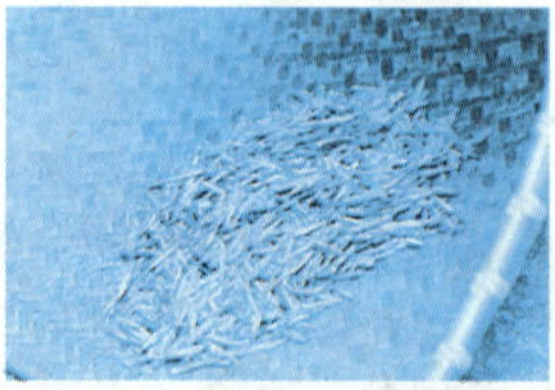 龙井茶
白茶	轻微发酵	毫色银白，有“绿妆素裹”之美感，且芽头肥壮，汤色黄亮，滋味鲜醇，叶底嫩匀。冲泡后品尝，滋味鲜醇可口	白毫银针、白牡丹、贡眉、寿眉等	 白牡丹
黄茶	轻微发酵	“色黄、汤黄、叶底黄”，外形金黄色，毫尖显露，芽壮叶肥，汤色橙黄，香气清高，滋味醇厚爽口	君山银针、蒙顶黄芽、霍山黄芽	 平阳黄汤
青茶（乌龙茶）	半发酵	滋味甘醇、香气馥郁，讲究韵味，叶底有明显的绿叶红镶边的特征。它既有绿茶的鲜浓，又有红茶的甜醇	大红袍、水仙、肉桂、白芽奇兰、凤凰单枞、铁观音	 武夷水仙

续表

品种	发酵程度	品质特征	代表茶品	代表茶品图
红茶	全发酵	干茶色泽乌润，滋味醇和，汤色红亮鲜明，具有麦芽糖香或焦糖香	正山小种、金骏眉、滇红、祁红	 滇红
黑茶	后发酵	干茶色泽黑褐或黄褐；汤色橙黄、橙红或琥珀色；叶底色泽黄褐、黑褐油亮。口感醇和爽滑；老茶醇厚顺滑，回甘持久明显，有陈香和药香味	安化黑茶：茯砖、黑砖、花砖、花卷、天尖等 四川雅安藏茶：康砖、方茶、圆茶 滇桂黑茶：云南普洱、广西六堡茶	 普洱茶

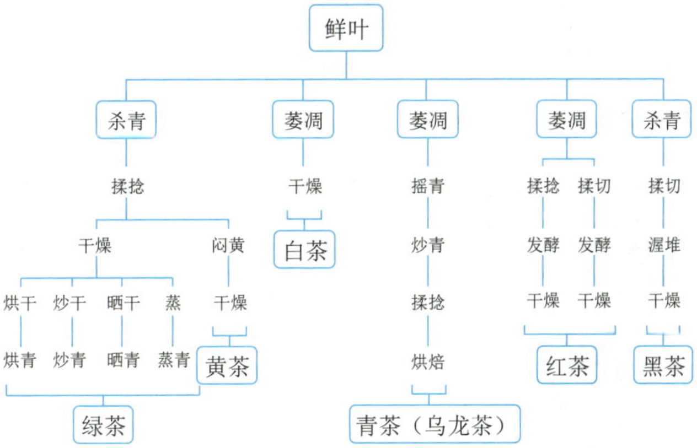

图 8–1　六大茶类加工工艺

（三）茶艺类型及服务

中国茶叶品种繁多，根据不同的原则和标准，茶艺的划分有多种方法。按民族划分，可分为汉族茶艺和少数民族茶艺如傣族茶艺、藏族茶艺、布朗族茶艺、蒙古族茶艺等；按民俗划分，可分为客家擂茶、婚礼茶艺、惠安女茶等；按地域划分，可分为北京盖碗茶茶艺、西湖龙井茶茶艺、大理白族三道茶茶艺、婺源文士茶茶艺等；按时期划分，可分为汉代茶艺、唐代茶艺、宋代茶艺、明代茶艺、清代茶艺、民国茶艺、近现代茶艺和当代茶艺；按社会阶层划分，可分为宫廷茶艺、宗教茶艺、文士茶艺、民间茶艺等。

根据茶事功能划分，可分为待客型茶艺、表演型茶艺、营销型茶艺、养生型茶艺。

1. 待客型茶艺

待客型茶艺一般是指日常生活中，茶艺师与客人们围桌而坐，一同赏茶鉴水、品茗闻香、切磋茶艺、享受友情，是一种所有人都可直接参与的茶艺。待客型茶艺适用于茶馆、企事业单位及普通家庭。

待客型茶艺要求茶艺师能边泡茶，边讲解，客人可随意插话，自由发问，因此要求茶艺师除了具备丰富的茶艺专业知识，更要具备较好的沟通能力。练习待客型茶艺时，应在符合茶艺规则及茶道精神的基础上，茶艺动作自然流畅，表情忌夸张；茶艺师妆容及服饰舒适简单；交流时要亲切自然，尽量避免矫揉造作的讲话和动作。

案例 8-1

绿茶茶艺流程

备水器具：煮水器、随手泡、开水壶等

泡茶器具：玻璃杯

图 8-2　烧水壶

图 8-3　玻璃杯

品茶器具：玻璃杯

辅助器具：桌旗、竹席、茶盘、茶叶罐、茶荷、茶针、壶承、茶巾、水

盂、滤网、杯托、茶道组、其他装饰物等

图 8-4　绿茶茶艺茶席

绿茶茶艺流程：

备具备水→行礼→布具→赏茶→温杯→置茶→浸润泡→摇香→冲泡→奉茶→收具

实训 8-1

根据绿茶茶艺流程，总结玻璃杯茶艺相关知识点，并填写以下内容：

适用茶类：　　　　　　　　备水器具：

泡茶器具：　　　　　　　　品茶器具：

辅助器具：

玻璃杯茶艺流程：

2. 表演型茶艺

表演型茶艺是指一个或多个茶艺师通过规定的茶艺流程及动作，并结合音乐、书画、插花、焚香等其他文化形式，为观众演示茶叶的冲泡技巧。表演型茶艺是视觉观赏与听觉的结合，因此表演型茶艺的创编要求来源于生活，高于生活，可借助舞台艺术来表现茶艺主题，提升茶艺的艺术感染力。

表演型茶艺适用于茶艺馆、大型聚会、节庆活动、舞台演出等，其主要功能是吸引大众，推广茶知识，宣传茶文化及中国传统文化。

案例 8-2

乌龙茶茶艺

备水器具：煮水器、随手泡、开水壶等

泡茶器具：茶壶

品茶器具：品茗杯、闻香杯

图 8-5　紫砂壶

图 8-6　闻香杯与品茗杯

辅助器具：桌旗、竹席、茶盘、茶叶罐、茶荷、茶针、壶承、茶巾、水盂、滤网、杯托、茶道组、其他装饰物等

图 8-7　乌龙茶茶艺茶席

乌龙茶茶艺流程：备具备水→行礼→布具→赏茶→温具→置茶→温润泡→冲泡→分茶→奉茶→收具

实训 8-2

根据上述乌龙茶茶艺流程，总结紫砂壶茶艺相关知识点，并填写下表：

适用茶类：　　　　　　　　　备水器具：

泡茶器具：　　　　　　　　　品茶器具：

辅助器具：

紫砂壶茶艺流程：

3. 营销型茶艺

营销型茶艺是指通过茶艺来营销茶叶、茶具、茶艺服务、茶文化等。营销型茶艺适用于茶馆、茶厂、茶庄、茶具售卖店等。

营销型茶艺没有固定的程序和解说词，而是要求茶艺师看茶泡茶、看具泡茶、看人泡茶，即在充分了解茶性与茶具特点的基础上，根据客人年龄、性别、生活地域、饮茶习惯等特点，选择合适的器具与茶叶，冲泡出最适合客人口感的茶，充分展示出茶叶的色香味韵。此外，还要求茶艺师具有较强的营销能力，根据客人的文化程度、兴趣爱好，巧妙地介绍所营销的茶品，如茶品特征、名贵度、保健功效、冲泡技巧及文化内涵，以激发客人的购买欲望来达到营销目的。因此，营销型茶艺除了要求茶艺师具备丰富的茶叶、茶艺、茶文化知识，还需要具备高明的营销技巧。

案例 8-3

红茶茶艺

备水器具：煮水器、随手泡、开水壶等

泡茶器具：盖碗、公道杯

品茶器具：品茗杯

图 8-8 盖碗

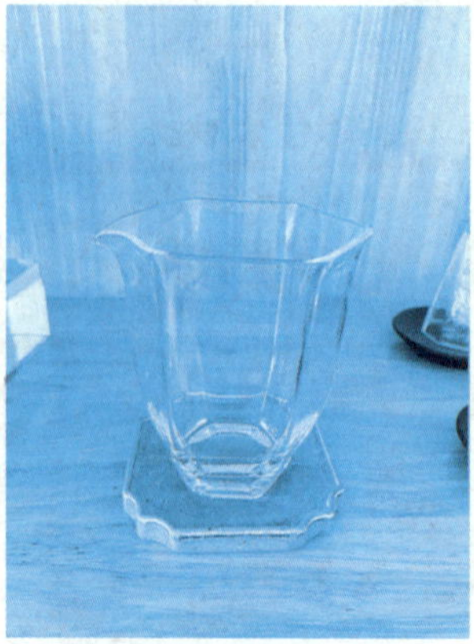

图 8-9 玻璃公道杯

图 8-10 玻璃品茗杯

辅助器具：桌旗、竹席、茶盘、茶叶罐、茶荷、茶针、壶承、茶巾、水盂、滤网、杯托、茶道组、其他装饰物等

图 8-11 红茶茶艺茶席

红茶茶艺流程：备具备水→行礼→布具→赏茶→温具→置茶→浸润泡→摇香→冲泡→出汤→分茶→奉茶→收具

实训 8-3

根据上述红茶茶艺流程，总结盖碗茶艺相关知识点，并填写下表：

适用茶类：　　　　　　　　备水器具：

泡茶器具：　　　　　　　　品茶器具：

辅助器具：

盖碗茶艺流程：

4. 养生型茶艺

养生型茶艺是将养生理念与方法融入茶艺，使品饮者身心健康，延年益寿。养生型茶艺包括传统养生茶艺和现代养生茶艺。传统养生茶艺是指将饮茶结合中医养生、草药养生、食疗养生、沐浴养生、佛教或道教的养生功法等，达到修身养性的目的。现代养生茶艺是将饮茶与瑜伽、芳香疗法、音乐疗法、心理疗愈、现代医学手段等结合，调制出适合自己身体状况和口味的养生茶茶品。养生型茶艺除适用于茶艺馆外，还适用于养生馆等，也可根据自身情况自泡、自饮，因此深受越来越多茶人的欢迎。

案例 8-4

普洱茶茶艺

备水器具：煮水器、随手泡、开水壶

泡茶器具：茶壶、公道杯

品茶器具：品茗杯

辅助器具：桌旗、竹席、茶盘、茶叶罐、茶荷、茶针、壶承、茶巾、水盂、滤网、杯托、茶道组、其他装饰物等

图 8-12　紫陶壶与紫陶茶杯

图 8-13　普洱茶茶艺茶席

普洱茶茶艺流程：备具备水→行礼→布具→赏茶→温具→置茶→温润泡

→出汤→分茶→齐眉奉茶礼→奉茶→收具

实训 8-4

根据上述普洱茶茶艺流程，总结陶壶茶艺相关知识点，并填写下表：

适用茶类：　　　　　　　　　备水器具：

泡茶器具：　　　　　　　　　品茶器具：

辅助器具：

紫砂壶茶艺流程：

二、茶馆服务

（一）茶馆的分类

中国的茶馆由来已久，自古以来，品茗场所有多种称谓，如茶肆、茶坊、茶寮、茶社、茶室、茶房、茶店、茶铺、茶亭、茶楼等。茶馆一般设有固定的场所，供客人品茶、休闲消遣。在唐宋时期，我国饮茶之风盛行，茶馆功能丰富，除提供茶水外，还可提供点心、餐饮及住宿服务。清代是我国茶馆发展的鼎盛时期，茶馆数量多，功能丰富，除卖茶水外，还兼营点心、烟酒、评弹、说书、戏曲、其他演艺等，并延续到现代。中国现代茶馆根据风格，可分为川派茶馆、京派茶馆、江浙茶馆、滇派茶馆、粤派茶馆。

案例 8-5

国内茶馆风格分类

1. 川派茶馆

在巴蜀文化影响下，川派茶馆是一个地域特点十分突出的茶馆类型。川派茶馆除了是品茶休闲的茶馆外，还是当地的文化娱乐场所，更是人们重要的社交场所。其中，成都茶馆更具鲜明的特色。

2. 京派茶馆

北京作为全国的政治、经济、文化中心，北京茶文化的特点是：历史悠久、层次复杂、内涵丰富、功能齐全，相比其他地区的茶文化，更具多样性。

在其影响下，北京茶馆也具有这几方面的特征。北京茶馆既有环境幽雅的高档茶楼、茶馆，也有大众化的如喝大碗茶的街头茶棚，也可以见到其他地区风格的茶馆如粤派、江浙茶馆等。北京的茶馆是了解京味文化的一个重要窗口。通过老舍先生的话剧《茶馆》，可以了解清末民初的北京风土人情。

图 8–14　成都鹤鸣茶社

图 8–15　北京老舍茶馆

3. 江浙茶馆

江浙地区自古兴茶，从种茶到饮茶，都形成了独具地方特色的茶文化现象，茶馆文化也是其中最富特色的文化现象之一。其中，杭州茶馆是全国茶馆业中最具特色的代表性茶馆。第一，在地理环境和自然资源上，“西湖双绝”——虎跑水龙井茶就是杭州茶馆得天独厚的优势。第二，杭州的茶文化历史悠久，近年来，更是聚集了众多茶人、茶馆、茶协会、茶文化活动等，给杭州增添了浓厚的茶文化氛围。

图 8–16　苏州某茶馆

4. 滇派茶馆

云南自古就是我国茶叶主产区之一，因此茶馆文化也历史悠久，其中比较有代表性的就是昆明茶馆。老昆明流传着这样一句话：“喝水要喝吴井水，吃茶要吃十里香。”这里所说的“吴井水、十里香茶”，与西湖双绝“虎跑水、龙井茶”有异曲同工之妙。昆明茶馆每天营业，主要经营场地与茶水，有的茶馆如“茶园”则以戏曲为主，售卖茶水为辅，主营戏曲有京剧、滇剧等。抗战时期，西南联大等多所大学迁往昆明，因此，大批内地军民、教授、学子都来到昆明。在许多文章中都有关于昆明茶馆的记载，如汪曾祺先生的文章里，有很多篇提到或专门记述昆明的茶馆。这些茶馆与“茶园”有所不同，没有丰富的表演与昂贵的茶点，许多联大学子都把茶馆当作自习室，喝茶、看书、写作、聊天，因此联大门口的茶馆生意相当火爆。

5. 粤派茶馆

图 8–17　建水和院“心香书院”茶空间

图 8–18　白天鹅玉堂春暖

与其他地域不同的是，粤派茶馆多称为“茶楼”。茶楼除了卖茶水，还兼卖小吃茶点，“餐饮结合、茶中有饭，饭中有茶”是粤派茶馆的典型特点。广州茶楼是粤派茶楼的代表茶楼，可追溯自清朝时期，即清朝的“二厘馆”，最初的功能是为客人提供歇脚叙谈、喝茶吃点心的地方。广东人向来有饮茶的习俗，喝早茶更是广东、港澳地区人们生活的重要组成部分。

实训 8-5

根据上述知识及网络资源，完成以下茶馆对比表：

茶馆类型	茶馆特点				知名茶馆举例
	外观建筑	环境氛围	茶品特点	用具特色	
仿古式茶馆					
园林式茶馆					
庭院式茶馆					
民俗式茶馆					
新中式茶馆					
综合茶馆					

（二）茶馆服务流程

1. 工作准备

茶艺师需提前做好工作准备，除茶馆卫生以外，所有客用的器具都需经过消毒，并整齐摆放于茶水间或工作台，以便客人来时及时取用；应摆放于台面的物品如烟灰缸、台卡、纸巾、菜单等应提前擦拭干净，整齐有序地置放于台面上；其他娱乐用品应及时清点备齐，放在库房以便使用。

2. 仪容仪态

（1）仪容：按茶馆风格着工作服，女士化淡妆，发型规范，男士不留鬓角，前不遮眼，后不过肩。

（2）仪态：工作中保持良好的服务体态，如微笑服务、双手承接物品、迎送时需行鞠躬礼等。

3. 迎宾要求

客人来时应热情迎接，可用姓氏称呼客人，并迅速把客人引领到合适的座位，与茶艺师做好交接及服务准备。

4. 接待客人

（1）热情主动：客人坐好后，及时为客人上香巾、小吃、茶水单等；记住客人习惯、爱好、禁忌或特殊要求，并做好相关记录。

（2）礼貌用语：多使用“请”“您好”“打扰一下”“谢谢”“很乐意为您效劳”“对不起”“再见”等礼貌用语。

5. 点单与营销

（1）点单时，应站在合适的位置，侧身并适当弯腰为客人点单。

（2）根据客人的来源、口味、需求等信息，为客人推荐茶品。

（3）根据客人点的茶品向其推销相应的茶点，并简单介绍茶点与茶的搭配知识。

（4）待所有客人点单以后，复述一遍客人所点内容，包括数量、口味及特殊要求，征得客人同意后下单。

6. 茶艺服务

茶艺师需根据顾客所选茶类选择合适的冲泡器具；冲泡应符合标准茶艺流程并根据客人的要求适时调整。

7. 巡台服务

巡台期间勤换烟灰缸、果碟，为客人续水、清洁台面等，保持客人饮茶的舒适环境。此外，还包括为客人续点小吃、果盘等，应为客人热情推销。

8. 结账服务

客人结账时，及时为客人打印消费单，告诉客人消费数量，请客人核对账单及消费金额，及时为需要发票的客人打印发票，如客人有打折卡或会员卡的，按相应活动内容办理。

9. 送客服务

茶艺师及工作人员需站立送客，并提醒客人带好随身物品，指示出口并送客人离开，欢迎客人再次光临。

三、茶空间的氛围营造与雅集设计

（一）茶空间氛围营造

茶是中国人最重要的饮品之一。在中国人的生活里面，茶又不仅是解渴的饮料，以茶而生的茶艺、茶道、茶文化，既是喝茶的生活礼仪，又是中国人修身养性的一种方式。中国传统文化，大多都与茶有着千丝万缕的关系。茶空间，是呈现茶与茶文化的空间，更是体现中国传统文化的空间。

1. 茶空间设计原则

所谓茶空间，狭义来说可以是茶馆、茶室；广义来说一切喝茶的地方都是茶空间，客人可以走进自然品茗，感受茶与自然的融合，也可以小到一方茶席，也是一处别致的茶空间。简单来说，茶空间是指品茶的场所和环境，能够体现主人的茶道精神或茶事活动的主题。

现代茶空间设计原则：一是以茶为主；二是以人为本；三是因地制宜；

四是有繁有简；五是中西合璧；六是要体现主人对茶道的追求。

2. 茶空间布局与要素

（1）空间布局。茶空间强调人与自然和谐，要有亲近自然的理念。古人可以直接在大自然中品茗游玩，徜徉于山水间，但现代都市生活让人和自然有了距离，因此，茶空间可以通过茶空间的设计把自然展现在爱茶人的眼前。茶空间有多种布局，但一般都要体现空间的自由组合和灵动性，避免机械式的平均布局。整体设计可以借鉴我国古典园林设计原则，可采用“三分留白”“奇斜取势”等符合自然美的法则，强调布局的轻盈感。茶空间让人直观感受自然，除了整体的空间布局以外，也可通过室内造景来增添茶空间的自然感，比如可以设计室内池塘、室内假山，种植莲、梅、兰、竹、菊等植物，都可营造出大自然的氛围。此外，建筑材料也是彰显自然不可缺失的要素。可选用贴近天然的建筑材料如原木、石材、竹子、棉麻、陶瓷、藤编等，保留天然本质的效果。茶空间室内要求干燥通风，时刻保持空气清新。此外，建筑和光线的关系在茶空间也很重要，光线从窗外照射进室内，可以让室内显得温暖、通透，更添雅致，但是要避免阳光直射茶台及茶叶等。

（2）空间装饰。茶空间的家具要求少而精，在室内摆放茶几、座椅等，不必拘泥于单一形式，材质上可多采用木质、石质、藤编等。除了家具，装饰是茶空间不可缺少的，充满人文气息的装饰可以让茶空间于细节之处打动人心，为茶空间的氛围营造画龙点睛。茶空间的装饰有图像装饰与文字装饰。图像一般是自然图景如花草树木、山川河流、虫鱼鸟兽等，通过描绘出自然环境，给人营造出置身于自然中的氛围；文字则指书法作品等，可以镌刻在墙上，或者在室内悬挂书法作品，引领茶客体味茶空间的人文气息；还可配上古画、陶瓷、古董等装饰物。

（3）氛围营造。乐器能为茶空间增添别样气息，如古筝、琵琶、钢琴等。古色古香、空灵流动的乐曲能够让人内心平和，使品茶人更好地融入品茶环境中。茶空间的色彩搭配也是氛围营造的重要因素。茶空间色彩要自然和谐，尽量避免色彩艳丽的装饰物，可多采用素色、平和的色系装饰室内，有助于还原自然，给人带来心灵的宁静、恬淡和舒适。

（二）雅集设计

1. 雅集的定义

雅集，源自古代，专指文人雅士吟咏诗文、议论学问的集会。“雅集”须有“集（会）”，更要有“雅”，即雅人、雅事和雅兴。古代文人墨客们聚在一起吟风弄月，诗文相和，琴、棋、书、画相陪，茶、酒、香、花做伴。这种集会的内容和形式有点类似现代的沙龙，这就是所谓“雅集”。

2. 雅集的种类

根据雅集的目的，可以分为节日雅集、纪念雅集、文化艺术雅集、交流雅集、品鉴雅集等。

3. 雅集设计

根据雅集的种类，确定雅集的主题、形式、规模、参加对象、时间、地点及经费预算。

（1）一般准备。根据主题，准备场地、水电、音响、拍摄设备等相应的物料，根据参加人数准备邀请函、签到表、茶水、茶点、茶点盘等。

（2）特殊准备。根据主办方、嘉宾的要求，准备相应的桌椅、坐垫、屏风、乐器、字画、茶具、其他道具等。

图 8-19　云旅院“泼茶香”茶艺社“大明气度”雅集

图 8-20　“煮茶 · 煎香”雅集

实训 8-6

根据所学知识，阅读以下材料，完成雅集思维导图：

【场景】

在一次茶博会上，某茶馆受邀举办一场主题为“曲水流觞”的雅集活动，活动时间为 2 小时，茶博会主办单位免费提供 200 平方米场地以及部分茶桌、椅、水电、LED 屏幕、展架等基础材料。该茶馆高度重视本次雅集活动，邀请 30 名茶馆钻石 VIP 客户参加本次雅集，并预计用 5 万元作为本次雅集经费，结束后，有一定的相关报道。

【思考】

请从策划—方案—执行—监控—后续五个阶段进行上述雅集具体内容的

思维导图制作。

四、茶餐与茶点

（一）茶餐

在我国，茶叶的用途有很多，由于茶叶中含有许多对人身体有益的成分，所以茶叶除了作为饮品饮用，还可作为食品食用。茶叶本身就是一种天然健康的食品，可以熬汤、煎炸等。茶还有去油腻、异味、腥味，增加爽口感及增色等功效。当菜肴与茶一起烹调之后，会呈现出不同色、香、味的效果，使菜肴风味更佳，这就是我们所说的茶餐。

（二）茶点

1. 茶点

茶点是在饮茶过程中发展起来的点心，特点是量少、体积小、制作精细、样式清雅美观，口味多样、种类丰富，可搭配各类茶饮。

2. 茶点的种类与配置

（1）绿茶。不发酵的绿茶，清汤绿叶，香气高鲜，滋味纯和爽口，深受广大茶友的喜爱。但是绿茶刺激性较大，容易伤胃也容易致饿，因此绿茶适合搭配一些偏甜的茶点，如菠萝酥、红枣糕、绿豆饼、核桃糕、糖果等。

图 8-21　绿茶配冬瓜糖

图 8-22　普洱生茶配乳扇萨其马

（2）红茶。红茶滋味醇和，汤色红亮鲜明，是全世界人民都喜欢的饮品，尤其适合作为下午茶饮用。一杯香醇甘甜的红茶，配上精致的西点，悠闲舒适又精巧美味。最适合搭配红茶的茶点：奶油蛋糕、泡芙、芝士蛋糕、布丁、水果派等。

（3）乌龙茶。乌龙茶的特点是香气高扬、韵味悠长。为避免喧宾夺主，与其搭配的茶点，味道和香气需平淡一些，瓜子、腰果、板栗、榛子、开心果、花生、松仁等都是不错的选择。

（4）黑茶、普洱茶。黑茶和普洱茶在减肥、去腻、降三高等方面功效显著，因此在喝黑茶和普洱茶时，可以选择一些高热量的食品如蛋黄酥、鲜花饼、云腿月饼、肉脯、马蹄糕、虾饺等。

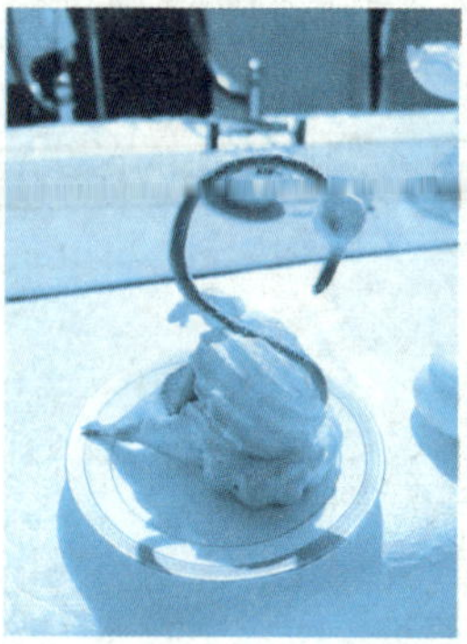

图 8–23　红茶配奶油泡芙

图 8–24　岩茶配花生

图 8–25　普洱茶配鲜花饼

第二节　休闲旅游咖啡文化

人们日常喝的咖啡，是指咖啡树上所结的果实中的果仁，经过采摘、加工等一系列生产工艺萃取而成的饮品。咖啡树的品种、种植条件（土壤、气候、海拔、降雨量等）、加工技术、烘焙方式、制作方法等因素都会影响一款咖啡的口感，决定咖啡的基本风味，因此不同产区种出来的咖啡味道自然也就会有区别。咖啡的原产地在埃塞俄比亚，那里有上百种咖啡的野生品种，只是大多数都不具备商业价值，我们现在消费的咖啡大多数是商业种植、产量巨大的咖啡品种。

咖啡树属茜草科，常绿灌木或小乔木，咖啡果的组成部分为：果皮、果肉、果胶、羊皮纸、咖啡生豆。

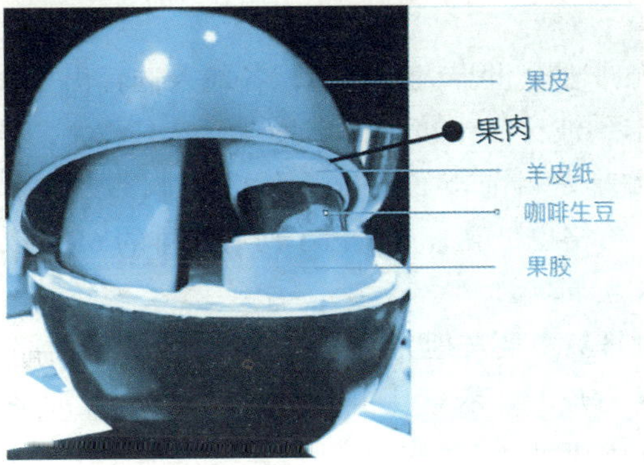

图 8-26 咖啡果结构

一、咖啡种类

常见的三个咖啡品种：阿拉比卡（Coffee Arabica）、罗布斯塔（Coffee Robusta Linden）、利比利卡（Coffee Liberica）。三大品种通过嫁接、变种后有成百上千个品种流通于市场。

（一）阿拉比卡种咖啡

1. 定义

阿拉比卡种咖啡树是世界上最主要的咖啡树种之一，阿拉比卡种，学名 Coffee Arabica。阿拉比卡种咖啡豆又被称作为小粒咖啡豆种，原产地是埃塞俄比亚的阿比西尼亚高原，目前分布区域已遍布全球，初期主要当作药物来食用，13 世纪开始烘焙饮用，16 世纪经过阿拉伯世界传入欧洲，进一步成为全世界人共同喜爱的饮料。

2. 形态特征

阿拉比卡种咖啡树属较大的灌木，叶子呈椭圆形、深绿色，果实也是椭圆形，一般有两颗略微扁平的豆子，正面呈长椭圆形，中间裂纹窄而弯曲呈 S 形，豆子背面的圆弧形较平整，豆身小而浑圆，也称小粒咖啡，咖啡因含量约 1%~1.7%。

3. 生长环境

阿拉比卡种咖啡树多生长在海拔 900~2000 米高度之间，较耐寒，适宜的生长温度为 15℃ ~24℃，年降雨量不少于 1500 毫升，对栽培技术和条件也有较高的要求。

4. 变种概况

阿拉比卡种咖啡在全世界大量种植，各地人选育出了很多具有特殊风味的品种（如铁比卡、波旁、卡度拉、卡度艾、艺伎等），特征、口味略有差别。阿拉比卡种咖啡是目前市场用量最大的咖啡，被誉为品质最佳的咖啡，也是市场的主流，价格也最高，产量占了所有咖啡的 65% 以上。

5. 产区分布及发展现状

阿拉比卡种咖啡豆主要产地为南美洲（阿根廷及巴西部分区域除外）、中美洲各国、非洲（肯尼亚、衣索比卡、东非等地）、亚洲（包括中国、也门、印度、巴布亚新几内亚等区），中国产区云南、海南、台湾地区等种植阿拉比卡种咖啡。云南咖啡种植面积 180 万亩（1 亩约合 667 平方米）左右，占全国咖啡产量的 98%。云南种植的咖啡是阿拉比卡的变种，为卡蒂姆、铁比卡、波旁品种，产量较大的是卡蒂姆品种。云南种植的咖啡深受国内外咖啡企业的青睐，如星巴克、雀巢等国际知名咖啡企业都在云南大量采购咖啡，也都在云南有种植基地。

实训 8–7

通过实训，辨识阿拉比卡咖啡的外形及口味。

【思考】

阿拉比卡种咖啡树是长什么样子的？种植条件及生长环境的要求是什么？市场占有率是多少？

图 8–27　阿拉卡比种咖啡豆

（二）罗布斯塔种咖啡

1. 定义

罗布斯塔种咖啡树也是世界上最主要的咖啡树品种之一。罗布斯塔种 Canephora 咖啡豆又被称作中粒咖啡豆。

罗布斯塔种（拉丁学名 Coffee Robusta Linden），是在非洲刚果发现的耐叶锈病品种，较阿拉比卡种有更强的抗病力。

2. 形态特征

罗布斯塔种咖啡树是一种介于灌木和高大乔木之间的树种，叶片较长，颜色亮绿，树最高可达 10 米，树根却很浅，果实比阿拉比卡种咖啡的果实略圆，豆身扁圆，中间坑纹直。罗布斯塔种有独特的香味，有点霉臭味的感觉，这种感觉称为“罗布味”，如果取 5%~8% 的比例混合到其他咖啡里，整杯咖啡都成了罗布味了。

罗布斯塔种咖啡豆不宜作为单品咖啡饮用，它适用于速溶咖啡、拼配咖啡、罐装咖啡、液体咖啡等工业生产。其咖啡因的含量远高于阿拉比卡种，提取出的咖啡液大约是阿拉比卡种的两倍，风味醇厚、浓重且强烈，而且有很重的 crema（咖啡油）。意式豆在拼配中会加入一定比例的罗布斯塔种咖啡，让强烈的苦味与 crema 把意式浓缩咖啡提升到另一个层次。

罗布斯塔种咖啡豆具有强壮、抗病、容易栽种、产量大的优点，但是口感较苦、重，香气比较弱，咖啡因较高。

3. 生长环境

罗布斯塔种咖啡大多种植在海拔 200~600 米的低地，喜欢温暖的气候，要求温度是 24℃ ~29℃，对降雨量的要求并不高，该品种要靠昆虫或风力传授花粉，所以，咖啡从授粉到结果要 9~11 个月时间，相对阿拉比卡种要长。

4. 产区分布及发展现状

罗布斯塔种咖啡豆的产量占咖啡豆产量的 25%~35%，其主要生产国在印尼、越南、非洲，以象牙海岸、奈及利亚、安哥拉为中心的西非诸国均有种植。近年来越南更致力于咖啡种植，并将其列入国家政策中。越南以生产罗布斯塔种咖啡豆为主，也生产少部分的阿拉比卡种咖啡豆，其中罗布斯塔种与阿拉比卡种杂交的一个品种，是唯一可以用作单品饮用的罗布斯塔种咖啡豆。

实训 8-8

通过实训，辨识罗布斯塔种咖啡的外形及口味。

【思考】

罗布斯塔种咖啡树是长什么样子的？种植条件及生长环境的要求是什么？市场占有率是多少？

图 8-28　罗布斯塔种咖啡豆

（三）利比利卡种咖啡

1. 定义

利比利卡种咖啡豆（Coffee Liberica）又被称作大粒咖啡豆，原产于西非的利比里亚（Liberia）。利比利卡种咖啡产量较少，风味比较单一，苦味较高，外形比一般的咖啡豆大上许多，故被称为大粒咖啡，果肉很厚，去除果皮浆肉难度较高，处理过程较麻烦，产量不高且种植烦琐，其商业的经济价值因此也被限制。

2. 形态特征

利比利卡种咖啡树，树身大约4~8米高。从外观上看，利比利卡种咖啡树的叶子比阿拉比卡种的更大些，繁殖可用接枝方式，口感较苦，香气及醇度低。优点是浓度较高。

3. 生长环境

利比利卡种咖啡树一般生长在海拔300米左右的坡地，是一种耐抗病力及环境适应力非常强的树种，可在亚热带地区种植，生长最适合的温度是19℃ ~27℃。

4. 产区分布及发展现状

现在很少有人种植利比利卡咖啡了，因此市场上量其实很小，它的豆身大颗但是滋味平淡，所以不受市场重视。但是据说马来西亚白咖啡的源流就是用了利比利卡咖啡才有了其特殊的风味。

实训 8-9

通过实训，辨识利比利卡咖啡的外形及口味。

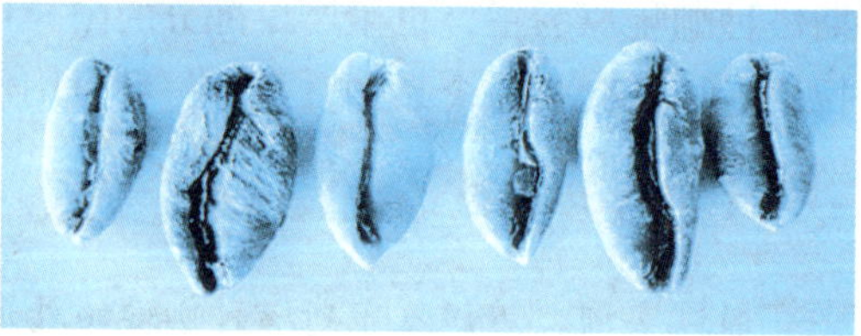

图 8-29　利比利卡种咖啡豆

【思考】

利比利卡种咖啡树是长什么样子的？种植条件及生长环境的要求是什么？市场占有率是多少？

二、咖啡豆粗加工的处理方法

咖啡的品种、种植条件、加工工艺等会直接影响咖啡的口感，所以要做好从种子到杯子这个过程，每个环节的把控都不能缺少。

咖啡果从采摘到加工的环节，常见的三种处理方法：日晒、水洗、蜜处理等加工工艺。

（一）日晒咖啡处理方法

图 8-30　日晒咖啡现场

日晒处理法是最简单传统的处理方法，顾名思义，就是放在太阳底下晒。只需要采摘正确的鲜红果，将其倒入清水池，移除漂浮杂物，不必将其脱果肉便可开始干燥暴晒。

从表面上看，步骤相比水洗较为少些，但是一般成本都会相对较高，因为需要管控的因素太多如水分含量、天气、发酵程度，确保果子不会发霉等，其需要投入大量的时间和观察，以确保咖啡晒干的质量。

日晒法的咖啡风味特征是杂味多、果香较好、甜度高。

（二）水洗咖啡处理方法

图 8-31　水洗咖啡加工现场

水洗处理法有很多种变化，共同点就是将采收后的咖啡果实，用脱皮机将外果皮以及大部分果肉与咖啡豆分离，带果胶的咖啡豆进入一个干净的发酵池内进行发酵。

相比其他处理法，水洗处理的咖啡口感更加干净，品质也较为稳定，比日晒咖啡拥有更高质量，果酸、新鲜度、水果风味更浓郁。

此处理法的咖啡特征为精致度高、豆形较好、瑕疵豆少、酸质明显、风味干净、优质明亮。

（三）蜜处理咖啡加工工艺

图 8-32　蜜处理咖啡加工现场

蜜处理的方法，不是在处理的时候加蜂蜜，这样取名是表达蜜处理是很甜的，是带着果胶进行干燥的处理方法。

在咖啡豆去掉外层的果皮之后，会有层黏稠状的胶状物附着在羊皮纸表面，这种叫果胶。传统的水洗处理法即在发酵之后用清水把果胶洗去，由于高海拔产地的水资源限制，人们直接将果胶一起晒干，果胶带来了不一样的发酵，这就形成了“蜜处理工艺”。蜜处理既能保留水洗咖啡明亮的酸度和花香，又能带来发酵产生的水果调性。

蜜处理法根据晒干的时间长短，还分为黄蜜、红蜜、黑蜜等。此法也叫半水洗法，处理后带有柔和的酸味与平衡的苦味，风味复杂，没有明显的优缺点。

三、代表型咖啡的制作与品饮

（一）意式浓缩（Espresso）的制作与品饮

Espresso 素有“咖啡之魂”的美称，也是世界上最健康的制作方式之一。对于咖啡馆来说，“不卖 Espresso 的咖啡馆就不是好咖啡馆”。由此可见

Espresso 的重要性，也是意大利咖啡饮料的基底。

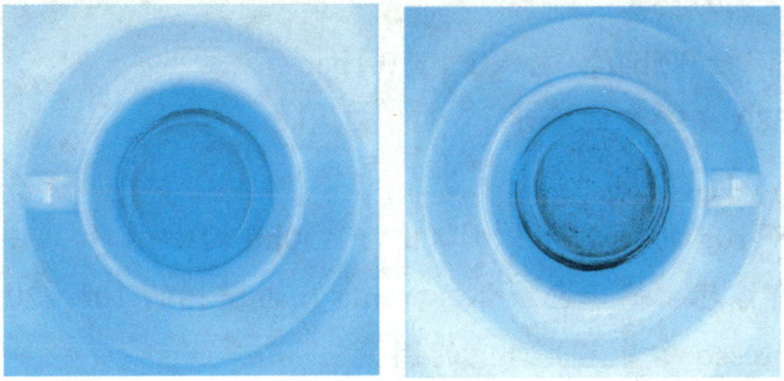

图 8–33　浓缩咖啡

浓缩咖啡是意大利的一位工程师所发明。这位工程师性子很急，忍受不了摩卡壶煮咖啡的超长时间，由此激发了这位工程师的创造力。他想如果直接对咖啡施以高温和高压，这将大大缩短摩卡壶煮咖啡的时间。后来他发明了蒸汽加压式咖啡机。这种用蒸汽加压出来的咖啡更加浓郁香醇，于是风靡全球的意式浓缩机就这样诞生了。人们为了纪念这位急性子的工程师，便将这项发明命名为快速蒸汽挤压咖啡，英文名为 Espresso，中文为“意式特浓咖啡”。

浓缩咖啡机的出现改变了人们对咖啡的美好追求，从咖啡机手柄中滴出来的咖啡健康而美味，制作中漂浮在咖啡杯上面金黄色的液体称被为咖啡油（英文名为 crema）。

现在 Espresso 已成为意大利的一种代表象征。如果您是女性，去意大利旅游的话，导游会提醒您注意他们国家的两个事项：一要注意意大利的男人，因为他们很热烈；二要注意他们的浓缩咖啡，因为很浓烈。

实训 8–10

制作一杯 Espresso 咖啡

1. 制作一杯 Espresso 的步骤：

（1）咖啡的拼配。

（2）制作人员的技巧。

（3）正确的咖啡粉粗细度，即磨豆过程。

（4）Espresso 咖啡机器。

控制好四个要素，制作 Espresso 将是一种完美的体验。Espresso 咖啡加入牛奶后，香醇的味道不会马上消失在牛奶中，相反，喝完后，回味可延续，一杯好的意式咖啡将是一种享受。

2. 浓缩咖啡机的要求

压力：水压 9±0.5bar，气压 1.1±0.1bar。

水温：用 88℃ ~93℃的净水。

萃取时间：22~28 秒。

粉量：从 8~10g 的咖啡粉中汲取出 25~30ml 的咖啡。

色泽：具有棕色、榛子色液体，crema 应占整杯的 10%~20%。

3. 影响 Espresso 咖啡完美口感的因素

（1）机器清理：如机器、过滤器、过滤手柄未能经常清洗，做出的 Espresso 会有哈喇味。

（2）水的重要性：做 Espresso 的水必须经过过滤，水在咖啡机中时间过长会使氧元素走失，导致水变味。

（3）磨豆机维护：磨豆机需要每天清扫。

（4）环境因素：一天内空气的湿度和温度都会有变化。温度和湿度容易影响到 Espresso，因此不能将咖啡豆暴露在过高或过低气温下。

（5）杯具的选择：Espresso 杯应用不同于咖啡机的热源来预热。Espresso 杯应选择厚的杯壁和窄口的杯子以保持热度和香味。

【思考】

怎么向客人阐述 Espresso？

（二）卡布基诺（Cappuccino）的制作与品饮

图 8-34 卡布基诺咖啡

Cappuccino 咖啡这个词，源自圣芳济教会（Capuchin）和意大利文头巾（Cappuccio）。此词的意大利文是指僧侣所穿宽松长袍和小尖帽，源自意大利文“头巾”即 Cappuccio。圣芳济教会传到意大利时，当地人觉得修士服饰很特殊，就给他们取个 Cappuccino 的名字。相信 Cappuccino 的原始创造者没料到僧侣的道袍最后会变成咖啡饮料的名称。

意大利人爱喝咖啡，发现浓缩咖啡、牛奶和奶泡混合后口感醇厚。卡布基诺咖啡由三分之一浓缩咖啡、三分之一蒸汽牛奶和三分之一泡沫牛奶组织而成。

实训 8–11

如何制作一杯卡布基诺

做法：意式浓缩咖啡 30cc，鲜牛奶约 150cc，倒入 Cappuccino 杯中。

（1）用咖啡机萃取一份标准的 Espresso，意式浓缩 30cc。

（2）杯子的容量为 160~220cc。

（3）意式咖啡豆通常为中深度烘焙的拼配咖啡豆。

（4）将低温冷藏的鲜牛奶打发并加热至 60℃ ~70℃，充分融合奶沫及牛奶达到相对均质的状态，将打发好的奶沫及牛奶注入 Espresso 中即可。通常除去 Espresso 之外，牛奶及奶沫的体积比例约为 1:1。

（5）牛奶、奶泡、意式浓咖啡的比例是 1:1:1。

（三）黑咖啡（Black Coffee）的制作与品饮

图 8–35　黑咖啡

1. 黑咖啡的定义

黑咖啡是一杯加水为1:12或15的咖啡。市场上流行的冲泡方式有两种：一杯浓缩咖啡再加上一定比例的水，就是一杯黑咖啡，另外一种则是用滴滤咖啡机做出来的黑咖啡，也叫作美式咖啡。

2. 黑咖啡的故事

滴滤咖啡机的原理是滤泡式冲泡咖啡的方式。关于滴滤咖啡的发明是在100多年前，发明者是德国的一位家庭妇女本茨·梅丽塔。她是一位完美主义的追求者，讨厌残留在齿缝间的咖啡渣。有一天她突发奇想，在铜碗底部打了一个孔，从孩子的书包里拿出一张吸墨水纸放在上面，加入热水，顿时芳香的咖啡便透过吸墨水纸滴入杯中。在这项发明前，人们都使用布料袋过滤咖啡渣。但布料滤袋清洗很麻烦，且多次使用后不卫生，残留在布袋上的咖啡渣还容易破坏咖啡原本的口味。

现在国内咖啡圈子里风靡的手冲滴滤咖啡，其实就是梅丽塔发明的滴滤冲泡，只不过后来欧洲人觉得挺费劲慢慢就不玩了。但是，日本人从20世纪开始，对梅丽塔滤杯几乎到了痴迷的境地，材质的滤泡式、滴滤式，咖啡滤杯器具更是层出不穷，还建立了一整套完整的手冲式滤泡咖啡的理论及实操。手冲滴滤壶做出来的咖啡也可以叫作“黑咖啡”。

实训 8-12

制作美式黑咖啡（Americano）、澳黑咖啡（Long Black）及长黑咖啡（Lungo），品饮每一种做法与口感的变化。

浓缩咖啡加水做成的黑咖啡分别为Americano（美式黑咖啡）、Long Black（澳黑咖啡）、Lungo（长黑咖啡）三种。

（1）美式黑咖啡Americano最早出现在美国，指的是先萃取后兑水，导致油脂被破坏。做法是将Espresso兑水，即先萃取Espresso，然后兑入热水，也就是用水稀释Espresso。

（2）澳式黑咖啡Long Black的做法和Americano正好相反，Long Black的做法是先加入热水，然后将Espresso倒入杯中让其自然散开，油脂保存较好。

（3）长黑Lungo在意大利语里的意思是“长”，意思是较长时间的萃取。一定分量情况下，Lungo咖啡液体所得通常会少于普通美式，但要比Espresso量大。Lungo是不额外加水的咖啡，是由意式机直接萃取完成整个过程。

Lungo 需要较粗研磨，直接萃取足够的量，加长版浓缩不兑水的美式。

【思考】

Americano 和 Long Black 的做法两者之间的区别是什么？

【解析】

从表面上来看，Americano 的 cream 较为稀薄，cream 部分溶于水中，部分散逸在空气中，部分被分解。Long Black 由于后加 Espresso，其 cream 会漂浮于液体上，呈现漂亮的白金色。从口感上看，如果是用意式拼配豆做这两种咖啡的话，Long Black 会更有层次感，因为 Espresso 倒入水中后油脂散逸，咖啡在水体下部沉淀，融合缓慢。

四、咖啡馆氛围的营造及服务

咖啡馆作为一个提供休闲、商务与聚会的场所，其氛围的营造十分重要。咖啡馆在市场竞争中要有服务特色、文化氛围和个性化的产品，才能赢得消费者的青睐。经营者和管理者要懂得如何营造咖啡馆的氛围，咖啡馆的氛围也是当今市场上许多咖啡品牌成功的要素之一。

图 8-36 咖博中心店氛围

（一）咖啡馆氛围营造

咖啡馆作为时尚年轻人所喜爱的社交场所，对于定位通常都是十分明确的，寻找到准确的目标客户，并做出好的咖啡馆风格设计，就成功了一大半。

后期氛围营造也需咖啡馆经营者随着不同季节及气候做出调整，这样咖啡馆一定能够获得消费者的认可。顾客感到舒适了，生意也会越来越好。

咖啡馆不同于一般的餐厅，它有独特的气氛，轻松、浪漫、温馨、时尚或商务，每一种氛围的营造都吸引着不同性格的消费群体，顾客在喝咖啡时往往会选择适合自己所需气氛的咖啡馆。因此，氛围也是一家咖啡馆成功的关键因素。

图 8–37　云旅 / 禾典咖啡馆氛围

1. 咖啡馆氛围营造的意义

咖啡馆经营者要注意，对于营业空间的表现，应巧妙地运用空间美学，设计出理想的品味咖啡的环境，并在提高顾客的饮用率上产生情感互动，这是一家咖啡店气氛塑造的意义。顾客喝咖啡之际，不仅关注咖啡在物理性及实质上的吸引力，更关注整个环境如服务、广告、形象、包装、乐趣及其他各种要素等。而其中最重要的要素之一就是休闲环境，如果再缩小范围，就是指咖啡馆内的氛围，可以对顾客的喝咖啡决议发生影响。咖啡馆运营者对经营空间的表现，如何奇妙地运用空间美学设计出理想的喝咖啡环境，进而在顾客的饮用率上发生情感的作用，这是咖啡馆氛围营造的意义。

2. 咖啡馆氛围营造的影响因素

咖啡馆做设计时，不光专业的设计师要考虑，作为咖啡店的经营者也必须考虑下列几项重点：

（1）顾客期望。通过观察、反馈，了解顾客对咖啡馆的氛围具体呈现元素有何种喜好、评价及期望。

（2）氛围影响。了解哪些氛围能增强顾客对咖啡馆的信赖度及引起情绪上的反应。

（3）目标群体。应先确定顾客目标群体，确定对客服务方针，根据其消费咖啡的经验和习惯，增强对咖啡馆的气氛期望的评估。

（4）竞争对手。对于所构想的氛围，应与竞争店的氛围做比较，以分析彼此的优缺点。在气氛表现的时候，也必须慎重地选择咖啡馆所经营的咖啡。

图 8–38　禾典现代咖啡馆氛围图

（二）咖啡馆服务

竞争残酷激烈的咖啡行业，作为一家咖啡馆的经营者，要关注服务中的细节，把思想放在消费者身上，想想消费者需要什么样的产品和服务，怎样才能规范服务，做好服务，提高顾客的满意度。谁能做好环境氛围、产品和服务，谁就能赢取客人，才能立于不败之地，才能保持咖啡馆持续的发展。

1. 咖啡馆服务意识与服务原则

（1）服务的力量。好的服务能够给客人带来美好的享受，带来良好的氛围，吸引新客户，留住老客户，还能为企业的品牌增值，也能塑造良好的服务团队，提升服务团队的素养。

（2）以人为本。视客人为上帝，为亲人，急客人之所急，想客人之所想，做到贴心、真心、微笑服务等。

（3）细微服务。服务是从每一个细节做起的，细微之处见真情，关心体贴到客人的各种需要，在规范服务的基础上树立自己的服务特色。

尽可能满足客人提出的各种需求，即使条件不允许也不得一口拒绝，要委婉地说明情况请示上级后再做答复。从看到客人至送客人出门，实行全程式的体贴入微的细心服务和照料。同时要求咖啡店每个员工分工不分家，全员参与对客人的服务，见了客人要热情主动地打招呼、微笑，发现某个环节出了问题要主动帮忙及时上报。

（4）平等待客。不以貌取人，不以财取人，做到一视同仁。如果有区别，也只限于根据客人不同的要求，做到使每个客人高兴而来，高兴而归。

（5）微笑服务。微笑是服务的永恒标签，始终充满热情、面带微笑服务于咖啡馆的客人，提倡贴心服务、恭敬服务、近身服务、弯腰服务和细致服务。

（6）沟通交流。始终注意与客人在语言、感情、眼神上的交流，注意客人情绪的变化及原因，适时调整相关服务。

（7）知情服务。对本店的宣传材料、服务特点、饮品的特色、品种、价位及优惠活动熟记于心，做到熟练、准确地传递文化、运用产品知识赢得更多客人，为咖啡馆增销。

2. 咖啡馆服务的禁忌

（1）让客人无休止等待回应。

（2）与客人争吵或打闹。

（3）形象糟糕或不专业。

（4）制造矛盾或者提供不正确的信息。

（5）认为客人需求不重要。

（6）逃避责任，不承担后果。

（7）在客人面前争吵和训斥团队。

（8）出品不专业且不虚心听取客人意见。

（9）服务态度不好。

（10）工作场合议论、评价客人。

实训 8-13

按以下提示，实际展示咖啡馆服务礼仪

流程	服务细节	服务语言	备注
迎客	1. 欢迎顾客，了解顾客人数，安排台位，了解是否预订 2. 走在顾客前面，频回头，离顾客一臂距离，引导顾客 3. 必要时可向顾客介绍当日特色及优惠	1. 请问您有几位 2. 请问是否到齐了 3. 您请这边走	注视客人亲切微笑（注意身体语言）
入座	1. 示意顾客入座 2. 为顾客服务时按女士、长者、其他客人、主人等顺序	先生 / 小姐您请坐	拉椅让座（注意身体语言）
点餐菜单	1. 请示客人是否要进餐或是需要什么饮料 2. 向顾客介绍有关食物和饮料的特点	1. 请问先生 / 小姐您需要什么，我们有…… 2. 我们这里有（饮品 / 食物）……是我们的特色 3. 请您稍等	专业培训销售技巧、顾客心理、产品知识等

续表

流程	服务细节	服务语言	备注
开单	1. 当场填写单据，注明客人的一些特殊要求，将菜单发送出品部门 2. 指导顾客扫码点单	您点的是…… （详细复诵客人的点单）	注意分类： 1. 酒水单 2. 菜单 3. 西点单
备餐	示意顾客上餐具	先生 / 小姐为您摆餐具	备用托盘、清洁布
送餐饮	1 确认饮料是否正确及品种、数量 2. 上菜程序和菜式是否正确 3. 按要求摆好 4. 报酒水 / 菜名称 5. 注意顾客的反应及意见	这是您的咖啡…… 帮您上餐	
席间服务	1. 清台：保持桌面清洁、美观、整齐 2. 关心顾客需求 3. 适时向顾客推销其他产品	1. 帮您整理一下台面 2. 帮您加点水	备用托盘、清洁布
客人买单	1. 当场报出金额数目，请问刷卡还是网络支付 2. 呈报收银员交接清楚	1. 收您　　人民币 2. 谢谢您的惠顾	
送客	1. 礼貌告别语 2. 提醒顾客不要遗漏物品 3. 将顾客送至入口处，欢迎其再次光临	1. 请走好，欢迎您再次光临 2. 请您带好随身物品	

第三节　休闲旅游酒文化

一、识别主要酒类与酒品

（一）烈性酒服务与品饮

烈性酒指蒸馏酒，通常是酒精在 38 度以上的酒。生产时，将含糖分或淀粉的物质，如水果、植物、谷物等，经糖化处理、制浆、发酵、蒸馏而成。即：糖分 + 酵母 = 酒精和二氧化碳，将其进行蒸馏而成。

根据产地、原料、制作方法的不同，烈性酒可以分为不同种类，由于各烈酒发源地历史风俗等原因也逐渐形成了不同的品饮容器及品饮方法，详见下表：

表 8-2　烈性酒的服务与品饮

名称	主要产地	主要原料	酒精度	制作方法	品饮方法	品饮容器
白兰地 Brandy	法国	葡萄、苹果及其他水果	40%~43%	两次蒸馏，橡木桶陈酿	直饮、加冰、兑饮及调制鸡尾酒	白兰地杯、高脚郁金香酒杯
威士忌 Whisky	爱尔兰、苏格兰、美国、加拿大、日本	大麦、黑麦、谷物等	40%~56%	两次以上蒸馏，橡木桶陈酿	冷、热水割饮、直饮及调制鸡尾酒	古典杯、托蒂杯、高脚郁金香酒杯、试酒杯
金酒 Gin	英国、荷兰、美国	麦类、谷物类、杜松果	38%~47%	蒸馏时加入杜松果等香料或用酒精混合香料	冰镇直饮、加冰、加汤尼水、加柠檬、薄荷、小洋葱及调制鸡尾酒	古典杯、烈酒杯、高脚郁金香酒杯、试酒杯
朗姆酒 Rum	波多黎各、牙买加、古巴	甘蔗、蜜糖、甜菜	40%~75%	蒸馏后保存在玻璃缸或不锈钢容器中（淡色酒）、蒸馏后使用烤过的橡木桶（金色酒）、蒸馏后装入烤过的橡木桶，进行适当的人工着色（深色酒）	加热水兑饮时可加奶油或丁香，加冰兑饮料或调制鸡尾酒	古典杯、高脚郁金香酒杯、带柄咖啡杯
伏特加 Vodka	俄罗斯、芬兰、瑞典、波兰	谷物、麦类、薯类	40%~96%	连续蒸馏后，加入活性炭和石英砂过滤的水，放入玻璃或不锈钢容器中储存	冰镇直饮、加冰兑饮料及调制鸡尾酒	古典杯、烈酒杯、高脚郁金香酒杯、试酒杯
特其拉 Tequila	墨西哥	蓝色玛圭龙舌兰	38%~50%	蒸馏后放入金属槽中（淡色酒）、蒸馏后放入橡木桶（金色酒）	直饮、冰镇、加柠檬、橙、盐或果汁及调制鸡尾酒	古典杯、烈酒杯、一口杯

续表

名称	主要产地	主要原料	酒精度	制作方法	品饮方法	品饮容器
中国白酒 Spirits	贵州、四川、山西	高粱、玉米、稻米、小麦、荞麦等	38%~75%	固态法蒸馏后放入窖池或陶缸为主，不使用橡木桶陈酿	直饮，是菜肴的万能搭配型酒类，很少用于混合饮用，也可调制鸡尾酒	瓷、陶质酒杯、古典杯、烈酒杯、高脚郁金香酒杯、试酒杯

（二）酿造酒服务与品饮

酿造酒又称为发酵原酒。果类酿造酒，是通过果皮表面天然的酵母，在自然条件下或某种特定条件下发酵生成酒精和二氧化碳，形成酒。谷物酿造酒是将含糖分或淀粉的物质，经糖化处理发酵而成。

1. 葡萄酒的服务与品饮

（1）葡萄酒的概念。葡萄酒是以 100% 葡萄或葡萄汁为原料酿造的含有酒精度数的饮料。

（2）葡萄酒的分类。

①按颜色分：红葡萄酒、白葡萄酒、桃红葡萄酒。

②按状态分：静止型葡萄酒、起泡型葡萄酒。

③按残糖量分：干型、半干型、半甜型、甜型。

葡萄酒发酵的过程中，葡萄或葡萄汁中的糖分和酵母发生反应，得到了葡萄酒中的酒精，并且产生了二氧化碳和热量。发酵完成之后残留在葡萄酒中糖分的多少决定了葡萄酒的甜度。

④其他种类的葡萄酒：加强型葡萄酒、葡萄烈酒。

（3）品饮用容器。不同类型的葡萄酒需要使用不同的酒杯进行品饮。

图 8–39　不同类型的酒杯

2. 清酒服务与品饮

（1）清酒的概念。日本清酒的文化，起源于中国，以大米与天然矿泉水为原料，经过制曲、制酒母、酿造等工序，通过并行复合发酵，酿造出酒精度达 18% 左右的液体再加入石灰沉淀，经过压榨制得清酒的原酒。

（2）清酒的等级区分。按照酿造原料及精米程度的不同，区分出不同的等级，详见下表：

表 8–3　清酒的等级区分

名称	原料	精米步合数	酒品风味	品饮方法	酒标
纯米酒	大米	100%	香气较浓郁，口感较厚重	常温或加热饮用	标注“纯米”
本酿酒	大米及蒸馏酒	100%	香气较浓郁，口感较厚重	常温或加热饮用	标注“本酿”
吟酿酒	大米	60% 以下	香气较清淡，口感较纤细	冰镇或常温饮用	标注“吟酿”
大吟酿酒	大米	50% 以下	香气较清淡，口感较纤细	冰镇或常温饮用	标注“纯米大吟酿”及“精米步合数值”

3. 其他酿造酒的服务与品饮

表 8–4　啤酒与黄酒的服务与品饮

名称	特定分类	主要原料	酒精度	制作方法	品饮方法	品饮容器
啤酒 Beer	顶部发酵啤酒、底部发酵啤酒	麦芽、酒花、水和酵母	3%~8%	麦芽、制浆、煮浆、冷却、发酵、过滤、装瓶	冰镇饮用及调制鸡尾酒	带柄啤酒杯、品脱杯、球型杯等
黄酒 Chinese Rice Wine	淋饭法、摊饭法、喂饭法	稻米、黍米、黑米、小麦、麦曲、米曲或酒药	15%~20%	蒸料、拌入麦曲、米曲或酒药、糖化发酵、压榨等工艺	常温、冰镇、加热饮用及调制鸡尾酒	陶碗、瓷碗、平底杯、古典杯、高脚杯和壶等

二、酒类服务的发展趋势

（一）酒店及高端餐饮管理

在五星级酒店与高端餐饮行业，侍酒师是被视为与餐厅经理、行政总厨同样重要的职位，需要负责全部酒水的管理：酒单制作、酒窖管理、员工培训、餐酒搭配等多项重要工作，也是市场上非常稀缺的人才。职业和岗位将成为酒类服务的未来发展中的新宠。这些岗位又将更好地传达和诠释酒类文化，是酒类文化和品牌的最佳代言人。

（二）酒类文化

葡萄酒讲师、酒类杂志编辑、品牌大使、自媒体工作者等。

（三）酒水顾问

酒水顾问为餐饮酒店集团、酒类产品贸易公司、航空公司等不同类型企业提供选品、培训、运营、活动策划等多项咨询顾问工作。

三、主要酒类的服务流程规范

（一）葡萄酒的餐酒搭配与酒水营销

在高端餐厅的酒水销售中，侍酒师通常会根据客人点的菜推荐适合的葡萄酒，从而达成酒水的销售。所以作为一名侍酒师，需要了解餐酒搭配的方法，根据本餐厅餐点的风味特点及在售酒品的口感特点，洞察客人的喜好及需求达成销售。

案例 8-6

今天是新开业的S餐厅正式营业的第5天，K先生一行6人来到餐厅用餐，在服务人员的推荐下，确定了菜单：前菜：意大利水牛乳酪沙拉、吉拉多2号生蚝；主菜：奶油焗龙虾、M9西冷牛排、法式油封鸭腿、迷迭香烤羊小排、香煎银鳕鱼、蓝莓鹅肝；甜品：焦糖布丁、无花果干蓝纹芝士塔。

K先生示意服务人员需要点酒，侍酒师带着酒单给K先生过目。K先生面对品种繁多的葡萄酒犯了难，还是需要请侍酒师推荐。侍酒师看了看K先生确定的菜单，询问道："先生，请问在座各位对于葡萄酒的口感有什么要求吗？"各位纷纷表示没有，侍酒师继续说："好的，我们的意大利水牛乳酪沙拉搭配的是油醋汁，并且有番茄，再加上有一道吉拉多生蚝，搭配一瓶白中白香槟或者法国夏布利的干白都是很好的。"在介绍酒的同时，将两款酒的价位都展示给K先生。K先生选择了价格相对便宜的夏布利的干白搭配前菜。"主菜里的奶油焗龙虾和香煎银鳕鱼都是搭配奶油酱汁，搭配过桶的霞多丽干白就比较不错。"同时也将几款低中高不同价位的霞多丽葡萄酒的价格指给了K先生。K先生选择了中等价位的霞多丽。同时，有一位客人说道："红葡萄酒我喜欢法国的！"侍酒师回答："我们餐厅有一款法国的赤霞珠，很适合搭配今天的M9西冷牛排。"一边将酒的价格展示给K先生，K先生皱了一下眉头：

“这么便宜，会不会不好喝？”侍酒师微笑：“因为M9牛排油脂比较多，这款酒价格虽然不高，但是酒体比较瘦，有一定的酸度，搭配您点的牛排正好，您可以先尝试一下，不满意再帮您调换！”K先生表示同意。“迷迭香烤羊小排搭配教皇新堡就非常好，法式油封鸭腿搭配勃艮第的黑皮诺。”接着也将两种酒的不同价位酒款指给K先生选择。“鹅肝和今天的甜品搭配我们的法国巴萨克的贵腐甜白非常棒。”看过酒的价格后，K先生选定了一瓶。“各位请稍等，我去准备杯子和酒。”晚餐结束后，K先生一行人对餐厅的菜和侍酒师推荐的酒款赞不绝口。

【思考】

1. 通过以上案例，侍酒服务过程中为客人点酒的时候应该如何沟通？还有什么需要注意的事项？

2. 你观察到了什么样的餐酒搭配方法？（根据案例中的菜单与搭配酒款整理出餐酒搭配的方案，填写在下表中）

菜品	搭配酒款
意大利水牛乳酪沙拉	
吉拉多生蚝	

3. 结合以下实训项目讨论为什么要如案例中那样进行餐酒搭配？是否还有其他的建议？

实训 8-14

餐酒搭配的味觉试验（实做后填写部分，根据实际的品尝顺序记录）

用酸、甜、苦、辣、咸、鲜、香七种食物中会出现的味道与不同种类的葡萄酒进行味觉搭配试验，将感受记录下来。其中，鲜味可以用煮熟的蘑菇或虾来体现。

酒款	味道	感受
未过桶干白	鲜味	原本鲜味的东西变得口感更爽脆，并且出现一丝甜味
干红	鲜味	食材的口感变得又干又硬，而且很腥
甜酒	酸味	
干白	酸味	

1. 餐酒搭配的基本原则

食物中的甜度、味道会跟葡萄酒中的香气和味道发生奇妙的反应。在餐酒搭配时，除了酸、甜度，苦、辣、咸鲜等口味搭配的同时，还要考虑食材的质感、香气与酒的搭配。完美的餐酒搭配可以达到互补或中和的作用。

（1）食物的香气和酒香气的浓郁度。如果食物的香气度、浓郁度不是很高，葡萄酒可以选择香气浓郁一些的，但是在搭配中还需要考虑到食材本身的厚重度、肉质的纤维粗细等因素。比如饱满酒体、单宁较重的红葡萄酒可以和牛肉等红肉类的肌肉纤维相平衡制约。

（2）味觉搭配技巧。

①甜味：较甜的菜肴应该与至少同等甜度的葡萄酒搭配。

②酸味：较酸的菜肴应该与不低于菜的酸度的葡萄酒搭配。

③鲜味：食物中的鲜味会强化单宁的干涩和苦味，在搭配鲜味的菜时可以选择带有清新果味、酸度较高的白葡萄酒或单宁较低的红葡萄酒。

④苦味：苦味较浓的菜肴会加强葡萄酒的苦味，可以考虑搭配白葡萄酒或单宁较低的红葡萄酒。

⑤辛辣：辛辣味菜肴应该搭配白葡萄酒或单宁较低的红葡萄酒，而且酒精度要低。

（3）其他搭配技巧。

①高油脂的食物可以搭配酸度较高的酒，起到解腻的作用。

②鱼和海鲜需要清淡优雅型的白葡萄酒来搭配。生的海鲜类的菜要和酸度较高的未进过橡木桶的白葡萄酒搭配，蘑菇类含氨基酸较高的菜也可以与

高酸度的雷司令、绿维特利纳等搭配。酱汁浓郁的海鲜或鱼也可以用清爽型单宁低的红葡萄酒搭配。比如焗龙虾、奶油酱汁煎烤的鱼类，可以和进过橡木桶的霞多丽、白诗南等搭配，也可以用德国部分冷凉产区的黑皮诺来搭。

③蛋白质丰富的肉类适合搭配高单宁的酒。蛋白质柔化肌肉纤维，让酒的口感柔滑细腻。肉类的油脂也可以在舌头和口腔表层形成一层膜减少单宁带来的粗糙感。

④辛辣的食物可搭配微甜的葡萄酒或酸度较高的酒。川菜适合搭配长相思、雷司令这类高酸的葡萄酒，或者微甜的法国半干白诗南。

2. 品饮的顺序

案例 8-7

今天是M酒庄的产品推介会，邀请了12位客人前来参加品鉴会。A先生收到邀请，按照要求着正装出席，进到餐厅，在服务人员的带领下，找到了自己的座位。A先生看看餐桌的布局，今天的宴会每个人面前都摆放了一排有各种不同类型的酒杯，一只香槟杯，两只白葡萄酒杯，三只红葡萄酒杯，两只甜酒杯。宴会开始后不久，几名服务人员在主持人的指引下将面前的酒杯都倒上了酒，A先生是第一次参加这样的活动，有点不知所措。看看旁边正在侃侃而谈桌上的酒的客人，似乎他们是从最左边的那杯酒开始品尝的……

【思考】

在正式的晚宴上，会一次性品饮多种不同的葡萄酒，摆杯子的顺序取决于喝酒的顺序。那么，应该先喝哪种酒呢？

实训 8-15

遵循人类味觉的规律，在品鉴多款不同葡萄酒时应该遵循的顺序：（听老师讲解后，完成填空）

在品饮时，应该从自己 ______________________ 用起

①从 ________ 的酒款喝到 ________ 的酒款；

②从颜色 ________ 的酒款喝到颜色 ________ 的酒款；

③从酒体 ________ 的酒款喝到酒体 ________ 的酒款；

④从年份较 ________ 的酒款喝到年份 ________ 的酒款；
⑤从酒精度数 ________ 的酒款喝到酒精度数 ________ 的酒款。

（二）葡萄酒侍酒服务流程

1. 侍酒服务中需要准备的器具

图 8–40　侍酒师的准备台

2. 侍酒服务流程

表 8–5　侍酒服务流程及注意事项

步骤	注意事项
展示酒单	得到客人的允许； 询问客人的口感偏好； 了解客人点好的菜单； 手心朝上、手掌摊开的手势随表述引导客人视线确认信息； 推荐高、中、低不同价位的酒款供客人选择。
介绍产品，点酒	根据客人的口感偏好及菜品推荐适合的酒款。
准备杯子	根据客人选择的酒准备好相应的杯子； 服务之前要检查杯子是否干净，是否有破损，是否有令人不愉悦的味道。
上杯子	从客人右手边； 遵循先女士后男士的顺序； 用托盘上。
取酒	从酒窖或酒柜取出时，轻轻擦去灰尘； 仔细检查、核对； 尽量保持直立或横放的位置，不要有太大晃动。

续表

步骤	注意事项
准备侍酒用具	根据客人选择的酒准备好干净的醒酒器或冰桶； 小碟子（1~3 个）； 海马刀； 侍酒布、纸巾； 年份久的酒需要准备蜡烛及侍酒篮。
示酒	将标签展示给客人； 向客人介绍清楚酒瓶上的具体信息，包括年份、产地、葡萄品种以及级别。
开瓶	①清洁封帽，用海马刀的小刀片完整地取下封帽； ②将海马刀的螺旋杆旋进瓶塞，利用刀上的卡口卡住瓶口，分三次将塞子拉出，不可旋转瓶身；不可发出较大的声音； ③清洁瓶口。
倒酒	①托盘时应将手持托盘的一侧远离客人； ②服务应从客人的右后方进行，遵从先女士后男士的顺序； ③放置酒杯时，手持杯柄下半部分放置； ④酒标要时刻对着客人； ⑤倒酒时瓶口不可触碰到杯口，留出 2~3 厘米的距离； ⑥除非客人有特殊要求，尽量做到每一杯酒倒得一样多； ⑦客人杯中剩余 15 毫升左右时应询问客人是否需要添加。

实训 8-16

侍酒服务的流程

两人一组，一人扮演客人，一人扮演侍酒师，模拟餐厅环境的侍酒服务环节，进行全流程角色互换练习。请写下练习之后的心得：

____

____

3. 侍酒服务其他注意事项

（1）白葡萄酒适饮温度。

①酒体中等，经过橡木桶熟化的酒，适宜 10℃ ~13℃饮用，例如 Fume Blanc；

②酒体较轻，未经橡木桶熟化的酒，适宜 7℃ ~10℃饮用，例如新西兰长相思、灰皮诺、干型雷司令等。

（2）红葡萄酒适饮温度。

①酒体较轻的酒，适宜 13℃饮用，例如博若莱；

②酒体中等、饱满的酒，适宜 15℃ ~18℃饮用，例如波尔多红葡萄酒、里奥哈、教皇新堡；

③起泡酒适宜 6℃ ~10℃饮用；

④桃红葡萄酒适宜 10℃ ~13℃饮用；

⑤甜酒适宜 6℃ ~8℃饮用。

值得注意的是：酒体越轻的葡萄酒适饮温度越低。一般的红葡萄酒在室温下饮用即可，若是从汽车后备厢拿出或者经过温度较高条件短暂储存过，可以适当降温。

（3）葡萄酒的降温工具。

①冰桶：冰桶里放置冰水混合物，且最多放到冰桶容量的 2/3。

②冰箱：可以用潮湿但不滴水的毛巾或口布包裹酒瓶，放进冰箱里降温。

4. 不同葡萄酒的醒酒时间

①进过橡木桶的白葡萄酒需要醒酒（提前开瓶，后放入冰桶）。

②未到适饮期的葡萄酒需要倒入醒酒器中，醒 30 分钟再饮用。

③老年份的葡萄酒需要醒酒。

④红葡萄酒普遍需要醒酒 30 分钟以上。

5. 醒酒的容器

醒酒的容器，即醒酒器，其风格及形状不一，需要多加练习，找到自己熟悉和适用的一款。

图 8-41　宽底醒酒器

6. 葡萄酒的储存条件

①长时间储存葡萄酒，最佳温度为 10℃ ~15℃。

②恒温恒湿。

③避光避震。

④没有异味。

⑤静止酒平躺放置，起泡酒直立放置

（三）葡萄酒品鉴

品鉴葡萄酒可以分为三个步骤：看、闻、尝。有的人天生对于味道比较敏感，有的人可能不是很敏感，通过刻意的训练也可以达到找出葡萄酒香气的能力。

1. 葡萄酒的颜色

通过观察葡萄酒的颜色，我们可以判断出葡萄酒的酒体、年份、状态。一般来说，颜色比较浅的酒，酒体较轻。

如果杯中的葡萄酒里面有结晶状的沉淀物，说明是一瓶老酒，这种沉淀物是酒石酸结晶，不影响酒的质量，不影响正常饮用。

当杯中的葡萄酒出现浑浊状态，有类似于鸡蛋清的絮状漂浮物，说明该葡萄酒由于储存不当，已经坏了，不可再饮用。

2. 嗅觉训练

香气丰富的酒一般来说都是好酒，价格相应也会比较高。葡萄酒中一般会出现水果、花香、植物、香料、矿物质、烘烤类的香气等。

3. 味觉训练

葡萄酒在口腔里的感知，需要我们去判断四个方面，包括平衡性、复杂度、浓郁度、余味，可以帮助我们评判酒的质量及价格。

在品鉴时，在平衡的基础上，其他几项指标中有两项指标可以达到“好”的标准，这瓶酒可以叫作一瓶“好酒”或“非常好的酒”，价格相对来说较高。如果只有一项指标达到“好”的标准，这瓶酒就是“一般”的酒。

4. 品鉴记录表

为了记住我们品尝过的酒，通常在品酒的同时，会将感受及时的记录在品鉴记录表上，以便日后翻查回忆。

表 8–6　品鉴记录表

品鉴日期：__________

品种：__________　　产地：__________

年份：__________　　品牌：__________

视觉： （是否清澈，是否有气泡或有沉淀物，颜色及深浅程度）
嗅觉： （是否有花香、果香、矿物质香气、香料香气、橡木桶带来的香气、陈年的香气等，具体是哪一类或哪一种香气）
味觉： （糖分类型、酸度、单宁、酒体、酒精度等以及体现在口腔中的香气）
餐酒搭配： （适合与哪一类菜肴搭配；禁止与哪类食材或菜肴搭配）
综合评判及产品卖点： （是否还可以陈年，陈年潜力大概有多久；通过品尝评估的价格达到多少？）

实训 8–17

品鉴葡萄酒

使用《品鉴记录表》，进行不同品种的葡萄酒品鉴，注意侍酒温度及持杯方式。

（四）创意鸡尾酒服务与品饮

创意鸡尾酒是时尚流行元素的代表，可以随着创意意愿、心情、时间、地点、人物、原料、技法等因素以不同形式呈现，能给人带来身心的愉悦和精神的快感，具有创意的故事和文化可赋予我们更多思考空间。

1. 鸡尾酒的定义

鸡尾酒是由基酒、辅酒、辅料调制混合而成的含酒精饮料。而今，创意衍生出含酒精的鸡尾酒和无酒精的鸡尾酒。含酒精的鸡尾酒是由基酒、辅酒、辅料或其他组成，无酒精的鸡尾酒是由无酒精饮料、辅料或其他组成。

2. 鸡尾酒调制器具及材料

（1）调酒用具。专业用具的使用，有利于操作和更高效地制作出品。调酒中需要使用的器具包括：摇酒壶、吧匙、调酒杯、量酒杯、滤冰器、滤酒器、细格滤网、榨汁器、搅拌机、冰桶、冰夹、冰铲、捣棍、酒嘴、漏斗、冰锥、砧板、分刀、削皮刀、刨丝器、喷雾器、苏打枪、喷火枪、装饰签、开瓶器等。

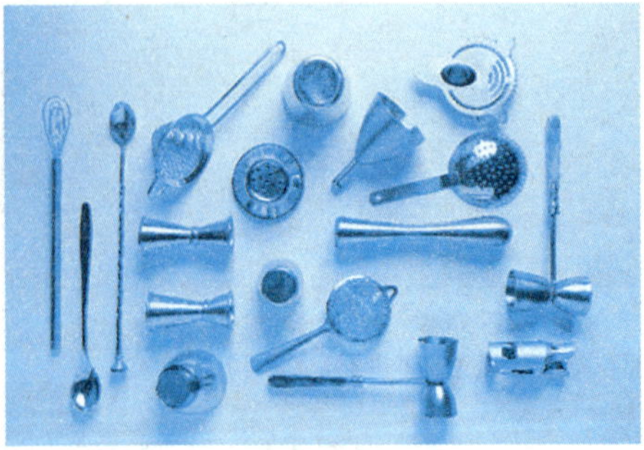

图 8-42　调酒器具 1

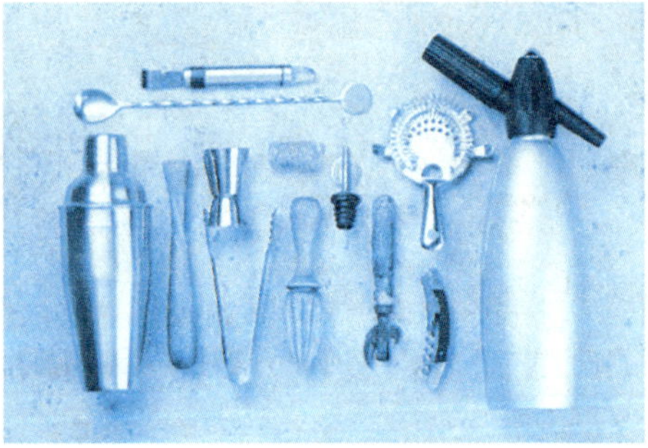

图 8-43　调酒器具 2

（2）载杯。不同造型、用途和不同材质的杯子，能充分体现酒的艺术价值和提升酒的口感，如马提尼杯、玛格丽特杯、白兰地杯、古典杯、高球杯、坦布勒杯、柯林杯、飓风杯、高脚郁金香杯、果汁杯、高脚香槟酒杯、葡萄酒杯、堤基杯、托蒂杯、朱莉普杯、试酒杯、烈酒杯及异形酒杯和创意植物、果壳杯等。

图 8-44　载杯

（3）基酒。基酒是调制鸡尾酒重要的组成元素，有决定性的主导作用。白兰地、威士忌、金酒、朗姆酒、伏特加、特其拉酒、中国白酒、葡萄酒、黄酒、清酒、啤酒及其他很多酒类都可作为基酒使用。

（4）辅酒。辅酒为除基酒外的酒，能让基酒更具风味特色。经常使用的辅酒包括水果利口酒、苦味利口酒、咖啡利口酒、奶油利口酒、香料利口酒、草药利口酒、自制利口酒、苦精、开胃葡萄酒、强化葡萄酒、苦艾酒等。

（5）辅料。辅料可以让酒体更加协调，也有着画龙点睛的作用，包括：

①糖浆：自制单糖浆、自制水果糖浆、自制苦味糖浆、自制草药糖浆、自制香料糖浆及瓶装糖浆等；

②香料：可食用花、茴香、姜、蒜、丁香、肉桂、陈皮、迷迭香、罗勒、豆蔻、八角、胡椒等；

③乳酪：奶油、水果乳、酸乳等；

④水果：柠檬、橙子、柚子、酸角、杨梅、菠萝、葡萄、苹果、樱桃、杧果、西瓜、蜜瓜、榴梿、椰子等；

⑤汽水：苏打水、汤尼水、可乐、姜味汽水等碳酸饮料；

⑥蔬菜：薄荷、芹菜、辣椒、番茄、青瓜、胡萝卜、野生菌等；

⑦饮料和水：自制果汁、浓缩果汁、莱姆汁及矿泉水和纯净水等；

⑧调味品：蜂蜜、辣椒籽、李派林喼汁、盐、肉汤及泡菜汁等；

⑨其他：花草、可可、咖啡、茶、坚果、香草及其他植物等。

（6）装饰物。装饰物能让鸡尾酒主题有更深邃的内涵，外观色彩吸引人的注意，同时多样化装饰创意，提供赏心悦目的艺术享受。常用的装饰物包括：水果、果皮、果丝、车厘子、珍珠洋葱、腌渍橄榄、辣椒、柠檬油和自制装饰物及花朵、植物装饰等。（参见第八章第四节休闲旅游其他饮品文化的

标题六休闲饮品的装饰艺术）

（7）冰块。冰块不但能赋予鸡尾酒灵魂，还能平衡鸡尾酒的口感，起着至关重要的作用。（热的鸡尾酒除外如热红酒、威士忌托蒂类等。）调制鸡尾酒，最好使用透明度高的冰块；直饮加冰，最好是嫩冰球或软水制作的冰块；长饮的鸡尾酒可使用裂纹冰；冰镇和混合浓度高的饮品可使用碎冰；自制植物、花冰及加料调味冰，可用于创意酒中。

（8）计量单位。常用量度换算标准，保证出品更加精准。

1 盎司（OZ）≈30 毫升（ml）；

1 吧匙（BAR SPOON）≈5 毫升（ml）；

1 量杯（JIGGER）=45 毫升（ml）；

1 滴（DASH）≈1 毫升（ml）。

（9）量酒杯的拿法。用左手的中指及食指，夹住量酒杯的腰线处，将液体注入调酒杯或摇酒壶时倾斜倒入，也可用大指和食指捏住腰线处使用，注入时动作优雅自然。量酒杯的两侧有大、小杯体，可计量液体的分量，尺寸分别为：大的 60ml 和小的 45ml，大的 45ml 和小的 30ml，还有大的 30ml 和小的 15ml 等类型的尺寸。注意：斟倒酒液时，液体凸起的弧面，不得高过量酒杯杯沿的平面。

图 8–45　量杯的手拿法

（10）载杯的冰镇。调制好的鸡尾酒所使用的杯子，最好是冷柜冰镇过的，也可在调制酒水时提前在杯中加入冰块或碎冰预冷。调制好的酒水注入酒杯时，将杯中的冰和融化的水一同倒掉。注意事项：挂霜完成的杯子冰镇时是可以放在冷柜中进行，但不能直接把冰倒入杯中冰镇。

3. 调制方法

表 8-7　鸡尾酒的调制方法

类别名称	操作过程	注意事项
准备、示瓶、斟倒	准备工作完毕，操作开始时要做到：取瓶、示瓶、开瓶、斟倒、量酒、归位；调制时用量酒杯测量，斟倒时尽量做到最后一滴酒滴入壶或杯中；调制好的酒注入杯中的比例为八分满，完成装饰后进行对客服务；从客人的右边上酒；上酒时先放杯垫，上酒后示意请慢用。	器具、载杯必须洁净，酒水品质无浑浊、变质、变色、异味，配料和装饰必须新鲜。 操作台面保持整洁卫生，随时用完及时清理。
摇和法	摇酒壶密封效果和混合效果非常好，黏稠度较高或不易混合的材料，须用摇和法完成；摇和法可使用三段式摇酒壶单手操作和波士顿摇酒壶双手操作；调制时，先在摇酒壶中加入适量冰块，顺时针搅动降温后滤掉多余的水分加入辅料、辅酒、基酒，扣紧上盖。 单手摇壶法：手指张开，食指压住壶盖，其余手指握住摇酒壶，手心不能紧贴摇酒壶，左右对称进行摇晃，手势可随手臂和手腕的动作进行调整；摇晃时要快速、剧烈，心中计数 8~10 秒，当手指感到冰凉，此时摇酒壶表面挂冷凝霜时，迅速取下壶盖，右手持壶，圆圈式将酒液慢慢注入冰镇过的酒杯中，左手压住酒杯底部。 双手摇壶法：用手扣紧摇酒壶上部，保证摇酒壶的气密性。拿稳壶身，一次性完成操作，不能有停顿，摇晃时快速用力，心中计数 6~8 秒或手感冰凉壶体挂冷凝霜即可停止。打开摇酒壶时，用手侧面轻敲壶身，迅速取下壶体，用食指扣住滤冰器，将酒注入冰镇过的酒杯中，左手压住酒杯底部。 使用器具：摇酒壶、量酒杯、滤冰器、冰桶、冰夹。	在摇晃时，姿势优美，表情自然，摇晃时间不宜过长，冰块融化过多会冲淡酒体，摇晃时酒壶中不可加入热的或含碳酸气体的材料，以免溅出。
调和法	调和法是将材料放入调酒杯中，使用吧匙搅拌混合均匀，此方法称调和法。调和法操作起来更平缓，在调酒杯中加入冰块，调和时冰块融化，使酒液具有滑润的口感，但要把握好时间。将冰块放入调酒杯中约六分满，吧匙入杯搅拌，去除冰块的棱角后滤掉多余的水分，将材料缓慢倒入调酒杯，用左手扶住调酒杯底部，吧匙底部的勺背紧贴杯内壁，方向一致地旋转吧匙，当手指感到冰凉，调酒杯外壁挂霜时，停止搅拌，使用右手扣住滤冰器，将酒缓慢注入鸡尾酒杯中，左手压住酒杯底部。 使用器具：调酒杯、量酒杯、吧匙、滤冰器、冰桶、冰夹。	调和法要平缓操作，紧贴调酒杯内壁，注意不要发出声音，只能按一个方向搅拌。 搅拌时不要剧烈搅动，防止酒液溅出。 搅拌时间不宜过长，适当搅拌避免冰块融化过多冲淡酒体，取出吧匙时背匙朝上。

续表

类别名称	操作过程	注意事项
兑和法	兑和法是在冰镇过的酒杯中直接加入调酒材料来操作的方法。 酒杯中加入冰块和材料，左手扶住酒杯底，将吧匙沿内壁放入杯中，轻轻搅动 2~3 圈后抽出吧匙，装饰后对客服务。 使用器具：酒杯、量酒杯、吧匙、冰桶、冰夹。	使用的材料最好提前冰镇； 载酒杯加冰时必须使用冰夹完成，冰量最多七分满。
搅和法	搅和法是将材料放入搅拌料理机进行搅拌混合的方法，适合制作冰冻冷饮、较难混合的材料、冰激凌及果粒材料等。 使用器具：搅拌机、量酒杯、酒杯、吧匙、冰桶、冰铲、冰夹。	使用搅拌机需提前冰镇。使用时倒掉多余的水和冰。 放料顺序是冰块、辅料、辅酒，最后放基酒。 搅拌时盖子必须盖上，防止材料飞溅。
漂浮法	漂浮法是根据酒的比重不同进行分层操作的方法。比重最重的在最下面，也是最先倒入的，相反，最轻的在最上面，最后倒入。 在杯中倒入不同酒液时，为了减小冲力，可将酒液沿着吧匙的螺旋柄或背匙贴杯处，缓缓倒下确保层次要分明。	注入时动作要轻而缓慢、避免抖动，分层酒不宜长时间摆放，以免相互融合。
〒形方法	〒形方法是独特的创意调制法，颠覆漂浮法的传统比重分层法，下半部分的左边和右边的颜色不同，并且呈竖式状，上部分再横着分层，形成鲜明对比，因〒形状而得名。	调制时必须脑洞大开、胆大心细方可成功。这也是开创独一无二的颠覆创作思维方法。
调制特殊方法	调制的特殊方法：抛接法、分子法、火焰、炸弹杯……	特殊方法特殊场合使用，操作时必须确保安全。
调制辅助方法	除以上方法外，还有辅助方法，在装饰过程中也是非常重要的。 拧皮：1 厘米 ×5 厘米左右的黄柠檬皮或橙子皮，拧成螺旋状，饰于酒中； 柠檬油调香：压挤柠檬皮中的香味油脂； 挂霜：用柠檬擦拭玻璃杯口，将杯口扣入盐或细砂糖中，沾盐或糖； 雾化：将香料制作为液态，使用雾化喷香器完成； 热水割：就是用热水来调制威士忌（酒 1 份，水 2 份）； 冷水割：即威士忌加水加冰块。	拧挤和喷雾时不要对着脸部。 挂霜后酒杯边沿的盐霜或糖霜须均匀完整。

案例 8-8

酒廊里不凡的装修设计、通过灯光的映照营造出氛围更加优雅。服务员热情亲切地接待几位客人，围着吧台边就座。吧台内的调酒师招呼道："各位晚上好！"原来是这里的熟客 C 先生，每次来都会为他提供专属特调，曾经使用过茶、咖啡调制鸡尾酒，还用过啤酒制作的调啤以及用黄酒调制养生创意鸡尾酒……首席调酒师Ken决定以肉汤制作一款另类创意鸡尾酒。C先生向朋友介绍："这个酒廊的神奇之处在于，不管你怀着什么样的心情，不管你喜欢追求卓绝口味的经典还是需要为自己的好奇心解惑答疑，或者想探寻心灵深处的需求，都可以让阿Ken为你调上一杯神奇的酒！因为他的用心配以情感，调的酒不仅新奇，而且总会出其不意地完成你内心的愿景哦。"

Ken一边开始准备调酒，一边介绍道："这杯酒是以肉汤调制的鸡尾酒，我将牛尾制作成汤，冷冻后取其精华、除油脂，再将汤加热过滤，加入适量焙炒过的精盐后，自然冷却待用，将伏特加酒提前冰镇，准备青柠汁、番茄汁、辣椒汁等一起混合而成，盐在当中减少了苦味，增加酒的回甜度和汤的鲜香味道，辣味素也在冰的低温和酸味中降低了，而味蕾感受的是无比的鲜美，这是一杯天然、营养又美味的另类养生鸡尾酒！"一边说一边完成了制作，将这杯酒展示在了客人的面前，并示意客人已经制作完成。旁边的客人都迫不及待地要尝试一下这杯神奇的酒。

【思考】

1. 客人与调酒师的共鸣及交流重要吗？

2. 你尝试过用肉汤调制的鸡尾酒吗？你能够举例曾经见过其他独具创意的鸡尾酒吗？

实训 8-18

创意鸡尾酒调制——野外丛生

每年的六月至十月左右，迎来的是大自然给予美味馈赠的季节，赏百菌鲜香之中，云南独有的"干巴菌"也成了我创意的题材。"干巴菌鸡尾酒"，最重要的是选用了优质材料，精心调制而成。干巴菌的味道，也许是无与伦比的美妙，它所含有的多种味道元素，是言语难以表达清楚的。或许也有人闻到这种味道

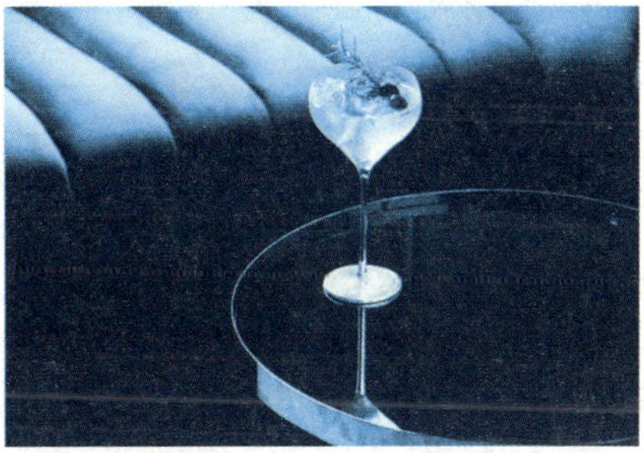

图 8-46 野外丛生

就难受的，犹如鱼腥草，有人喜欢、有人怕！

创意配方：金酒 30ml、马天尼干 5ml、橄榄汁 5ml、干巴菌 30g、皱皮青椒 20g、大蒜 1g、菜籽油 5ml、橄榄油 5ml、盐适量；

制作方法：搅和法、漂浮法。

准备工作：准备基酒、辅酒和辅料，将干巴菌炒熟后自然冷却待用，装饰物、冰块和用具准备到位。

操作过程：(参见本节标题 3 调制方法) 搅和调制方法制作后再使用漂浮法。

装饰：新鲜青、红椒片，干巴菌（属季节性时鲜菌装饰）。

载杯：鸡尾酒杯。

表 8-8　鸡尾酒实操评价表

评价项目	评价内容		操作小组评价			教师评价		
			优	良	一般	达标	不达标	建议
鸡尾酒调制方法流程与品饮	调制前	器具、杯子准备工作。						
		酒水、配料准备工作。						
		装饰物准备工作。						
	操作的示瓶过程							
	调制时加料过程和斟倒比例							
	摇和法的姿势掌握（单手）							
	摇和法的姿势掌握（双手）							
	调和法的姿势掌握							
	兑和法的姿势掌握							
	搅和法的姿势掌握							
	装饰后对客服务过程							
	向客人介绍酒的过程							
	出品具有色、香、味、意、型、创							
总计			次	次	次	次	次	总评
学习心得：								

4. 鸡尾酒的鉴赏

（1）观色。调制好的鸡尾酒都具有一定的颜色，观色也能断定配方分量准确度，前提是调制的酒类色泽无太大的偏差，此方法更适合观察传统鸡尾酒的颜色。

（2）鼻嗅。闻鸡尾酒的香味，分为由远至近的浅闻和再次由远至近的深闻。鸡尾酒的香味包括基酒的香味，还具有加入辅酒和辅料及不同物质的香味；装饰物用得恰当也会为酒增添几分香气味道。

（3）品尝。品尝鸡尾酒，要小口啜饮，喝入口中要通过整个口腔滚动后慢慢咽下，这样才能分辨出多种味道，最后才能品味鸡尾酒更多层次的回味感。如需在低温、短时间内饮用的酒，不要在温度高、放置长时间后才品尝饮用，否则酒味会枯燥平淡，影响最终评判。

第四节　休闲旅游其他饮品文化

休闲旅游饮品除了茶、咖啡、酒之外，还有其他饮品。本节从其他休闲饮品的概念、分类、发展、文化、跨界创新和装饰艺术等方面进行介绍，展现休闲饮品的艺术特质，以其独特的创新性吸引更多消费者，让“健康·美饮”流淌进更多人的身心。

一、休闲饮品的概念

休闲饮品是经加工制造，任何时候都可饮用，能提供人体所需水分和营养物质的液态食品，是含酒精饮品和不含酒精饮品的统称。

二、休闲饮品的分类

（一）含酒精饮品的概念及分类

含酒精的饮品即我们所说的“酒”，其酒精度在0.5%~96%之间。包括：

1. 蒸馏酒

表8–9　蒸馏酒

蒸馏酒分类	蒸馏酒品牌
白兰地	御鹿、德拉曼、轩尼诗、马爹利、人头马、库瓦瑟、豪达

续表

蒸馏酒分类	蒸馏酒品牌
威士忌	麦卡伦、尊美醇、格兰菲迪、皇家礼炮、占边、加拿大俱乐部、山崎
金 酒	哥顿金、孟买蓝宝石金、亨利爵士、添加利、普利茅斯、必富达
朗姆酒	百加得、摩根船长、美雅士、哈瓦纳俱乐部
伏特加	苏联红牌、雪树、芬兰迪亚、灰雁、肖邦、无极
特其拉酒	白金武士、索查、奥美加、雷博士、懒虫、豪帅、唐·胡里奥
中国白酒	茅台、五粮液、汾酒、西凤酒、董酒

2. 酿造酒

表 8-10　酿造酒

酿造酒分类	酿造酒品牌
葡萄酒	罗曼尼·康帝、柏图斯、拉菲、木桐
清酒	龙泉、月桂冠、菊正宗、獭祭、酒保田
啤酒	青岛、健力士、喜力、福佳、科罗娜、时代、智美、麒麟、唯森
黄酒	古越龙山、会稽山、塔牌、女儿红、沪牌、和酒、阿拉老酒

3. 配制酒

表 8-11　配制酒

配制酒分类	配制酒品牌
开胃酒	马天尼、金巴利、潘诺酒
甜食酒	波特酒、雪利酒、马德拉酒、马萨拉酒
利口酒	金万利、君度橙、百利甜酒、马利宝、廊酒、加利安诺、甘露咖啡、彼得·亨瑞樱桃酒、杜林标、蛋黄酒、薄荷酒

（二）不含酒精饮品的概念及分类

按照国际相关规定，不含酒精或含有 0.5% 以下酒精的饮品，都称为无酒精饮品，即软饮料。

不含酒精饮品包括：

（1）瓶装饮用水：密封在瓶中供人饮用的水。

（2）茶饮品：含有茶或茶提取物加工制作而成。

（3）咖啡饮品：以咖啡、咖啡粉、咖啡提取物加工制作而成的饮品。

（4）果、蔬汁饮品：以水果或蔬菜为原料加工制作而成的饮品。

（5）乳酸饮品：以乳或乳制品为原料加工或发酵制作而成的饮品。

（6）蛋白饮品：含植物蛋白成分物质加工制作而成的饮品。

（7）碳酸饮品：饮料中加入碳酸气体制作而成的饮品。

（8）其他特殊饮品：能缓解疲劳、促进消化和改善睡眠的功能性饮品。

三、休闲饮品的发展概况

（一）功能性

饮品遍布世界各地，它已经在人们的生活中扎根下来，其地位无可或缺。饮品本身具有辅助健康的作用，也具有社交的潜能，可在任何时间场合饮用。因为有提神、消除疲劳、助睡眠、帮助消化的特性成分存在，虽然它不是药，人们也被它的特性所吸引。一方面无酒精饮料所含的营养物质让我们的生活更有品质，可以想象这令人惬意的饮品，是健康和社会饮品文化的体现。另一方面它含有糖或淀粉物质，遇到了酵母，转变成酒，作为含酒精的饮料，过度饮用则伤身、失去理智，适度理性饮用则保健、强身。

（二）创新性

新奇饮品的出现，又将是一次饮品发展的新里程。人们的生活品质越高，对于饮品的需求也从普通的水向各式不同饮品转变，同时对于饮品有着更美味、健康、养生、安全、时尚的追求，这正是饮品发展的必然趋势。

（三）品质性

在美味和健康的基础上，人们还讲究饮用的方式、礼仪、器具是否有格调。这些观念的转变，将饮品演变成享受无穷滋味，安逸休闲的过程。

四、休闲饮品文化的传播

（一）人文属性

从古至今，饮品文化承载着人们各类情感的寄托，饮品也就自然成了人类社会重要的社交方式，与生活密不可分，是饮食文化中的重要组成部分。无论哪种表现形式的饮品，都具备调节气氛、增强情趣、促进情感交流的作用。饮品与环境主题、色彩等都应该是协调巧妙呼应的关系，同时也是演绎现代时尚的完美融合。

（二）自然属性

水、水果、果汁、茶、咖啡、蔬菜、花、香料，这些是日常生活中的基本食物，但它们与酒相遇时，就发生了一场惊奇的突变，将以有趣、充满吸引力的潜在艺术形式，展现出它独特的魅力和健康的特质，充分调动人们的嗅觉和味觉。将自然界平凡之物通过调和、器物的装饰等方法，赋予其更加生动的真实感及和谐美。

五、休闲饮品的跨界创新

休闲旅游饮品文化的创新是将不同类型的饮品进行跨界结合，融入健康时尚的饮品鉴赏活动，有效而又微妙地打动每个人的内心。

（一）以起泡酒为基酒调制的养生饮品

图 8–47　起泡酒养生饮品

创意说明：夏季，我们相拥而行，将一朵含苞待放的玫瑰，制成一颗像水晶般的玫瑰冰球后，注入冰镇的起泡酒，配以自制调味品和天然果汁的美丽色彩，此刻通过起泡酒中的精灵，让花香飘散，这真是触动心扉的优雅。

养生功效：蔓越莓养颜美容、抗衰老；玫瑰花理气美容、润泽肌肤、和气养血；葡萄酒活血安神、健胃强身。

（二）以黄酒为基酒调制的养生饮品

图 8-48 黄酒养生饮品

创意说明：黄酒营养丰富，被誉为“液体蛋糕”，而酒的功效虽然不是新的发现，但却被看成是当今最时尚的保健方式，黄酒小声说道：“我调整了人的心境，才知是自己释放了奇香。”

养生功效：具有保健、舒经活血和补充营养的作用。

（三）烈酒与咖啡调制的养生饮品

图 8-49 烈酒与咖啡强调制的养生饮品

创意说明：将一杯醇香的咖啡通过急速的降温后与威士忌混合，咖啡香气自然变幻，酒深厚、韵味悠长，它们在一起体现的正是美酒加咖啡，一杯再一杯的无穷魅力。

养生功效：具有提神醒脑、缓解疲劳、利尿的功效。

（四）茶和水果调制的养生饮品

图 8-50　茶和水果调制的养生饮品

创意说明：人生享乐的时刻来上一杯茶果饮，茶与水果美妙的结合，超凡脱俗，令人难以忘怀。

养生功效：温中养胃、散寒除湿、促进消化、消除疲劳。

（五）美酒和药材调制的养生饮品

图 8-51　药材养生饮品

创意说明：药材和水果使酒醇香更加浓烈，一杯入魂的诱惑，所映射出的是饮酒的最高境界——微醺状态。

养生功效：温脾和胃、祛风散寒、增进食欲、生津止渴、消除疲劳。

六、休闲饮品的装饰艺术

我们以自然界平凡的水果、花、植物及其他为素材，应用一定的技术（雕刻、旋转、拧皮）和艺术（构思、造型、色彩）等技巧重新加工组成，创作出造型优美的饮品装饰，将它放在盛装饮品的适当的饮具、器物里，借此表达一种主题，而具有生命的饮品装饰是高雅的造型艺术，它具有动态的真实感，又有静态的和谐美。通过绝妙的色彩衬托和点缀效果，能再现大自然和生活美的艺术品，就连水果、花、植物都展现出多变又细致的美感，故称为饮品的装饰艺术。

（一）休闲饮品装饰物的搭配

饮品装饰物搭配是有必要的。因人们的审美不断提高，人们从视觉中体会到了无穷的乐趣和使人陶醉的吸引力，然而这些具有独特吸引力的艺术形式，也表达了一种令人信服的满足感。

饮品装饰有助于饮品本身增添一种自然奇妙的美，使饮品自然传递一种情感和情趣，使人赏心悦目，获得精神上的美感和愉快。这是一种艺术的提升，是无极限的装饰艺术创作。

（二）休闲饮品装饰的风格

（1）中式风格。注重素材的新鲜，技艺上采用一定的雕刻工艺，具有多种形状，主次分明，穿插水果雕刻和花朵、植物，强调形态美，绚丽耀目，具有多而不乱的风格。

（2）西式风格。讲求素材的应用，采用较少的雕刻工艺，强调实用性和设计理念，追求艺术魅力，出品简洁、典雅，富有浪漫色彩的风格。

（三）休闲饮品制作装饰设计程序

设计构思要新颖巧妙，造型优美不宜太复杂，以稳中求精的设计思路出发。

（1）拟定主题，明确饮品主题和创意主题因素的考虑。

（2）素材的选择、准备、整理、制作。

（3）色彩搭配、味道组合协调，完成出品所要表达的神奇效果。

（四）休闲饮品装饰制作器具及素材选择

1. 装饰器具

在制作饮品装饰过程中，得心应手的器具可起到事半功倍的作用。

（1）刀具，如长分刀 36~43 厘米、雕刻刀 17~21 厘米、三角尖头刀、圆口刀和剪刀。

（2）容器，如不同风格、质感、形状的酒杯；

（3）其他，如刨丝器、喷火枪、镊子、果针、牙扦、果签、吸管、茶碟、盐、糖粉、方巾和砧板等。

2. 素材选择

素材的巧妙搭配更是艺术价值的体现。如各类水果、花、植物和植物根、茎、叶、枝、壳等。饮品装饰通过独特的质感魅力与组合方式，将会涌现更多的艺术表现形式。

本章小结

1. 知识点

茶文化主要知识与概念、咖啡起源、咖啡豆及主要咖啡出品知识、常用酒文化、葡萄酒常识及服务、鸡尾酒调制主要知识、其他休闲饮品的创新与发展。

2. 核心技能

主要茶艺、茶馆服务流程、雅集基础设计、主要咖啡出品技巧、酒类基本概念及分类方法、休闲饮品的创作。

3. 职业素养

专业的仪容仪表要求和职业习惯，良好的卫生环保意识、创新意识及自我可持续发展潜能。

思考与练习

一、单项选择题

参考答案

1. 冰滴茶茶艺属于（　　）。

A. 新式调饮　　B. 传统调饮

C. 茶艺表演　　D. 咖啡艺术

2. 龙井属于（　　）。

A. 轻微发酵茶　　B. 半发酵茶

C. 全发酵茶　　D. 不发酵茶

3. 以下最适合搭配红茶的茶点是（　　）。

A. 水果糖　　B. 咸花生　　C. 虾饺　　D. 奶油蛋糕

4. 甜型葡萄酒适合与哪一类菜肴搭配？（　　）

A. 海鲜　　B. 牛肉　　C. 鸡蛋　　D. 甜品

二、多项选择题

1. 茶艺六要素是（　　）。

A. 人　　B. 茶　　C. 水　　D. 器

E. 艺

2. 中国现代茶馆根据风格，可分为（　　）。

A. 川派茶馆　　B. 京派茶馆　　C. 江浙茶馆　　D. 滇派茶馆

E. 粤派茶馆

3. 葡萄酒的储存条件有哪些？（多选）（　　）

A. 避光　　B. 避震　　C. 无异味　　D. 恒温恒湿

4. 清酒按等级可分为（　　）。

A. 大吟酿酒　　B. 吟酿酒　　C. 纯米酒　　D. 本酿酒

5. 酿造酒有哪几类？（　　）

A. 葡萄酒　　B. 清酒　　C. 黄酒　　D. 啤酒

6. 咖啡果从采摘到加工的环节，常见的处理方法有（　　）。

A. 日晒　　B. 水洗　　C. 蜜处理

三、简答题

1. 茶艺是什么？

2. 现代茶空间设计原则是什么？

3. 浪漫的烛光晚餐，侍酒师应该推荐什么样的酒给来庆祝生日的情侣呢？

4. 咖啡馆是一个什么样的场所？在市场竞争中如何赢得客户？

参考资料

[1] 陈椽 . 茶叶通史 [M] . 北京：中国农业出版社，2018.

[2] 朱自振，沈冬梅，增勤 . 中国古代茶书集成 [M] . 北京：上海文化出版社，2010.

[3] 麦克法兰・艾伦，麦克法兰・艾丽斯 . 绿色黄金 [M] . 北京：社会科学文献出版社，2016.

[4] 亚树直，冲本秀 . 神之水滴 [M] . 台湾：玉皇朝出版集团，2021.

[5] 约翰逊 . 罗宾逊 . 世界葡萄酒地图 [M] . 北京：中信出版社，2014.

[6] 柏登 . 弗莱维伦 . 葡萄酒及盲品宝典 [M]. 上海：上海三联书店，2017.

[7] 罗宾逊 . 品酒：罗宾逊品酒练习册 [M]. 上海：上海三联书店，2011.

[8] 麦克利什 . 美酒传奇威士忌 [M]. 北京：中国友谊出版公司，2008.

[9] 费尔 . 美酒传奇：干邑白兰地 [M]. 广州：南方日报出版社，2009.

[10] 约翰逊 . 葡萄酒的故事 [M]. 北京：中信出版社，2017.

[11] 朱宝镛，章克昌 . 中国酒经 [M]. 上海：上海文化出版社，2006.

[12] 李祥瑞，陈洪华 . 调酒事典 [M]. 北京：化学工业出版社，2019.

[13] 特雷纳 . 啤酒圣经 [M]. 青岛：青岛出版社，2004.

第九章

休闲旅游餐饮文化的传播

本章重点

本章重点讲解休闲美食文化与休闲美食旅游、中华老字号休闲餐饮品牌的现状和发展、国外知名休闲餐饮品牌与美食旅游的发展、世界美食之都与国外休闲旅游美食评价体制，以及非遗旅游美食等内容。

学习要求

通过本章内容的学习，学习者能够了解休闲旅游餐饮文化、中华老字号休闲餐饮品牌的发展、国外知名休闲餐饮品牌的内涵，能够在文旅融合的背景下，寻找非遗旅游路线上的美食，具备休闲旅游餐饮从业人员的文化认知和美食素养。

本章思维导图

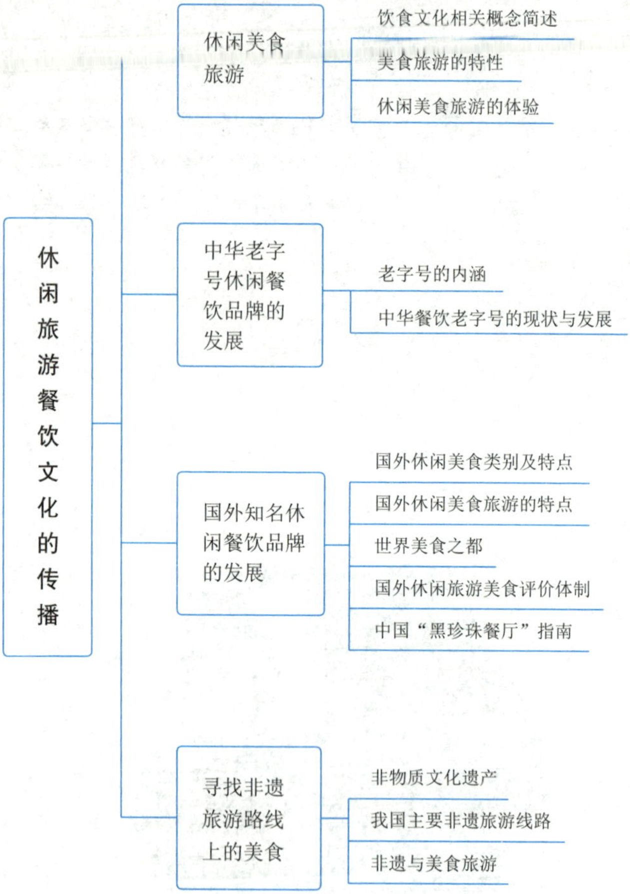

第一节 休闲美食旅游

休闲美食旅游是美食与休闲相结合，让旅游者主要了解休闲饮食文化和品尝地方美食的一种旅游活动。与其他动物相比，人是会烹饪食物的动物。地理环境、风土人情、奇异物产、特色文化是开展休闲旅游的客观条件，而对美食的探索是休闲旅游中不可或缺的体验和载体。

一、饮食文化相关概念简述

（一）饮食文化

饮食文化涉及食源的开发与利用、食具的运用与创新、食品的生产与消费、餐饮的服务与接待、餐饮业与食品业的经营与管理，以及饮食与国泰民安、饮食与文学艺术、饮食与人生境界的关系等，深厚广博。

（二）休闲饮食文化

休闲饮食文化可以从时代与技法、地域与经济、民族与宗教、食品与食具、消费与层次、民俗与功能等多种角度进行分类，展示出不同的文化品位，体现出不同的使用价值，可谓异彩纷呈。我国休闲饮食文化具有风味多样、四季有别、讲究美感、注重情趣与食医结合等特点。

（三）美食文化

美食顾名思义就是美味的食物，是指人们基于对食物的客观认知加上主观判断后对食物产生的一种界定。美食是不分贵贱的，只要是自己真心喜欢的，都可以称之为美食。美食文化是指人们使用美味食物时，体会和发掘其中的物质和精神财富的一种现象。中国素有“美食王国”的美誉。吃前有期待、吃中有礼仪，吃后有回味，享受美食、美器、美景。美食不仅仅是菜肴，还包括休闲零食，糕点、糖果、肉肠制品、奶酪、茶饮、咖啡、可可、鸡尾酒等都可称之为美食。

（四）休闲美食旅游

休闲美食旅游是以美食为吸引物的旅游过程。旅游餐饮更多地注重旅游者的餐饮行为及餐饮质量，如在旅游过程中的饮食安全、卫生、营养等。休闲美食旅游不仅包括这些过程还有其他与美食相关的参与性活动，如观看烹饪比赛、参加美食节事活动等。中国幅员辽阔，地理环境、气候物产、政治经济、民族习惯与宗教信仰不同，使得不同地区、各民族的饮食特色千姿百态、丰富异常。不同区域由于环境差异，以其各具风情的烹调技艺、不同风格的菜肴成为美食旅游重要的吸引力，以美食旅游的形式达到游客的审美愉悦。

二、休闲美食旅游的特性

（一）环境独特性

随着自然环境和人文环境的改变，旅游过程中所享受到的美食是有差异的。美食旅游的区域性能够凸显休闲美食旅游的独特性。

（二）食俗民族性

生活在不同区域的旅游者，对美食的理解和追求不同。民族美食是食俗与物产的结合体，是人文旅游资源的重要组成部分。

（三）时代变化性

休闲美食的感受因时代不同而变化，从开始人们追新求奇在心理与口味上享受刺激、寻找异味，后来追求饮食营养、强调滋补与保健，到奢侈浪费逐渐抬头。新型冠状病毒肺炎暴发之后，讲饮食安全、食材环保、绿色健康、吃喝文明的饮食风尚开始形成。

（四）游客参与性

休闲美食旅游有积极的参与性，如观看烹饪比赛、茶艺表演和学做中国菜等，都能激起美食旅游者强烈的感受，延长美食旅游者的兴趣时间。

三、休闲美食旅游的体验

（一）体验烹饪技艺

休闲旅游者在品尝和欣赏了美味佳肴的同时，常常对美食的制作流程很感兴趣，经常向厨师、服务员询问一些特色菜肴的制作方法和工艺流程，感受学习过程中的愉悦。

（二）体验民族食俗

不同民族有自己独特的饮食，包括吃什么、如何吃、在哪儿吃、与谁吃、什么时候吃等多个方面。通过游客观看、探寻、参与到互动和创造体验空间中，给予游客一种鲜活互动的美食新体验。

（三）体验农耕传统

休闲美食旅游是以食物作为媒介的旅游活动，它是一种文化体验，将“吃”的仪式、信仰、象征的饮食文化符号显现出来，立足食物原生态本身，尊重农耕传统和文化价值，带动休闲美食旅游的体验。

（四）体验区域文化

休闲旅游者也是生活家、美食家、读书人。地理环境、物产气候、民族烹饪技艺的不同，产生了差异性，也产生了美食美景的吸引力。

案例 9-1

案例名称“昆明官渡古镇美食游”

据《官渡区志》记载，官渡镇位于昆明东南郊，地处滇池北岸、宝象河下游，占地 17 平方千米。官渡古镇文化古迹众多，人文景观丰富，在不到 1.5 平方千米的面积内就有唐、宋、元、明、清时期的五山、六寺、七阁、八庙等多处景观，是昆明地区著名的历史文化古镇之一。参观完云南省博物馆，看到许许多多出土的土陶、铜铁炊餐用具，正好来官渡古镇吃点特色小吃：卤饵丝、煮饵块、烧饵块、甜酒饵块，花样多多。

【思考】

你家乡的美食街、美食小镇的休闲美食品种都有哪些？

【案例分析】

休闲美食文化是指人类在休闲活动过程中，通过休闲主体与客体（休闲场所、设施）对美食进行鉴赏品评。休闲美食文化是现代社会优质生活的重要标志。

第二节　中华老字号休闲餐饮品牌的发展

根据商务部认定管理办法，中华老字号应当具备三大条件：品牌创立于 1956 年（含）以前；传承独特的产品、技艺或服务；具有中华民族特色和鲜明的地域文化特征，具有历史价值和文化价值。老字号的划分，包括中华老字号、省级老字号及市级老字号三类。

一、老字号的内涵

（一）中华老字号是中国商业对品牌特有的称谓

老字号企业从形成到发展大都经历了几十年甚至数百年的时间，因此被人们称为“活文物”。其品牌也是人们公认的质量的同义语。

中华老字号（外文名 China Time-honored Brand）颁发机关为中华人民共和国商务部。

（二）中华老字号的特点

中华老字号具有悠久的历史、独特的商业文化、历代相传的“绝活”、以人为本的经营理念。中华老字号有重要的经济价值和社会价值，承载着中国传统文化的商业精髓。

二、中华餐饮老字号的现状与发展

新中国成立初期，中华老字号企业约 16 000 多家。目前，只有 1128 家中华老字号，其中仅有 10% 也就是不到 120 家的企业发展势头较好，40% 的老字号勉强实现盈亏平衡，而近一半都处于持续亏损状态。

（一）中华餐饮老字号经历

中华餐饮老字号曾经历过三次冲击：20 世纪 50 年代的公私合营，许多老字号被“合”掉；20 世纪六七十年代的“文革”时期，老字号优良传统遭到严重破坏；20 世纪八九十年代后城市建设，国有改制，外资进入，老字号在多种业态的冲击下相继没落。如北京某个鼎鼎大名的餐饮老字号，2018 年就出现了经营困难的局面，2020 年度受新冠肺炎疫情影响，其餐饮及商品销售业务收入出现较大幅度下滑，餐饮业务全年接待人次同比减少。有数据显示，营业收入 7.6 亿元，同比下降约 50%；净亏损 2.4 亿元，由盈转亏。

（二）老字号自身问题

1. 经营陈旧，营销落后

计划经济时代留下来的过重的负担使得企业难以轻装上阵，人员过多，早期积累少，造成企业运营困难，资金周转不灵。缺乏现代营销手段，许多老字号企业依然信奉“酒香不怕巷子深”的观念。

2. 人才匮乏，创新不足

随着市场经济的发展，技术人员纷纷跳槽，传统工艺面临失传。传统产品在保持味道、工艺、特色的同时，其生产模式很难实现机械化，企业的人力、物力、财力不足以支持技术创新。

3. 品牌老化，服务滞后

企业自身知识产权保护意识淡薄，许多老字号品牌没有注册商标，如果被仿冒，后果不堪设想。他们还是卖方市场的思维，对顾客缺乏热情，而且环境欠舒适。

4. 产品过时，文化缺新

很多老字号老年人不喜欢，年轻人不接受。对他们来说，历史文化是最大的卖点，可是消费者更关注这些文化能给自己带来什么。他们没有创造新的热点吸引消费者。

（三）中华餐饮老字号的发展

中华餐饮老字号的发展，需在保留和传承老字号特点的前提下，不断改变不良的现状，具体可从传承品质、讲好故事、链接时尚、找准定位、融合发展几个方面完善。

案例 9-2

餐饮老字号发展的建议

2017 年，昆明百年老店建新园引入外卖业务。上线之初，建新园简单粗暴地将既有菜单搬上外卖平台，在食品外卖包装环节并没有考虑到配送时长可能会对食品口味产生的影响。尽管很快就达成了日均 1000 单的成绩，但建新园仍面临不断有消费者抱怨门店与外卖餐品的口味存在差异的负面评价，外卖业务亟须进一步改进。2018 年，建新园进行了一系列调整：根据外卖特性重新设计菜单和菜品，保证堂食和外卖餐品的口味体验相一致；积极开展线上营销、促销活动，引导顾客好评和二次下单；进行后台数据分析，重视消费者反馈，不断改进食品和服务。经过一系列调整后，建新园 2018 年外卖业务单量翻了一番，门店日均单量突破 2000 单；整体经营成本有所降低，利润增加；顾客忠诚度和依赖度有所提高，在平台上获得了广泛好评。

来源：深入推进“餐饮老字号”发展的建议（美团研究院）

【思考】

你知道的中华老字号有哪些？

【案例分析】

早在 2006 年国家商务部出台“振兴老字号工程”的方案，为传统餐饮老字号的发展带来机遇。老字号要复活、要发展，要抓住消费心理，一边说故事，一边卖时尚，将人们对老产品品质的认可转移到主流新品上。“2020第十七届中国中华老字号精品博览会”在杭州开幕，博览会主题为“老字号·新国潮”，共有300个老字号品牌参会。老字号产品也是许多游客的伴手礼。在传承中发展的老字号，正成为旅游消费的新势力。

第三节　国外知名休闲餐饮品牌的发展

近几年“休闲”成为时髦词，休闲旅游、休闲食品等概念逐渐渗透于人们生活的方方面面。随着社会的发展，特别是经济收入的提高，观念的更新，人们在紧张的社会竞争中，迫切地希望有一处既休闲放松又能享受美食的地方。

一、国外休闲餐饮主要类型及特点

国外休闲餐厅主要包括高档餐厅、餐饮连锁业、自助式餐厅、创意餐坊、特色餐饮和外食产业等多元化的餐饮形态。其特点为：时尚、健康、休闲，餐饮模式以简餐为主，方便快捷为首要条件。餐品除满足饮食需求外，往精致化、定制化方向发展。产品除了提供生理需求的满足，更多提供的是文化上的满足。

（一）西式休闲餐饮市场占有率扩大，竞争激烈

国际知名品牌朝本土化、纵深化发展，新兴本土品牌也在国际资本的介入下加速扩张。必胜客、星巴克等西式品牌进入中国后，在战略高度上对中国市场的重视，把中国变成了其全球发展的根据地。

（二）中西合璧的休闲餐饮积极进取，蓄势待发

近几年来，中西合璧的休闲餐饮蓬勃发展，如：采用不同的方式演绎中国茶经，以茶为媒，以茶会友，为消费者营造一种轻松愉悦的休闲交流氛围；中式餐饮与西式餐饮融合，比如酒吧、咖啡吧、冰激凌吧、甜品、烘焙店等相融发展，品种繁多，创新不断，吸引了不同层次的休闲消费者。

二、国外休闲美食旅游的特点

（一）美食鉴赏专业化

烹饪鉴赏是国外美食旅游的重要组成部分，主要有三种美食旅游类型：

1. 赴某地学校参加烹饪教育。例如“欧美十大著名烹饪学校”的美食培训课程反映了人们对美食教育体验的热情。此外，英国、挪威、丹麦、瑞典、德国、荷兰等欧洲国家通过在“城市农场”“社区花园”等典型开展的美食烹饪教育，也得到了政府支持、游客青睐。世界十大烹饪学校有：①法国蓝带厨艺学院；②保罗·博古斯学院；③美国烹饪学院；④迪拜国际厨艺中心；⑤美国强生威尔士大学；⑥日本服部营养专门学校；⑦国际烹饪学院；⑧美国凯撒大学；⑨瑞士 DCT 国际酒店管理学院；⑩西班牙巴斯克烹饪中心。

2. 在旅游地著名餐厅用餐，参观当地食品市场品小吃。

3. 参观食品制作工厂或作坊吃特色。

（二）美食产品地方化

世界各国在美食旅游发展的思路上都注重开发不可复制、富有地方特色亮点的旅游产品，并通过提供一系列独一无二的特色美食产品最终实现游客只有慕名前往该地区才能体验原汁原味的原产地美食的市场目标。世界知名的特色美食原产地众多，较为典型的热门地区包括美国加州纳帕谷，法国普罗旺斯、波尔多等。

（三）美食风味乡村化

20 世纪，受工业化和经济全球化的影响，欧洲乡村经济发展滞后，各国开始探行依托特产发展乡村特色美食旅游的振兴。通过直销农场产品、品地道乡村菜、体验农家生活等开发吸引了大量外地游客，既为农村地区提供了经济发展机会，又提升了乡村社区的自我文化认同感。

（四）美食品牌价值化

欧美各国一直关注美食旅游营销的品牌化建设，大力打造知名美食旅游品牌的高附加值。2002 年爱尔兰食品协会以“纯洁的爱尔兰，纯正的味道”（Pure Ireland，Pure Taste）为美食主题，持续在美国西部进行市场推广，提升了爱尔兰美食旅游品牌知名度。新西兰 1993 年创立的“新西兰之路”品牌，大力打造“新鲜新西兰之路”“品尝新西兰之路”“体验新西兰之路”的美食旅游品牌。法国注重打造“生活的艺术和欢乐”等葡萄酒国际化美食旅游品牌形象。

（五）美食促销模式化

美食节具有集中展示本地产品、聚集人气和促进销售的功能，成为各国各地推广地方特色美食产品的重要手段。世界知名的美食节包括法国的葡萄酒节、香槟酒节和法式美食节、德国慕尼黑啤酒节、澳门国际美食节、香港美食节等。仅德国慕尼黑啤酒节就有600万~700万游客参与，国际知名度提高，旅游经济贡献大。

三、世界美食之都

2004年10月联合国成立创意城市网络，致力于发挥全球创意产业对经济和社会的推动作用，促进世界各城市之间在创意产业发展、专业知识培训、知识共享和建立创意产品国际销售渠道等方面的交流合作，分为设计、文学、音乐、民间艺术、电影、媒体艺术、烹饪美食7个主题。

（一）世界美食之都

目前全球已有8座城市被联合国教科文组织授予了“美食之都”称号，分别是中国江苏省扬州市、哥伦比亚的波帕扬、中国四川省成都、瑞典的厄德特松德、黎巴嫩扎赫勒、韩国全州、中国广东省顺德、中国澳门特别行政区。

世界美食之都吸引全球食客闻味而至，各地都加大宣传，推动文旅融合发展，休闲美食旅游“吃得好、留得住、忘不了”加大“名菜、名店、名人、名厨”培养和引进，适时多次举办专项、专题及综合性美食节，讲好中国美食故事，打造“食在中华”美食情怀。

（二）“世界美食之都（中国）联盟”

2021年4月25日“世界美食之都（中国）联盟”正式成立，办公室落户扬州。“世界美食之都（中国）联盟”的成立，必将推动以中华美食为载体的“地球村”文明深入交流，助力世界更好地了解中国。中华饮食文化是中华文明的优秀成果，是中华文化赖以走向世界的重要软实力，也是当今中华文化面向世界开展传播的重要载体和平台。美食无国界，通过美食发现中华文化之美并推动中华文化走向世界，依托中华美食开展中国文化对外传播大有可为。成都、顺德、澳门、扬州四个位于中国的“世界美食之都”汇聚一堂共同约定：大力弘扬中华美食工匠精神和不断传承创新，共同推动中华美食文化走向世界。

（三）美食之都的标准

美食之都的标准有：发达的具有城市中心或地域特征的美食；充满活力的美食社区中有数量众多的餐厅和厨师；在传统烹饪中使用本国的烹饪原料；拥有在工业时代科技进步情况下依然留存当地烹饪诀窍、方式和方法；拥有传统食品市场和传统的食品产业；有举办美食节、烹饪比赛或其他广义上的美食相关活动；尊重自然环境，推动适宜当地情况的食品；注重提高公众对传统美食的关注程度，在烹饪学校推广关于传统烹饪和保护烹饪方式多样性的课程。

2016 年云南昆明市也提出申报“世界美食之都”的计划。淮安也在积极地向联合国教科文组织申报，青岛也争创世界海鲜美食之都。

四、国外休闲旅游美食评价体制

几乎每个人都知道可口可乐、肯德基、星巴克，必胜客等品牌使快餐成为美国的代言词。在世界各地，人们一提到寿司，就会想到日本料理，提到甜点就会想到法国。在全球化的背景下，这些异国料理在中国随处可见，形成一种文化现象。怎么客观评价优秀美食呢?

（一）米其林的评星制度

1900 年，法国的公路上行驶的汽车还不到 3000 辆。轮胎商米其林兄弟坚信，汽车行业有着远大的前程。为了推动汽车业的发展，同时也为了促进米其林集团的成长，他们决定为驾驶者提供一本旨在使旅行便利又能促进进步的小册子，就是大名鼎鼎的米其林红色指南。他们建立严格的评审制度，访问任何店面坚持自行付费，维护评选公正客观。目前，米其林星级评分已成为全世界最具权威性的饮食评分系统。

（二）米其林的评判标准

收录在《米其林指南》上的餐馆，至少先要获得一副刀叉的标记，这种标记是指南对餐馆的基础品评标准，从最高的 5 副到 1 副不等，主要表明餐馆的舒适度。米其林星级是由一批经过筛选的“美食密探”进行评判的，他们被称作“监察员”。监察员每去一家餐厅或酒店进行评判，都需要隐瞒身份潜入住宿和品评。他们需要参考的评分项目包括餐厅的食物（60%）、用餐环境（20%）、服务（10%）和酒的搭配（10%）。

（三）米其林的星级餐厅

一家餐厅的评级，都是由 N 个“美食密探”品鉴 + 一年 12 次的造访 + 米其林总部评审才能敲定的。各符号代表不同的含义：

（1）叉匙。如果一家餐厅的环境特别令人感到愉悦悠闲，叉匙标志就会用红色来替代一般的黑色。以餐厅的表现，给予 1~5 个叉匙符号。5 个叉匙：奢华的传统风格，4 个叉匙：至高的舒适享受，3 个叉匙：十分舒适，2 个叉匙：舒适，1 个叉匙：基本舒适。

（2）人头标志。米其林推荐的地道小馆提供不错的食物和适当的价格。

（3）两个硬币。这标志就是小硬币的意思，带有这个标志的餐厅，表示提供不超过 16 欧元的简单餐饮。

（四）米其林的星星等级

米其林餐厅评分系统共有三个等级：

1 颗星：值得停车一尝的好餐厅（这样的叙述当然是因为米其林是做轮胎的）；

2 颗星：一流的厨艺，提供极佳的食物和美酒搭配，值得绕道前往，但花费不低；

3 颗星：完美而登峰造极的厨艺，值得专程前往，可以享用手艺超绝的美食，精选的上佳佐餐酒，零缺点的服务和极雅致的用餐环境，但是要花一大笔钱。

法国作为米其林的发源地，是米其林星级餐厅最多的国家。其中法国菜作为米其林餐厅的传统菜肴，更是历久弥新，深受世界各地美食爱好者的喜爱。

五、中国“黑珍珠餐厅”指南

中华美食博大精深，长期以来却没有一份代表中国人口味的权威美食榜单。美团点评基于 6 亿用户、2 亿余条真实用户评价发布的中国首个大数据的美食榜单，提出了中国美食标准，用烹饪水平、餐厅水准、传承创新 3 个维度的餐厅评价体系。具体而言，烹饪水平一般通过口感体验、食材搭配、健康养生、鲜香呈现等方面体现；餐厅水准则在食材质量、环境氛围、服务管理、设施配套、佐餐酒单等“形与工”方面进行评估；传承创新则宣扬中华饮食的“意与道”，在文化传承、创新融合、匠心精神等方面进行考察。

黑珍珠餐厅中，最高等级、“一生必吃一次”的三钻餐厅 16 家、“纪念日必吃”的二钻餐厅 78 家、“聚会必吃”的一钻餐厅 215 家。代表高品质的 2020 黑珍珠餐厅人均消费价格达 823 元。黑珍珠上榜餐厅中，234 家为非连锁餐厅，专注于“小而美”的美食传承。在价格方面，黑珍珠餐厅人均消费约 677 元，其中人均消费 500 元至 1000 元的有 98 家，占比 30%；人均消费 1000 元以上的达 70 家，占比 21%。随着消费升级的来临，人们对于餐饮的需求早已不是简简单单地“吃饱”，而是要“吃好”，吃出不一样的体验。2018 黑珍珠餐厅指南理事会成员、央视《中国味道》总顾问董克平表示，美团点评经过多年积累，在餐饮领域具备了相当能力来传承发扬中国饮食文化，推动建立中国餐饮在世界上的话语权，这正是中国文化自信的体现。

案例 9-3

案例名称：自媒体的美食评价

自媒体的概念最早于 2002 年提出，国外学者将其称为“媒体 3.0”，其中媒体 1.0 指的是传统媒体形式，而 2.0 则指的是新兴媒体形式，也就是借助于卫星实现的全球新闻信息收发和播放的形式。现代自媒体形式的主要媒介是微博、微信朋友圈、贴吧论坛、博客等社交网络平台等。现在许多消费者在就餐时都会打开手机看别人对餐厅或者美食的评价。很多评价是消费者自己写的亲身感受。虽然参考别人的意见点餐有一定局限，若更多用餐者们学习通过自媒体进行美食评价，将会为美食发展起到促进作用。

【思考】

你知道美食自媒体分类吗?

【案例分析】

美食是一个大领域，要想在如今竞争激烈的自媒体中混得风生水起，最好是选择细分领域。美食中的细分领域可以根据自身的优势资源来选择，比如说精通吃喝，去过很多美食店，了解市场上最前沿和流行的美食，那么探店类的美食自媒体内容肯定是首选，简单说就是要找自己最擅长的。这类就是购买和试吃某种美食，然后告诉大家味道如何，好不好吃。

第四节　寻找非遗旅游路线上的美食

文旅融合，也是传统文化与现代文化的融合。在 2005 年文化部组织开展了全国性的非物质文化遗产普查工作，在上千个非物质文化遗产名录项目中就有饮食类项目。后来更多的饮食类项目出现在各省市非物质文化遗产名录中。2018 年“蒙自过桥米线”成为国家级非遗名录，“满汉全席”已被列入北京市非遗名录。2003 年当时国家旅游局把旅游活动主题年的名称定为“中国烹饪王国游”。非遗美食在旅游中的作用也越来越显著。

一、非物质文化遗产

2003年10月，联合国教科文组织第32届大会上通过了《保护非物质文化遗产公约》，我国也在2011年2月的第十一届全国人民代表大会常务委员会第十九次会议上通过了《中华人民共和国非物质文化遗产法》，并建立了“国家、省、市、县”的四级非物质文化遗产名录体系。

（一）联合国教科文组织的《保护非物质文化遗产公约》定义

根据联合国教科文组织的《保护非物质文化遗产公约》定义，非物质文化遗产是指被各社区群体，有时为个人，视为其文化遗产组成部分的各种社会实践、观念表达、表现形式、知识、技能及相关的工具、实物、手工艺品和文化场所。这种非物质文化遗产世代相传，在各社区和群体适应周围环境以及与自然和历史的互动中，被不断地再创造，为这些社区和群众提供持续的认同感，从而增强对文化多样性和人类创造力的尊重。

《保护非物质文化遗产公约》所定义的“非物质文化遗产”包括以下方面：

（1）口头传统和表现形式，包括作为非物质文化遗产媒介的语言。

（2）表演艺术。

（3）社会实践、仪式、节庆活动。

（4）有关自然界和宇宙的知识和实践。

（5）传统手工艺。

（二）《中华人民共和国非物质文化遗产法》的定义

根据《中华人民共和国非物质文化遗产法》，非物质文化遗产是指各族人民世代相传并视为其文化遗产组成部分的各种传统文化表现形式，以及与传统文化表现形式相关的实物和场所。包括：

（1）传统口头文学以及作为其载体的语言。

（2）传统美术、书法、音乐、舞蹈、戏剧、曲艺和杂技。

（3）传统技艺、医药和历法。

（4）传统礼仪、节庆等民俗。

（5）传统体育和游艺。

（6）其他非物质文化遗产。

属于非物质文化遗产组成部分的实物和场所，凡属文物的，适用《中华人民共和国文物保护法》的有关规定。

（三）非物质文化遗产是以人为本的活态文化遗产

非物质文化遗产强调的是以人为核心的技艺、经验、精神，其特点是活态流变。在非物质文化遗产的实际工作中，认定非遗的标准是由父子（家庭）或师徒或学堂等形式传承三代以上，传承时间超过 100 年，且要求谱系清楚、明确。非物质文化遗产的最大特点是不脱离民族特殊的生活生产方式，是民族个性、民族审美习惯的“活”的显现。它依托于人本身而存在，以声音、形象和技艺为表现手段，并以身口相传作为文化链而得以延续，是“活”的文化及其传统中最脆弱的部分。因此对于非物质文化遗产传承的过程来说，人的传承就显得尤为重要。非物质文化遗产与“物质文化遗产”相对，合称“文化遗产”。

（四）美食类非物质文化遗产

截至 2020 年 12 月，中国入选联合国教科文组织非遗名录的项目共计 42 项，是目前世界上拥有世界非物质文化遗产数量最多的国家。根据文化部公布的第一批至第四批国家非物质文化遗产名录总汇，初步统计为：狭义的饮食类非物质文化遗产合计有 52 个（以食品、菜系为核心要素）；广义的饮食类非物质文化遗产大约有 68 个（增加食品辅助原料、饮食调味品提取、制作工艺等）；以地方特色主食小吃为核心的米面豆类的非物质文化遗产数量不多，但是非常具有地域特色。“传统面食制作技艺”中涵盖了晋、津的特色面食，并且有烧饼、烧卖、月饼等特色面食小吃。作为稻类粮食作物代表的米制品非遗项目，仅有云南蒙自过桥米线（第四批国家非遗名录）和五芳斋粽子（第三批国家非遗名录），这与中国传承历史同样悠久、分布同样广泛的稻米饮食文化稍有不符。在中国“南米北面”的饮食地理划分中，稻类饮食文化与面食类饮食文化影响力同等重要。每年 6 月 13 日是“文化和自然遗产日”（以下简称“遗产日”）。2020 年遗产日非遗宣传活动的主题为“非遗传承 健康生活”，重点围绕传统体育、传统医药和餐饮非遗项目，开展非遗宣传传播等活动，普及非遗知识，宣传健康生活理念，弘扬中华优秀传统文化，坚定文化自信。

（五）传统技艺类、民俗类中的非遗美食

“食”在中国社会发展和中国人的日常生活中占有举足轻重的地位，中华民族也在长期的历史发展过程中形成了丰富多彩、博大精深的饮食文化传统，其中很多依然影响着当代中国人的思想观念和生活习惯。“食药同源”“食补养生”等理念也传达着中国人有关科学饮食有益于身心健康的集体认知。在我国国家级非遗代表性项目中，餐饮类项目主要集中在传统技艺类，尤以传统烹饪、食品加工制作、酿酒、酿醋、制茶等技艺为代表，其技艺持有者不乏百姓耳熟能详的传统老字号。经初步统计，餐饮类国家级非遗代表性项目共 116 个。从地区分布上看，北京、四川、山西、浙江四省的餐饮类项目

数量较多，均在10项以上。从公布时间上看，2006年、2008年、2011年、2014年分别入选12项、64项、13项、27项。2008年入选的数量最多，占总量的约55%。除了上述传统技艺类中的餐饮项目，民俗类中也有不少项目和饮食紧密相关，比如吃元宵、汤圆的元宵节，吃粽子的端午节，吃月饼的中秋节，吃米线的玉溪米线节，婚庆的彝族跳菜、年节的长街宴等。可以说，无论是节庆习俗、人生礼俗、民间信俗还是生产、生活习俗，都与饮食有着或多或少的关系，它们或体现着中国人关于天地的认识，或承载着人们对于家庭、族群或祭拜对象的情感寄托。

二、我国主要非遗旅游线路

2020年10月，由国家文化和旅游部非物质文化遗产司、资源开发司指导，中国非物质文化遗产保护协会主办，贵州省文旅厅、黔东南州、中国旅游协会、中国旅行社协会、中国旅游景区协会联合主办的首届“中国丹寨非遗周”上，全国非遗主题旅游线路宣传征集活动评选结果发布，12条线路入选。

具体线路如下：

线路一：由北京市文化和旅游局、北京凯撒世嘉文化传播有限责任公司选送的中国名片：北京城市中轴线非遗主题线路。

线路二：由锡林郭勒盟选送的千里草原风景大道非遗支线。

线路三：由浙江省文化和旅游厅、艺旅文化（杭州）有限公司选送的浙西南畲乡非遗技艺体验游。

线路四：由安徽青檀研学旅行有限公司选送的徽文化研学之旅。

线路五：山东省文化和旅游厅、山东华夏天马国际旅行社有限公司选送的齐风鲁韵之旅。

线路六：由湖北省文化和旅游厅、宜昌市文化和旅游局选送的屈原昭君故里非遗之旅。

线路七：由广东文化和旅游厅选送的广东老城新活力文化遗产深度游。

线路八：由广西壮族自治区文化和旅游厅选送的中越边境非遗之旅。

线路九：由深圳市青苔旅行社选送的黔东南侗族非遗深度体验游。

线路十：由甘肃省文化和旅游厅选送的交响丝路非遗之旅。

线路十一：由甘肃省文化和旅游厅选送的滔滔黄河非遗之旅。

线路十二：由新疆维吾尔自治区文化和旅游厅选送的喀什民俗非遗主题游。

文旅融合是时代需要，近年来在旅游综合体、田园综合体、文旅特色小镇、美丽乡村、游乐综合体等多种项目上，绿色产业经济成为当下文旅融合发展的核心发展导向，文化节庆成为旅游核心，非遗等项目内容产品有序合理。

三、非遗与美食旅游

美食与旅游紧密联系是对外宣传的一张名片。通过美食旅游，人们能了解历史文化，贴近古镇城、古民居；通过休闲旅游，我们可以感知各种文化节庆活动和礼仪；休闲旅游美食可以和许多饮食非物质文化遗产项目和代表性传人亲密接触，感受深层次的文化内涵。

作为文化领域中最具代表性的非物质文化遗产，餐饮老字号承载着中华民族工匠精神和优秀传统文化，是中华文明的宝贵遗产，具有巨大的品牌价值、经济价值和文化价值。然而在消费者求新求变、新业态层出不穷的新餐饮时代，餐饮老字号发展却遇到了前所未有的新挑战。面对新生代超过 4 亿人口的新消费市场，在日料、韩餐、西餐、烧烤、小龙虾、烤鱼等新业态快速发展的新冲击下，老字号如何应对新消费实现新发展是一个重要课题。

因此，文旅融合背景下，各地纷纷打出美食“非遗”牌，出现了诸如寻找幸福年味传承海岛非遗、2019 迎新春嘉年华“舟山味道、地道美食温暖你的味蕾”等项目。在美食与文旅融合方面，尤其是特色名宴品牌效应打造上，突出一乡一品的地域特色，按照“一道美食、一个典故、一番体验”要求，形成了具有浓郁地域风味的特色宴席。例如：

上海非遗旅游线路和上海非遗美食地图正式发布。“漫步城厢——都市里的非遗”“上海味道——舌尖上的非遗”“亲子研学——课本外的非遗”“古镇巷陌——水乡间的非遗”“江南风情——记忆中的非遗”五大主题共 12 条旅游线路，供市民寻访沪上非遗之根。

云南也充分整合非遗资源，推出“滇西・丝路云赏之旅”“滇西・艺美云南之旅”“滇西北・茶马古道之旅”“滇中・云境探秘之旅”“滇西南・逐味茶香之旅”“滇东・怡养休闲之旅”“滇西北・逸游秘境之旅”“滇西南・神奇风情之旅”“滇中・高原神韵之旅”“滇东南・唱响云南之旅”10 条非遗线路，涵盖了云南省内国家级历史文化名城和国家级、省级文化生态保护区，热推省级以上非遗项目。同时云南省餐饮与美食行业协会配合推出寻找非遗旅游路线上的美食工作，编纂云南非遗美食地图，完善云南绿色饮食。

案例 9-4

云南非遗旅游

作为民族、旅游、文化大省，云南兼具丰富多元的非物质文化遗产资源和优越的旅游条件。云南旅游“十三五”规划中提出，构建高端旅游文化产品体系，推进旅游文化建设从传统景区模式向全域旅游发展方式转变，推动旅游文化产品从观光型为主向观光游览、休闲度假体验等复合型产品转变，引导旅游文化消费从单一性低层次向多样性高端化发展。

（一）非遗＋项目体验

云南本土的非遗技艺与旅游融合后，彝族刺绣、陶艺、皮影制作，傣族慢轮制陶，丽江东巴造纸等多元化的旅游体验项目应运而生，让游客与当地文化在互动中“增进了解”，充分满足了休闲旅游的体验性和参与性要求。

（二）非遗＋伴手礼

旅游商品的种类越发丰富。当黑陶、手工纸、云南扎染、刺绣、剪纸、木雕、乌铜走银、银器、陶烧、锡器等云南非遗工艺品出现在旅游商品市场时，立刻受到消费者追捧。

（三）非遗＋美食

民以食为天，传统美食是非物质文化遗产的重要组成部分。国家级非物质文化遗产过桥米线、宣威火腿、德昂酸茶制作，云南省级非遗美食宜良烤鸭、蒸饵丝、寻甸牛干巴等，昆明市级非遗美食豆花米线、鲜花饼，丽江市级非物质文化遗产鸡豆凉粉、丽江粑粑，云南的非遗特色美食菜单列举出来就能让人垂涎。蒙自是“云南过桥米线发源地”“中华特色美食名城”，游客在蒙自可品尝过桥米线，采摘蒙自酸甜石榴。在这里除了最正宗的菊花过桥米线，还有牛肉过桥米线、羊肉过桥米线、野生菌过桥米线、兔头过桥米线等不同口味的过桥米线。

（四）非遗＋演艺

来云南欣赏一台独具民族特色的文化歌舞表演，是深度领略云南少数民族风情的旅游项目首选。作为多民族聚居地，彝族的打歌，藏族的弦子舞，壮族的弄娅歪、棒棒灯，白族的霸王鞭等都是云南省级非物质文化遗产。一台集聚云南少数民族歌舞表演精华的演出，不仅能在最短时间内让人领略云南独有的少数民族风情，更能透过一场演出，如同翻看目录一般迅速了解云南的少数民族文化。

【思考】

中华老字号可以申请非物质文化遗产吗?

【案例分析】

说说餐饮中华老字号与饮食非物质文化遗产的异同：

（1）认定部门的不同。餐饮中华老字号由商务部评定，饮食非物质文化遗产由文化和旅游部门评定 。

（2）标准不 样。餐饮中华老字号主要是以商标注册为准，1956 年以前注册；餐饮非物质文化遗产以技艺手工为准，传承三代以上，时间 100 年，传承人是重点 。

（3）作用不一样。餐饮老字号注册商标有独一性、排他性，不可重复。餐饮非物质文化遗产代表性项目是众多项目其中之一，没有排他性。

（4）价值不一样。餐饮老字号讲究的是品牌价值与资本价值。餐饮非物质文化遗产是讲技能、生活习俗，是以人为本的传递价值，没有传承人非物质文化遗产就不可能传承下去。

（5）保护单位不一样。中华老字号讲究的是品牌保护，责任人是注册公司的法人。餐饮非物质文化保护单位是文旅部各级物质文化遗产保护单位或者是非遗申请的企业。

餐饮文化是一种文化现象，是中华民族的根基之一。文旅融合是传统与现代文化的融合。旅游在于提高个体生命质量。而休闲旅游，让人们改变自己的生态环境，提高精神境界和生活质量。通过美食旅游，人们能了解历史文化，贴近古镇城、古民居；通过休闲旅游，我们可以感知各种文化节庆活动和礼仪；休闲旅游美食可以和许多饮食非物质文化遗产项目和代表性传人亲密接触，感受深层次的文化内涵。

实训 9-1

设计好一个调查问卷需要相关的知识和智慧，需要有创造性、客观性的思考和分析。标题的立意一定要深远，让人有继续看下去的欲望，或给人以深思，要带有创造性。根据以下案例，设计一个合适的问卷标题。

1. 您的年级是（　　）。

A. 大一　　B. 大二　　C. 大三　　D. 大四

2. 您了解自己当地的饮食类非物质文化遗产吗？（　　）

A. 非常了解　　B. 了解　　C. 了解一点　　D. 不了解

3. 平时对本地饮食类非物质文化遗产新闻或消息的关注程度是（　　）。

A. 非常关注　　B. 比较关注

C. 碰到了就看看　　D. 一点也不关注

4. 您对自己所在市关于饮食文化遗产保护现状是否满意？（　　）

A. 非常满意　　B. 满意　　C. 一般　　D. 不满意

5. 您认为是否有必要开展保护饮食类非物质文化遗产活动？（　　）

A. 有　　B. 没有

6. 您所在的市关于本地饮食类非物质文化遗产有做过什么吗？（　　）

A. 定期展览　　B. 媒体宣传

C. 举行活动，动员全民　　D. 几乎没有

7. 您认为现在我们的饮食类非物质文化遗产面临危机的原因有（　　）。

A. 部分制作工艺，曲艺失传

B. 宣传力度不够，不能引起人们的重视

C. 新食品的冲击

D. 现代人饮食口味习惯的改变

E. 其他 ________

8. 您认为开展保护饮食类非物质文化遗产的好处在于（　　）。

A. 弘扬传统文化，传承民族精神

B. 具有历史研究价值

C. 增加旅游业收入，促进经济发展

D. 其他 ________

9. 您觉得应该采取什么措施使饮食类非物质文化遗产更好地传承发展下去？（　　）

A. 加大宣传力度　　B. 政府加强重视

C. 培养专业型人才　　D. 改善人们观念

D. 其他 ________

10. 您对传承和保护当地非文化遗产有什么看法和建议 ____________

本章小结

1. 知识点

饮食文化相关概念；休闲美食旅游的特性；休闲旅游美食体验；中华餐饮老字号的现状与发展；国外知名休闲餐饮品牌的发展。

2. 核心技能

非遗旅游路线上美食的发现和鉴赏能力、国内外美食评判标准。

3. 核心素养

了解饮食背后的文化内涵，提高改变生态环境，提升精神境界和生活质量的意识。

思考与练习

1. 简述传统饮食文化类非物质文化遗产的发展现状。
2. 参照“12 条全国非遗主题旅游线路”，寻找其中一个地方的非遗美食。
3. 观看 2020 年江西卫视推出的中国首档饮食文化节目《非遗美食》。

参考资料

[1] 郭琰. 餐饮管理 [M]. 郑州：郑州大学出版社，2006.

[2] 吴金林. 旅游市场营销 [M]. 北京：高等教育出版社，2007.

[3] 李雪. 中国餐饮品牌建设问题研究 [D]. 吉林：吉林大学，2007.

[4] 王文松. 我国餐饮的现状、问题及对策研究 [J]. 集团经济，2005 (3).

[5] 李耀. 中华老字号品牌重振策略研究 [D]. 上海：华东师范大学，2007.

[6] 刘晖. 餐饮老字号的品牌战略 [J]. 企业活力，2004 (11).

[7] 陈喆. 饮食业“老字号”品牌营销战略分析 [J]. 特区经济，2009 (03).

[8] 杨名铎，金志艳. 老字号的品牌效应与品牌管理 [J]. 商业时代，2006 (03).

[9] 邱志强. 经济全球下的中华老字号企业的营销战略研究 [J]. 北京大

学学报：哲学社会科学版，2004（01）.

［10］朱莉，黄丽．中华餐饮老字号［M］．北京：经济管理出版社，2020.

［11］袁枚．随园食单［M］．南京：江苏古籍出版社，2000.

［12］马基．食物与厨艺［M］．蔡承志，等，译．北京：北京美术摄影出版社，2013.

［13］古迪．烹饪、菜肴与阶级［M］．王荣欣，沈南山，译．台湾：广场出版，2012.

［14］罗伯茨．东食西渐：西方人眼中的中国饮食文化［M］．杨东平，译．北京：当代中国出版社，2008.

［15］黄静琳，邱镇城．吃遍广东之潮汕的原味时光［M］．重庆：重庆出版社，2021.

第十章

休闲旅游餐饮的守正与创新

本章重点

本章重点介绍休闲旅游餐饮的营养、选料、搭配、工艺标准化与规范化等传承，以及创新、协调、绿色、开放、共享等创新发展理念的具体方法和运用。

学习要求

通过本章的学习，学习者熟知在休闲旅游餐饮中注重保健养生，营养平衡，味的把握，合理搭配的知识和技能；引导休闲旅游餐饮从业者更注重食品安全和生态，注重烹饪工艺的精细化和烹调方法的改进，逐步实现标准化＋智能化的生产，促进休闲旅游餐饮企业朝着五大发展理念的方向发展。

本章思维导图

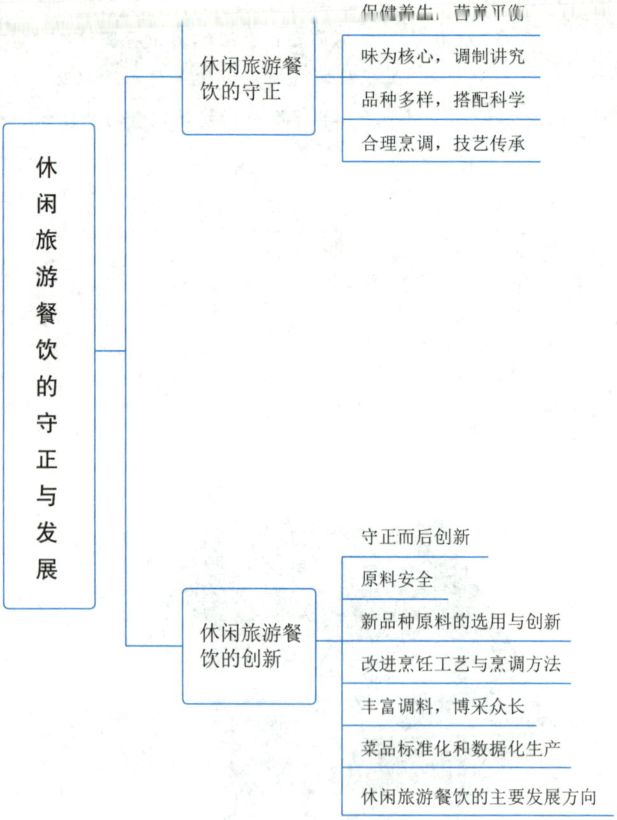

第一节　休闲旅游餐饮的守正

中华饮食文化源远流长，博大精深，是传承了几千年的文化瑰宝。民以食为天，对于休闲旅游餐饮而言，行业也应该坚守质量意识，弘扬餐饮道德标准，守住永久的质量和安全初心。具体而言，休闲旅游餐饮的“守正”的内涵体现在以下几个方面。：

一、保健养生，营养平衡

中国烹饪以养生为基础，以味为核心，在饮食养生这一根本目的基础上，派生出了美食，赋予饮食活动意义，休闲旅游餐饮以保健养生和营养平衡为目的，使人们通过饮食活动达到养生保健的同时，又获取美食的享受。

（一）休闲旅游餐饮的养生

饮食保健养生源远流长，有食养、食补、食疗。但形成一套比较完整的理论则经历了相当漫长的历史发展过程，以中国传统医学理论为基础，将普通常见的食物分为四气、五味、升降浮沉、归经、以脏补脏等内容。

1. 四气或四性

四气或四性是指食物所具有的寒、热、温、凉四种不同的性质和作用。

2. 五味

五味是指食物所具有的辛、甘、酸、苦、咸五种不同的味和作用。

辛味具有发散、行气、行血、健胃等作用；甘味食物具有滋养、补脾、缓急、润燥等作用；酸味食物具有收敛、固涩等作用；苦味食物具有清热、泄降、燥湿、健脾等作用；咸味食物具有软坚、润下、补肾、养血等作用。

3. 升与降、浮与沉

升与降、浮与沉是两种相对的作用。升是指上升或升提，前者多指病邪在上的病症，如涌吐以邪外出，后者多用于病势下陷的病症，如补气升阳以止泻止痢，补气升提以治内脏下垂等；降，是指下降或降逆，多用于病势上逆的病症，如降逆以止呕；浮是指外浮或发散，多用于外闲在表的病症，如发汗以解表；沉是指收敛或泻泄，前者多用于外脱的病症，如补气固表以止虚汗，后者多用于内积不泄的病症。

4. 归经

归经就是把食物的作用范围或选择性与人体脏腑经络联系起来，明确指出食物对于肌体某些脏腑经络所起的主要作用或特殊作用。食物归经理论是前人在漫长的饮食活动的保健养生中，根据食物作用于肌体脏腑经络的反应而总结出来的。如梨能止咳，故归肺经；山药能止泻，故归脾经。

5. 以脏补脏

以脏补脏是指用动物的脏器来补养人体相应的脏腑器官，或治疗人体相应的脏腑器官的病变，又称以形治形、以脏治脏等。

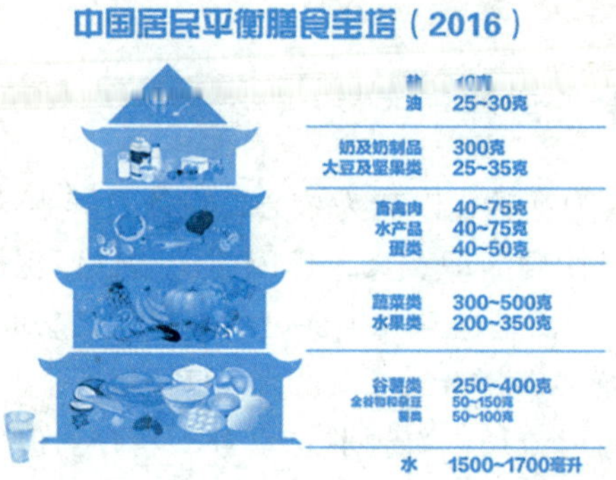

图 10-1　中国居民营养膳食宝塔

（二）休闲旅游餐饮的营养平衡

1. 营养均衡

营养均衡是从西方近代营养学引申而来。“营”是谋求的意思，“养”是人摄取、消化、吸收和利用食物中的养料，以维持生命活动的整个过程。我国从20世纪90年代初期即提出提高国民营养素质，加强营养教育，制定《营养改善法》《中国居民营养膳食指南》《中国居民营养膳食宝塔》等。营养学把人体生长和代谢时需要的物质称为营养素，七大营养素是蛋白质、碳水化合物、矿物质、维生素、脂肪、纤维素和水。

2. 营养

营养是生命的基础物质，饮食是生命活动更是休闲旅游的重要内容，也是预防疾病和健康长寿的保证。饮食活动不仅维系着个体生命，为休闲旅游的首要条件，也关系着中华民族的个体健康、国家昌盛、社会繁荣和人类文明。合理平衡的营养饮食加上厨师的合理烹调，即尽可能保留食物中的营养素不被破坏和损耗。“医食同源，药食同用”，营养平衡和科学膳食对休闲旅游业尤为重要。

3. 中餐配膳及营养

近年来随着国际、国内一些权威医学杂论对中餐的诟病以及一些医学营养学专家提出的建议和观点，中餐应进行改革。特别是随着近年来我国慢性非传染性疾病的快速增长，以及血脂异常、血糖异常、超重和肥胖病人的年轻化、低龄化，注重科学配膳、营养平衡已成当务之急，这也是休闲旅游餐饮今后的发展重点。

二、味为核心，调制讲究

（一）味的典故

在中国的古籍中，讲到味，包括本味、调味，距今已有 3600 年。我国自古以来都非常重视饮食活动中的味觉享受。商朝的伊尹要算第一位。司马迁的《史记》里有这样的记载："伊尹名阿衡，阿衡欲奸汤而无由，乃为有莘氏媵臣，负鼎俎，以滋味说汤，至于王道"。意思说伊尹想反商而无理由，于是就作为有莘氏的陪臣带着烹饪炊具到了商朝，从食品的滋味说到如何治理天下，从而得到了商朝的重用。讲味讲得最透彻最完善的，要算秦朝的吕不韦了，他笼络了一帮文人编写了《吕氏春秋》，其中《本味》篇专门说到烹饪和味道。

（二）味和气

味和气总是联系在一起。气是一种载体，味是气的一种附着物，气味气味，有味就有气。滋味是通过感官味蕾中的味觉细胞传到中枢，其实人在饮食活动中除了舌头感觉到的滋味，还有嗅觉感觉到的气味，视觉感觉到的形状和颜色，口腔黏膜、牙齿、舌头感觉到的质地，如酥脆、滋嫩、肥厚等。进食过程是一个综合的感官体验过程，但在这些感官体验中，犹以味觉为主要的体验。所以，我们在研究味道时不要忘记相应的气，从烹饪专业的工艺流程看，做菜是按调色—调香—调味—调质的顺序操作，调香就是调制菜肴、点心的香气，进食过程也是先嗅到香气后尝到滋味。

（三）味的影响

现在我们的食品美味程度已经大大下降，因为所有的食品都是由食物加工而来。食物原有的滋味我们叫本味。比如猪肉有原来的滋味，这种滋味不同于牛肉和鸡肉，苦菜有苦菜的独特滋味，白菜有白菜的独特滋味……但随着人口的增长，生活水平的提高，人类面临着粮食能源、环境与资源的挑战。20 世纪末，我国原有的农业种植资源品种大量消失，比如昆明地区原有的大普吉猪种，由于繁殖率低、饲料转化率低已经淘汰，取而代之的是外来品种的猪，其鲜美程度远不及老品种猪肉。而中国传统调味品如各种酱料、酱油、香醋、酱菜已由过去的作坊式生产、古老慢发酵工艺，改为现代化的工厂流水线生产，大大降低了传统调味品的风味和滋味，直接影响了菜肴、点心、小吃的美味。

图 10-2　传统酱菜

（四）味为核心

由于现代人进行饮食活动主要有三个目的——果腹、解馋、应酬，目前是物资充裕的社会，进餐馆消费主要还是解馋和应酬，解馋需要美味的食品。追求美味，追求食品的色、香、味、型、器、养、质是人类的生理本能，食色，性也，所以休闲旅游餐饮的核心是味。

三、品种多样，搭配科学

饮食是一种文明，菜肴点心反映工艺水平，烹饪属于文化范畴。中华民族有五千年的文明历史，饮食遗产丰富，有几十亿人的饮食烹饪经验，源远流长。中国菜有地方菜、官府菜、宫廷菜、寺院菜、少数民族菜。由于我国疆域辽阔，各地气候、自然地理环境与物产、食俗存在较大差异，加之各区域民族、宗教等诸多情况的不同，形成了众多风味不同的饮食文化。

（一）休闲旅游餐饮的菜系与地方风味

过去烹饪理论界提出“菜系”之说，这个概念出现于 20 世纪 70 年代，流行于 80 年代至 90 年代中叶，现已渐趋平静淡漠。“菜”的地方性是客观存在的，但“菜系”之说存在很多歧义和争议，什么是“菜系”？其内涵与外延如何界定？“菜系”以什么做标准？又是由何种权威机构评定出来的？其实以地方风味代替菜系之说更好，因为地方性是客观存在的，不以个人主观为转移，也不以行政方法来确定。有人统计过，中国各地方菜肴、小吃、面点等风味食品达几十万种，各地休闲旅游企业可以根据自身的条件和服务对象，筛选出一些适合当地消费者喜爱的菜肴、点心、小吃。

（二）休闲旅游餐饮的菜品

（1）菜品供应品种多样，应结合现代营养学和《中国居民膳食宝塔》等科学膳食结构来设计出品。比如：现在中国人的食谱中缺乏乳品，包括鲜奶和乳制品；缺乏杂豆，包括黑豆、红豆、绿豆、黄豆及豆制品；缺乏薯芋类，包括红薯、芋头、马铃薯；缺乏鱼类，特别是海鱼。另外，主食中的大米和面粉过于精细，应该主食中多吃粗粮和杂粮。

图 10-3　部分豆类食品

（2）菜品应多考虑蒸、炖、煮、煨、烧、卤、凉拌等低温及中温烹调方法，最大限度保证各种营养素少被破坏，少用炸、烤、熏等高温烹调的方法。菜肴、小吃、面点应逐步进行改良成低糖、低盐、低油的产品，在改良过程中要充分利用现代烹饪化学、烹饪物理学的科学原理，因为任何技术、技能只能在科学原理的指导下才能进步。比如炒菜时要求厨师锅内不能起火。由于火旺加热锅内温度较高，颠翻不当使小颗粒的油脂从锅边落入火中引起锅内油脂也燃烧，锅内起火菜肴含带有一股烟熏的煳味，燃烧时产生的苯并芘对人体有害。

（3）休闲旅游餐饮是可口的、健康养生的，同时也是品种多样可供消费者选择的。中国的主食习惯是南米北面，南方以大米为主食，北方以面粉为主食。休闲旅游餐饮的主食除米面外，还应有各种杂粮、杂豆制作的各种饭点、面点。菜肴味型丰富，凉菜可有麻酱味、红油味、椒麻味、椒盐味、蒜泥味、姜汁味、五香味、芥末味等，热菜有鱼香味、红烧味、白汁味、茄汁味、香茅味、醋椒味、豉椒味、乳香味、葱香味等，不能多菜一味，单调乏味。此外，小吃、煮品、糕饼、干果、水果也可设计在主副餐中，作为主餐的补充和点缀。水是人体重要营养素，每天必须补充足够的水分，所以在每餐或两餐之中，应设计多种饮品供应消费者选择饮用，要有果汁、茶、咖啡、牛奶、可可、玫瑰露饮、红糖姜汁、绿豆沙饮品等，应分有冷、热两种饮料。

（4）休闲餐饮中，应在两餐之间设计干果与饮品，比如核桃仁、腰果、甜杏仁、榄仁、南瓜子仁、夏果仁等，因为干果中的油酸、亚油酸、亚麻酸以及维生素、矿物质是人体必需的营养素。

休闲旅游餐饮并不是用珍稀的燕窝、鲍鱼、鱼翅等原料制作的昂贵菜点，必须要严格执行国家野生动物及珍稀植物保护法。品种丰富、美味可口的餐饮不一定都要用昂贵食材制作，比如酸辣白菜墩原料就是白菜，但外形美观、味道鲜美、酸辣适中、成本低廉，关键在厨师的技术水平和敬业精神。休闲旅游餐饮应在价格上高、中、低档相结合，以满足不同消费者的需求。

（三）休闲旅游餐饮的餐食搭配

休闲旅游餐饮每日餐食应遵循科学配膳的原则，“早餐吃好、午餐吃饱、晚餐清淡、主餐间有小吃、煮品、饮品”的原则来搭配。

“食以善人，食亦杀人”，不合理的饮食结构和习惯，会给健康带来负面影响。通过比较，少食多餐和每天三餐时大量进食的效果不同。有关研究表明，少食多餐更有利于健康。正像我们居住在丛林中的祖先，以新鲜水果作为小食，即每天在正餐之间吃三到四个水果，有助于保持血糖水平的稳定，带来更持久的工作精力和注意力。

1. 休闲旅游餐饮早餐搭配

一日之计在于晨，休闲旅游餐饮在设计中，应保证早餐的质量和数量，废止朝食论是不可取的。早餐是大脑的“智力开关”，上午是脑力和体力活集中的关键时间，早餐马马虎虎，瞎凑合，上午十点后大脑的兴奋性会降低，工作和学习效率下降，血糖和其他营养素供应不上，甚至令人饥肠辘辘。同时由于晚间胃排空后，夜里分泌的胃酸需要早餐吃下的食物中和，如不吃早餐或早餐过于简单，胃酸会刺激胃壁，引发胃病。

营养搭配和能量充足的早餐，是休闲旅游餐饮的一大特点。首先早餐要设计足够的含优质蛋白质的食品，如鱼肉、鸡肉、奶酪、猪肉或牛肉、鸡蛋、豆类及其制品，三种以上的水果，五种以上的蔬菜，其中生菜、番茄和泡萝卜要生吃，其他蔬菜也不要过度加热，以免水溶性维生素被破坏。另外，要有薯芋类食物，如蒸红薯、烤土豆、煮玉米等；饮料要有牛奶、酸奶、绿茶、咖啡、果汁等，主食多用杂粮、杂豆配以大米，面粉制作。传统的煮品、小吃、面点也可以设计在其中，如面条、米线、卷粉、包子、馒头等，但占比不应大，而且很多重油品种要减油、减盐、减糖。

对于青少年和壮年人来说，早餐应以每人吃到500克食物为宜，早餐中半数以上应以水果、蔬菜、坚果和杂粮为主。早餐中应避免食用化学合成的食品。

能量是维持生命活动的基本保证，能量不足，人体中血糖下降，四肢无力而影响工作学习，但能量摄入过多则含在体内储存，使人体发胖，引起多种疾病。一日之计在于晨，所以早餐是供给人全天能量的重要环节。

2. 休闲旅游餐饮午餐设计

根据我国居民传统饮食习惯，午餐多以植物性食物为主，谷类和蔬菜摄入量较高，肉类的摄入量较低，豆制品总量不高且随地区而不同，奶类消费在多数地区不够。总体来讲就是高碳水化合物、高膳食纤维、低动物脂肪的膳食结构，优质蛋白质、脂溶性维生素和一部分矿物质明显不足。改革开放后随着人民生活水平的提高，含有蛋白质的肉、禽、蛋、奶等动物性食物消费量明显提高，但城市居民每人每日油脂的消费量在不断增加，大大超出了《中国居民膳食指南及平衡膳食宝塔》中规定的每日三餐的油脂不超过 25 克。所以，午餐在制作时一定要控油减油，在荤菜制作中，特别是猪肉、鸡肉要滤掉大部分油脂，同时所有菜肴也要减盐，烹制食品时要考虑到味精、鸡精中也含有大量的钠，减盐实际上就是减钠。

为了要使菜肴、面点、小吃美味可口，诱人食欲，应该在调味品上多下功夫，即寻找货真价实的调味料，品质高味道好的调味品可以大大提高菜点的美味。

午餐设计得是否科学合理，直接牵涉到人的健康和工作效率。午餐的主食以谷物为主，但要配以杂粮和薯芋类食物；菜品宜选择多种类，兽禽瘦肉、蛋类、鱼类、豆制品类，因为这些食物中含有优质蛋白质和胆碱；同时要注意水果不能代替蔬菜，除叶菜类、块茎类、瓜果类蔬菜还可以选择一些海菜类如海带、紫菜补充碘的摄入。

另外，午餐设计每周最好有两道蕈菌类菜肴，木耳、人工蘑菇都是很好的食材。近年来市场上出售的人工蘑菇有银耳、金针菇、白蘑菇、香菇、鸡腿菇、白灵菇等，这些蕈菌含有大量氨基酸多肽、真菌多糖、萜类、甾醇类有机化合物，对人体有促进健康的作用。

3. 休闲旅游餐饮的晚餐搭配

晚餐供应时间尽量不要超过晚上 9 点，若晚餐过晚，会影响健康和睡眠。晚餐设计要清淡少油腻，多用炖、煮、蒸、烧的烹调方法，动物性食物要少，蔬菜、水果、干果要多，尽量不要设计甜食，同时晚餐供应的数量不要太大。

休闲旅游餐饮要秉持“少食多餐”的原则，所以可以在上午 10 点左右，下午 3 点左右加餐，如提供不同类型的下午茶、酒店可提供各类小食品的“happy hour”。种类可设计多种水果、干果、牛奶、饮品、糕点。加餐有利于提高大脑功能，因为大脑的能源主要靠葡萄糖供给。如果人在不饿的时候进餐，是吃不了多少东西的，所以虽然进餐次数多了，身体摄入的总能量并没有增加。同时加餐可以补充人体大量水分。

四、合理烹调，技艺传承

（一）合理烹调的概念

合理烹调是根据所制作的菜品和原料，选择最佳的烹调工艺和手段，以便最大限度地保留其营养素不因加工而被破坏，同时使菜品的色、香、味俱佳。

（二）上浆

中国烹饪对肉品原料往往在正式烹调之前要进行预处理，特别是用炒、爆、熘等方法烹制的肉品，要进行上浆或挂糊处理。上浆属于对原料的保护工艺，原料切割成型后，要先加四分之一的食盐搅拌，一是为了确定肉品内有基本的咸味和底味，二是能使原料中的蛋白质轻微凝固，减少肌肉组织在加热时迅速缩合，同时使部分肌肉中的盐溶性蛋白析出，便于与浆液互相溶和，加热时不易脱落，保护肉品中的营养素不至流失，而且加热时肉品不直接与热油接触，保持原料中的水分和鲜味。原料中的蛋白质在外层浆汁的保护下，不变性呈老韧状态，口感滑嫩易嚼，消化吸收率高。

（三）挂糊

很多传统烹调方法都需要上浆，是目前餐饮界厨师需要熟练掌握的技法。同样的原理，很多菜肴正式烹制前都要挂糊，糊的品种和调制方法、技术要求很多。烧糊能使原料外表裹上一层保护衣，烹制加热时不直接与高温、热油接触，防止水分和鲜味流失和蒸发，达到外脆内嫩的效果，同时由于糊本身多由鸡蛋、淀粉、面粉、油脂调制而成，也具有鲜香酥脆的口感。

挂糊和上浆都属烹饪工艺学的保护工艺，同时“浆”和“糊”的种类很多，不同的原料和菜肴需要不同的浆或糊。

（四）中低温烹调

在中国传统烹饪工艺常用的 19 种方法中，有些属低温烹调，如拌、腌渍、炝等，多用新鲜蔬菜制作，可极大地保护营养素不被破坏，低温烹调一般在常温下进行。蒸、煮、炖、焖、煨、氽、涮、焯属中温烹调，一般温度在 100℃左右，中温烹调多用水为介质，水在不密封加压的情况下，海平面地区一般可以煮沸到 100℃，而高原地区达不到此温度。用水为介质长时间加温，可以使肉品原料酥烂脱骨，味道醇美，脂肪酸发生酯化反应生成芳香酯类物质，蛋白质被分解成氨基酸和肽类。炸、煎、熘、爆、烤、炙、熏、烧、拔丝、挂霜的烹调方法属高温加热，一般温度在150℃以上，往往使原料中的营养物质变异损耗，但使用高温烹调时菜肴可以达到色泽金黄、皮脆肉嫩，产生特殊的香气。特别是高温油炸时，脂肪会起到分解、聚合，分子量与黏度增加，营养价值下降。如果用油炸的次数增多，油脂会老化，形成过氧化物或反式脂肪酸，对人体产生不良影响。

因此，休闲旅游餐饮在烹调方法上，应尽可能选择中、低温烹调。特别是对慢性病病人、儿童、老年人不适宜高温烹调。另外，在烹调时要注意控油、控盐、控糖。

第二节　休闲旅游餐饮的创新

一、守正而后创新

中国烹饪源远流长，有上万年的历史，纵横分布于960余万平方千米的土地上，渗透在56个民族的日常生活之中，积累了丰富的经验和科学知识。同时有很多高超的技术技能蕴含其中，如：①优选用料；②刀工精细；③讲究火候；④烹调方法多样；⑤调味技巧高超；⑥菜点品种非常丰富；⑦讲究盛装器皿和饮食环境。

由于历史的原因，自20世纪50年代以来，民间许多传统品种、工艺绝活、能工巧匠、名牌名店都已消失。而中国烹饪的所有成果，是若干代先人的智慧汗水结晶。

守正就是要传承先人的工匠精神和中国烹饪的传统技艺，厨师要苦练基本功，要有吃苦耐劳、一丝不苟的自律精神。

作为休闲旅游餐饮服务人员也要虚心向前辈学习，加强菜点酒水知识的学习，研究顾客需求和心理，熟练掌握餐厅服务的所有技能，善于与顾客沟通，完美表达服务内容和顾客的提问，微笑服务，亲切待人，在守正中不断创新和开拓，获得职业的成就感，赢得企业的发展。

二、原料的安全

休闲旅游餐饮制作过程中，原料尽可能选用较安全的农产品。我国的农产品来源渠道较复杂，影响农产品质量安全的危害因素主要包括种植过程中可能产生的危害，农产品包装贮运过程中产生的危害，农产品自身的生长发育过程中产生的危害，农产品的技术应用中带来的危害，农产品在种养过程中投入非法使用或不合理使用造成的农药、兽药、硝酸盐、生长调节剂、添加剂等有害残留物，或产地环境带来的铅、镉、汞等重金属元素等危害因素。农产品保鲜包装贮运过程中使用不合理或非法使用的保鲜剂、催熟剂或运输材料中有害化学物等产生的污染。农产品自身的生长发育过程中产生的危害如黄曲霉毒素、沙门氏菌、非洲猪瘟、禽流感病毒等危害。农产品的技术如外来物种侵入、非法转基因品种的危害。

休闲旅游餐饮制作及服务过程中，应遵循《中华人民共和国农产品质量安全法》，选用经认证的无公害农产品、绿色食品、有机农产品。有条件的休闲旅游餐饮企业，应争取参加《绿色饭店》《HACCP》《餐饮企业的等级划分与评定》。其中《绿色饭店》的国家推荐标准文献是GB/T 21084-2007、《HACCP》是GB/T 15091-1994、《餐饮企业的等级划分与评定》是GB/T 13391-2009。

三、新品种原料的选用与创新

随着改革开放的进程和世界经济一体化，近年来我国引进了许多新的食物原料和调料，比如兽禽中的安格斯肉牛、西门塔尔肉牛、波尔山羊、努比埃山羊、多种瘦肉型猪、各种肉、蛋用的鸡、专门生产肥肝的朗德鹅、非洲鸵鸟、澳洲鹂鹋等；蔬菜引进的品种更多，如秋葵、洋蘚、朝鲜蘚、蛇瓜、生菜、羽衣甘蓝、雪莲果、小番茄、紫苏等；香料作物有迷迭香、薰衣草、柠檬香草、百里香、意大利芹、九层塔、三叶芹、牛至叶、球茎茴香、罗勒等；进口调味品有黑椒酱、鹅肝酱、泰国香辣酱、蛋黄酱、普洛旺斯香料粉、沙茶酱、美国烧烤酱等。

面对如此多的新型原料，休闲旅游餐饮从业者应放开视野，认真研究，反复试验，让这些原本不是我国传统原料的新食材洋为中用，制作成适合大众口味的新菜点。口味多元化与中外原料相结合来制作菜品是一大流行趋势，跨界交流、融合不同的风味是休闲旅游餐饮创作的一种途径。地方菜中使用海鲜原料鱼、虾、蟹、贝类等，也是创新的一大途径。

四、改进烹饪工艺与烹调方法

注重烹饪工艺的精细化并用烹调方法来改进许多传统菜肴时，使用现在的原料、调料已经很难还原，因为随着时代的变迁，现在的原料、调料已经发生了很大变化。

为了使许多传统菜点再现市场，重新出现在餐桌上，厨师的科学素养和知识结构一定要拓宽。作为一名厨师，必须善于学习和认真思考，同时细心留意市场动向。做菜不仅是一道技术题，同样也需要很多科学理论支撑，不可欠缺的是反思的过程。一个人一辈子坚守在一个领域，坚韧、创新、敢为天下先，这种工匠精神是一种情怀，更是一种力量。

技术只有在科学原理的指导下才能有所突破和创新，现在的厨师都有一定的学历和文化，关键是在工作之余养成看书学习和独立思考的习惯。

现在厨房的各种炊具与日俱增，早已改变了过去单一手工制作的模式。炊具中逐渐从机械化向电子化、数据化过渡，比如切片机、电子油炸锅、电子分馅、电子炒菜锅、包子机、馒头机、饺子机、切骨机等。

休闲旅游餐饮从业者要充分利用厨房现成炊具，降低劳动力成本。厨师要对各种现代炊具的工作原理、保养维护与清洁要领进行学习研究，只有充分利用了现代厨房炊具，才能大大提高劳动生产效率。

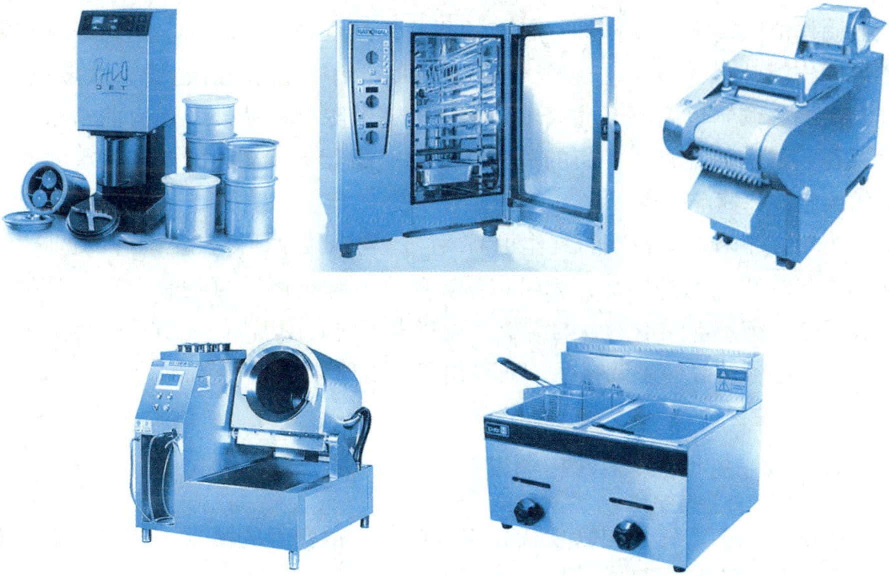

图 10-4　现代厨房炊具

五、丰富调料，博采众长

休闲旅游餐饮的调料使用，要吸收不同地区的调料丰富菜点风味。

中国地大物博，每个地区都具有当地特色的调味料，包括香料食材、酱料、腌菜、卤腐、黄酒、液体调味料、油料、辛香料等。

中餐使用香料种类很多，有些是药食同用的香辛料，比如草果是芳香化湿的药材，同时又是烹调中的香料。砂仁是化湿行气的药材，豆蔻也是化湿行气、温中止咳的药物，此外还有陈皮、桂皮、草豆蔻、川芎、红花、荜拨、丁香、干姜、茴香籽、木香、佛手、甘松、鱼腥草等，这些香料是调制卤水、蒸肉粉、叉烧肉、腊肉等不可缺少的香料。

由于云南是植物王国、动物王国也是微生物的王国，原核微生物、真核微生物的种类很多，与当地土壤、空气、水和植被形成共生关系，而酱料、酱菜、酱油、豆豉等发酵食品都需要乳酸菌、酵母菌、霉菌等微生物参与发酵、分解、转化，其独特的气候环境和微生物赋予了云南酱料和发酵调料的口味特色。酱料的品种也很多。云南制作滘菜最著名的是昭通酱、昆明加料豆瓣酱、通海老酱等，甜面酱最好的是山东六月香品牌。酱油的品种很多，但要制作滇菜离不开甜酱油。云南的甜酱油在全国是独一无二的，非常有特色，制作滇味煮品、小吃也离不开甜酱油。云南面点破酥包子、寸金包子、烧卖的馅心调制也离不开甜酱油。云南的酱油除昭通酱外，还有曲靖市的腌韭菜花、路南的乳腐、易门的豆豉、开远的甜藠头、文山的辣椒酱、西双版纳的傣族调味酱喃咪等。

当然，休闲旅游餐饮的制作也需要广泛利用其他地区甚至国外的调味品，在尊重传统守正的基础上，都可以纳入菜点制作范围，目的是丰富出品的口味和风味，满足不同消费者的需求。近年来国内利用黑椒汁、XO 酱、鹅肝酱、鱼子酱、金沙酱等外来调味品，研发出了许多风味独特的菜品。

六、菜品标准化和数据化生产

中国烹饪工艺随着国家现代化进程和广大消费者的需求，最终要走标准化、数据化的道路。只有这样，才能保证著名的菜肴、面点、小吃质量的稳定和统一，才能保证从原始的手工生产逐步走向半机械化、机械化、电子化的批量生产，从而提高产值和降低人力成本。

由于我国传统的厨房生产方式多是由厨师自由把控和靠经验制作，选择凭感官，刀工靠苦练而且效率低下，火候靠经验，调味凭感觉，数量靠“少许”，有相当的盲目性、随意性和模糊性。包括现在各大烹饪院校的教学实践中，对各种地方菜肴、面点的教学，也没有明确的标准，如选料标准、初加工标准、营养标准、成菜标准等。如果对菜肴、点心、小吃的质量有各项指标预先颁布的标准来指导、规范操作，使厨房实现生产标准化和管理标准化，整个菜品质量和生产效率都会得到极大的提高。

实际上，近年来全国各地市场监督管理部门和标准化管理部门，也在推广和投入菜点的标准化生产。目前做得最好的是山东省，已有近百道地方菜点实现了标准化推荐程序。

云南省在地方名菜的标准推广中实行的多为行业标准，如宫保鸡丁、鱼香肉丝、汽锅鸡等传统名菜已在云南省餐饮与美食行业协会的带头下制定了标准。另外小锅米线、豆花米线、炒饵块、过桥米线等煮品也制定过标准。

以上标准全为推荐标准，但总比各吹各打，没有标准好。

有人说中餐不同于西餐，无法实行标准化生产。中餐确实在工艺流程中有许多非常复杂的内容，但只要了解现代化、数字化的工业机器人的效能，中餐的标准化也是可以实现的。可喜的是现在全国一些知名餐饮企业，为了提高生产效率和市场份额，已经在实行标准化、数字化。

七、休闲旅游餐饮的发展方向

在国家各项政策促进消费升级，逐步形成以国内大循环为主体、国内国际双循环相互促进的新发展格局的新形势下，休闲旅游餐饮的发展也离不开创新发展、协调发展、绿色发展、开放发展、共享发展几个层面。

（一）休闲旅游餐饮的发展要求

1. 政策与环境要求

在国家政策环境的支持和社会环境抗疫在国内得到有效控制的形势下，餐饮也逐渐恢复并开始向好的趋势显现。

从国家层面来讲，促进消费发展即内循环是长期的经济策略方向，特别是在外需不振的形式下，发展国内消费市场成为当前“六稳六保”工作重点。在中央“加快释放国内市场需求”“扩大居民消费，合理增加公共消费”的精神指引下，各部委陆续出台了促进消费发展的政策措施。国家发展改革委等 23 个部委出台的《关于促进消费扩容提质加快形成强大国内市场的实施意见》，提出了优化国内市场供给，重点推进文旅休闲消费提质升级，着力建设城乡融合消费网络。

2. 休闲旅游餐饮消费者的新追求

休闲旅游餐饮消费者对旅游目的地的旅游产品、服务设施、餐饮质量要求较高，往往需要较观光派旅游品质更高的产品和质量，并追求与平时居住地有一定差异的休闲氛围，更注重在旅游过程中养生、健体、预防疾病和进行美食娱乐体验。

休闲旅游业与餐饮美食行业的融合，可依托餐饮门店（包括酒吧、餐厅、快餐店、煮品小吃店、火锅店、饮品店、夜市排档等）利用各地丰富的食物资源、独特的调味品、传统菜肴和地方小吃的品牌效应，给休闲旅游者提供美味享受的同时，把食补、食养、食疗融入餐饮活动中。目前各省休闲旅游餐饮随着休闲旅游目的地的培育和精品名牌的建设快速发展，建设了一批具有代表性的休闲旅游餐饮目的地，构成城市一道美食的风景线。

不同休闲旅游区的建设发展，都会产生带动餐饮同步发展的效应。比如云南独特的野生菌资源、食用花卉资源、食用昆虫资源、一年四季常青的蔬菜资源、各种野菜和香料植物资源，以及普洱茶、小粒咖啡、紫米封缸酒都是云南休闲旅游餐饮独特的发展优势和吸引外地休闲客人的亮点。云南的少数民族饮食体验和食俗风情如铜锅焖饭、小锅煮品、舂菜、石板烹制等。独特的烹饪用具和方法，都给外地休闲旅游客人带来了好奇和消费欲望。

（二）休闲旅游餐饮的主要发展方向

1. 创新发展

创新发展是高质量发展的动力。由过去劳动力密集、粗放扩张型转为科技驱动、知识驱动，重视高技能人才的培养，提升产业效率和高附加值，要走服务创新、管理创新、商业创新及业态创新，以及烹饪技术创新的道路。

从销售环节来讲，创新服务也是创新发展的一个方面，数字化平台与生活服务业的结合就是不断运用新技术拓展市场的过程。平台的利用实现了“万物皆可送”的全品类覆盖，休闲旅游餐饮从信息到物品都可以利用平台探索各种市场的需求。

食材是休闲旅游餐饮业发展的基础原料，生物科技发展对餐饮食材产生了重要影响。目前，我国西南地区农村大力发展人工栽培食用菌产业，过去很多珍稀野生食用菌，比如羊肚菌、金耳、牛肝菌等已经人工培育成功，并批量生产，大大地丰富了人们餐桌上的食材品种。

2019 年，生产“人造肉”的美国超肉（Beyond Meat）公司成功在美国证券市场上市，引发了全球对“人造肉”生物技术的关注。

2. 协调发展

在国家各项相关政策和法规的指导下，与旅游法制建设、旅游信息化建设、旅游人才培养、旅游配套设施、旅游公共服务中的住宿、交通、景区景点、娱乐消遣、休闲度假场所协调发展。餐饮包括了以上各种公共服务中的所有部门。

目前，休闲旅游餐饮依然处于不平衡发展中，主要体现在城乡发展不平衡、地区发展不平衡、发展速度与发展质量不平衡、产业发展与产业治理不平衡，这些发展矛盾是休闲旅游餐饮发展当中的问题，同时也是休闲旅游餐饮的拓展空间和发展方向，比如说目前发展质量就存在人员专业化水平、硬件设计缺陷、产品质量与创新等诸多问题。

《云南省餐饮产业发展手册》指明餐饮业具有“产业链长、关联度高、民生性强、文化性浓、就业力大”等特点，直接链接十大产业，包括绿（特）色食材、旅游、就业服务、餐具用品制造、酒水饮品、装饰装修、教育培训、物流联通、餐厨环保和饮食文化产业，所以需要协调发展。

3. 绿色发展

休闲旅游餐饮企业要把节能、减排、降耗作为日常管理工作的重点来抓，加快完善食品安全、保护野生动物、公共安全防控、严格执行餐饮业的标准与法规、大力推进餐厨垃圾资源化利用和无害化处理、实行分餐制和公勺公筷制的进食习俗。

绿色发展强调从土地到餐桌的整个供应链的质量监控。目前，农贸市场供应的食物原料大多都没有经过农药超标的专业化检测。所以，作为休闲旅游餐饮企业应当在食品供应环节尽量向《无公害农产品》《绿色食品》《有机食品》的标准努力。

4. 开放发展

饮食文明是社会融合发展与传播中华文化、构建人类命运共同体的重要内容。要使休闲旅游餐饮市场“走出去”“引进来”，要向世界展示中国，了解中国的重要发展理念，就要引进更多的具有国际竞争力的餐饮企业和国内餐饮上市公司，满足休闲旅游餐饮消费者的需要，搭建休闲旅游餐饮国际化公共服务平台，构建符合对外投资需要的人才、金融、商务、法律服务。目前，我国第三产业比重较低，主要是传统服务业。休闲旅游餐饮应主动适应新形势，与农业、金融、文化、教育、科技、卫生、交通物流等产业共融发展。

5. 共享发展

坚持以人为本发展大众化的休闲旅游餐饮，如筵席上门制作、社区食堂、养老食堂、个性化的美食定制；与工业自动化部门联手开发新型炊餐具；抓住共享经济和平台经济发展机遇，实现平台、企业和消费者的共享；完善人力资源管理，让企业发展惠及全体员工。

案例 10-1

全聚德：守正创新，寻求突变

一个老字号招牌的背后蕴含着前人的匠心。全聚德传承的不仅是技艺，更是一代又一代经营者积攒下的品牌口碑。如今全聚德站在寻求转变的十字路口，老字号该何去何从，如何守正创新成为当下经营者关注的重点难题。

老字号传承的是经典味道，守正首先得练就过硬的烹饪技术，不断提升业务技能来保证菜品口感和品质，为此，全聚德集团举行了“2020 年度厨师技能传承大赛”，为挂炉烤鸭这一非遗注入了新的生机与活力。据悉，比赛的评审标准不仅包括刀工、色泽和味道等专业技能，还与时俱进，响应绿色环保的时代号召，将节能减耗、食材利用率等都作为厨艺高低的评判标准，力求让年轻一代能够精进业务能力，将全聚德传统老味道传承下去。

全聚德深刻明白，纯粹依靠品牌和历史的惯性消费来吸引顾客的老路已经走不通了，老字号想要新发展就必须不断创新，寻求突变。全聚德集团创新经营方式，不仅在美团、饿了么平台全新推出全聚德外卖，以更优惠的力度为老百姓送去热乎可口的特色菜和家常菜，还不断深入产品加工，研发制造真空包装的品质烤鸭，发展鸭类休闲食品等副产品，增强企业竞争力。此外，全聚德还不断创新经营理念，适应市场年轻化趋势，与平台直播合作，开启互联网带货，首次试水就取得了不错的成绩。

在一系列改革创新后，全聚德的销售业绩得到提升，本地客流也开始回归，自主研发的创新菜品一经推出就受到了美食达人的广泛好评，新时期老字号想要谋求新发展，既要守住口碑，锤炼传统工艺，也要不断开拓创新，主动出击，寻找机遇。

（资料来源：慧聪酒店网 http://www.hotel.hc360.com.）

【思考】

为什么全聚德要守正创新，寻求突变呢？如果你身为一名服务员，可以从哪些方面帮助企业推陈出新，创新发展呢？

【案例分析】

当今社会处于高速发展的阶段，各行各业更新换代的速度越来越快。2020 年是不平凡的一年，很多线下餐饮企业面对疫情的冲击损失惨重。对于一些老字号餐饮企业来说，如何在保有原有品牌品质的基础上，做到顺应潮流，跟上时代的发展，这是关键所在，也是一个难题。在此情况下，全聚德作为一个餐饮老字号的企业，通过推出外卖服务、半成品套餐、举办“全聚德品牌厨师技能传承大赛”、取消服务费以及降低菜品价格等举措，拉近了和消费者的距离，使得全聚德迎来了新的发展机遇。

本章小结

1. 知识点

休闲旅游餐饮菜品的特点、休闲旅游餐饮的创新和发展的方向。

2. 核心技能

能够为客人提供科学的膳食搭配方案和服务。

3. 职业素养

具有环保意识、营销意识及科学膳食的服务意识。

思考与练习

1. 面对不同年龄段和消费水平的休闲旅游餐饮消费者，应如何做到营养健康的餐食搭配？

2. 举例说明休闲旅游餐饮的守正和创新。

参考资料

[1] 张小莺，孙建国，陈启和 . 功能性食品学 [M]. 2 版 . 北京：科学出版社，2019.

[2] 林晓明 . 高级营养学 [M].2 版 . 北京：北京大学医学出版社，2017.

[3] 孙长颢 . 营养与食品卫生学 [M].8 版 . 北京：人民卫生出版社，2017.

[4] 阚建全 . 食品化学 [M]. 3 版 . 北京：中国农业大学出版社，2016.

[5] 何国庆，贾英民，丁立孝 . 食品微生物学 [M]. 3 版 . 北京：中国农业大学出版社，2016.